"十四五"职业教育国家规划教材

中等职业学校课程改革教材

旅游概论

（第4版）

中国旅游协会旅游教育分会　组织编写

主　编　陈　莹　景晓莉　范　萍
副主编　邹陆彬　陈萍萍　黄中黎

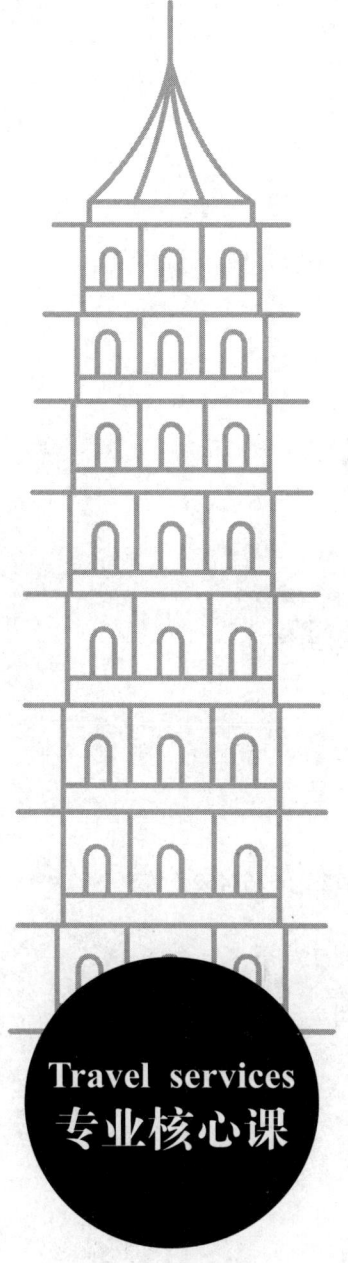

Travel services
专业核心课

旅游教育出版社
·北京·

图书在版编目（CIP）数据

旅游概论 / 陈莹，景晓莉，范平主编. -- 4版. -- 北京：旅游教育出版社，2025.6. -- （中等职业学校课程改革教材）. -- ISBN 978-7-5637-4832-7

Ⅰ．F590

中国国家版本馆CIP数据核字第202519RJ01号

中等职业学校课程改革教材

旅游概论

（第4版）

陈 莹 景晓莉 范 平 主 编

邹陆彬 陈萍萍 黄中黎 副主编

责任编辑	陈卫伟
出版单位	旅游教育出版社
地　　址	北京市朝阳区定福庄南里1号
邮　　编	100024
发行电话	（010）65778403　65728372　65767462（传真）
本社网址	www.tepcb.com
E - mail	tepfx@163.com
排版单位	北京旅教文化传播有限公司
印刷单位	唐山玺诚印务有限公司
经销单位	新华书店
开　　本	787毫米×1092毫米　1/16
印　　张	16.25
字　　数	283千字
版　　次	2025年6月第4版
印　　次	2025年6月第1次印刷
定　　价	39.80元

（图书如有装订差错请与发行部联系）

中等职业学校课程改革教材编委会

主　任： 段建国（中国旅游协会旅游教育分会原会长）
副主任： 徐锦祉（原港澳中心总经理）
成　员：（排名不分先后）
　　　　　北京市振华旅游学校
　　　　　北京市外事学校
　　　　　北京市劲松职业高中
　　　　　北京教育学院朝阳分院
　　　　　广东省旅游职业技术学校
　　　　　贵州省旅游学校（现"贵州文化旅游职业学院"）
　　　　　桂林市旅游职业中等专业学校
　　　　　海口旅游职业学校（现"海口旅游职业学院"）
　　　　　湖北省旅游学校
　　　　　南京旅游职业学院
　　　　　秦皇岛职业技术学院
　　　　　山东旅游职业学院
　　　　　陕西省旅游学校（已并入"陕西工商职业学院"）
　　　　　上海旅游高等专科学校
　　　　　上海市商贸旅游学校
　　　　　上海市振华外经职业技术学校
　　　　　上海现代职业技术学校
　　　　　四川省旅游学校
　　　　　太原旅游职业学院
　　　　　武汉市旅游学校
　　　　　云南旅游职业学院
　　　　　旅游教育出版社

第 4 版 出版说明

党的二十大报告指出，要推进高水平对外开放，推动共建"一带一路"高质量发展。为充分发挥旅游业服务国家"高水平对外开放"的功能和作用，响应国家从以制造业为主的开放扩展到以服务业为重点的开放政策，我们将教材的编写和开发重点放在面向高水平对外开放旅游服务人才的培养上，先后开发了《西餐制作》《西式面点制作》《西餐原料与营养》《热菜制作》《冷菜制作与艺术拼盘》《食品雕刻》《酒水服务》《饭店服务情境英语》《导游讲解》《旅游服务礼貌礼节》《旅游概论》等外向型专业课精品教材。《旅游概论》就是其中之一。

本版教材通过旅游发展历程探秘、精彩纷呈的旅游资源、环环相扣的旅游业以及旅游市场开拓创新，把对学生职业素养、价值观念、理想信念的培养与职业能力的培养融为一体，体现了教材的先进性、思想性和适宜性，充分发挥课程思政的功能和作用。

具体修订情况如下：

第一，更新或美化了插图。

第二，更新过时的信息。如将第 3 版教材第 47 页"《2011—2021 旅游业经济影响报告》"改为"《2024 年全球经济影响研究报告》"。更新了第 3 版第 48~49 页全国国际旅游接待人次和收入统计表及全球经济增长情况的数据。将第 3 版第 57 页 2012—2019 年旅游总收入排名前 20 国家的数据更新为 2013—2020 年旅游总收入排名前 20 国家的数据。更新了第 3 版第 131~132 页"中国被列入世界文化遗产的旅游资源的独特性和垄断性一览表"，增加了 8 个文化遗产，并更新信息至 2025 年 5 月。更新了第 3 版第 208~229 页项目 18 知己知彼——旅游客源解析部分的所有数据及图表内容，更新信息至 2025 年 5 月。

第三，进一步完善教材内容。如将第 3 版教材第 99 页"（五）华南热带风光旅游资源区——粤、闽、琼"部分改为"（五）闽、粤、琼海上丝绸之路旅游资源区"，同步替换相关内容。如在第 57 页增加 240 小时过境免签政策，在第 235 页增加数字文旅时代的新型营销模式等内容。

第四，勘误。如将第 3 版第 98 页长江三峡的长度由"204 公里"改为"约 193 公里"；将第 113 页"天下第一汤"的所在地由湖南安宁改为云南安宁。

第五，壮大本书编写团队。增加第三主编范平，副主编增加邹陆彬、陈萍萍和黄中黎。

第六，根据教学需要，首批录制了近代旅游业的开端、旅游的基本概念、旅游资源价值评估、旅游资源的开发、移动互联网对中国旅行社业的影响、旅游交通的主要方式、旅游景区（点）质量等级认定、我国的入境旅游市场、数字文旅时代的新型营销模式等 9 个微课。

旅游教育出版社

2025 年 5 月

第 3 版 出版说明

2019年12月16日，教育部印发了《职业院校教材管理办法》（简称《办法》）。《办法》指出，职业院校专业课程教材在政府规划和引导下，注重发挥行业企业、教科研机构和学校的作用，更好地对接产业发展，服务学生成长成才和就业创业。

为贯彻落实《职业院校教材管理办法》的最新精神，我们组织业内专家编写出版了《旅游概论》（第3版）教材。

概括起来，第3版教材主要按以下要求编写：

（一）以马克思列宁主义、毛泽东思想、邓小平理论、"三个代表"重要思想、科学发展观、习近平新时代中国特色社会主义思想为指导，有机融入中华优秀传统文化、革命传统、法治意识和国家安全、民族团结以及生态文明教育，弘扬劳动光荣、技能宝贵、创造伟大的时代风尚，弘扬精益求精的专业精神、职业精神、工匠精神和劳模精神，努力构建中国特色、融通中外的概念范畴、理论范式和话语体系，防范错误政治观点和思潮的影响，引导学生树立正确的世界观、人生观和价值观，努力成为德智体美劳全面发展的社会主义建设者和接班人。

（二）内容科学先进、针对性强，公共基础课程教材要体现学科特点，突出职业教育特色。专业课程教材要充分反映产业发展最新进展，对接科技发展趋势和市场需求，及时吸收比较成熟的新技术、新工艺、新规范等。

（三）符合技术技能人才成长规律和学生认知特点，对接国际先进职业教育理念，适应人才培养模式创新和优化课程体系的需要，专业课程教材突出理论和实践相统一，强调实践性。适应项目学习、案例学习、模块化学习等不同学习方式要求，注重以真实生产项目、典型工作任务、案例等为载体组织教学单元。

（四）编排科学合理、梯度明晰，图、文、表并茂，生动活泼，形式新颖。名称、名词、术语等符合国家有关技术质量标准和规范。

（五）符合知识产权保护等国家法律、行政法规，不得有民族、地域、性别、职业、年龄歧视等内容，不得有商业广告或变相商业广告。

"旅游概论"是中等职业学校旅游服务与管理专业、高星级饭店运营与管理专业的一门主干课程，本教材秉承做学一体能力养成的课改精神，适应项目学习、案例学习、模块化学习等不同学习要求，注重以真实生产项目、典型工作任务、案例等为载体组织教学单元。

　　教材共设计了 4 个学习单元、20 个学习项目、70 个学习任务、2 个案例，内容涉及旅游发展历程探秘、精彩纷呈的旅游资源、环环相扣的旅游业以及旅游市场开拓创新。教材按照学生的认知规律，分为基础模块、专业模块和拓展模块，每个单元以项目驱动、任务引领，把学习内容任务化，在每个任务中，嵌入案例、看一看、说一说、想一想、做一做等环节，加大学生的参与性，激发学生的学习兴趣，力求图文并茂、讲练结合。

　　教材还配有二维码学习资源，内容涉及与旅游业密切相关的政策法规，这些政策法规被收录在相应的学习项目中，可与相关任务配套学习，以加深读者对相关政策法规的理解力。同时开发了练习题，题型包括填空、选择、简答以及材料分析题，学员可通过手机端扫码学习。

　　本教材既可作为中职院校学生的专业基础课教材，也可用于岗位培训。

旅游教育出版社
2021 年 1 月

第2版 出版说明

2014年,教育部颁布了《中等职业学校专业教学标准(试行)》,为反映新形势下现代旅游业对人才的新需求,我们对本书进行了再版修订。

为了体现教学服务于就业的特色,编写时力求将旅游企业的新变化反映在教材中。在教材内容和单元设计上,力求突出以下特点:

1. 以人为本,选择适合学生的教育模式。注重学生实践能力的培养,减少理论阐述的篇幅,加大图表分量,力求图文并茂、讲练结合,以降低学习难度,具有较强的可读性、操作性和趣味性,让学习者在快乐中学习。

2. 创新教材模式,激发学生学习兴趣。通过4个单元,把学习内容任务化。在每个任务中,嵌入案例、看一看、说一说、想一想、做一做等环节,加大学生的参与性,激发学生的学习兴趣。

3. 与时俱进,注意教材的时代性。教材中所用材料均选用最新信息,以突出时代性和先进性。如上海世博会、豪华邮轮旅游等最新旅游元素均在书中有所体现。

本版教材由桂林市旅游职业中等专业学校陈怡君、云南旅游职业学院范德华任主编,湖北省旅游学校彭萍、桂林市旅游职业中等专业学校陈莹任副主编,其他参编人员有云南旅游职业学院于宏,四川省旅游学校周亦波,广东省旅游职业技术学校张文贤、孟岚、贺丹,湖北省旅游学校王东明、刘婷,桂林市旅游职业中等专业学校陈唐敏、胡谨、龚金玉。书中部分图片由全景网提供。

旅游教育出版社
2016年1月

第1版 出版说明

　　为满足旅游行业对专业人才的培养需求，贯彻落实国家教育体制改革和教材建设的最新精神，受中国旅游协会旅游教育分会委托，根据教育部2010年修订的《中等职业学校教学目录》，我社组织编写了这套"中等职业学校课程改革教材"。

　　在编写出版这套教材的过程中，由中国旅游协会旅游教育分会段建国会长主持，全国20多所职业院校代表参加，共同听取了教育部职业技术教育中心研究所余祖光副所长和港澳中心徐锦祉总经理等专家对教材编写提出的意见和建议，讨论并确定了教材编写思路，力求使这套中职教材既能反映行业需求，又能贴近教学实际。

　　本套教材具有以下特色：

　　◇ **编写理念以人为本，教学合一贴近实际。**整套教材突出以人为本的编写理念，专业基础课教材减少了理论阐述的篇幅，加大了图表分量，力求图文并茂、讲练结合，以降低学习难度，具有较强的可读性、操作性和趣味性；专业核心课教材则以就业为导向，将学习任务与未来工作过程及职业生涯相对接，除了让学习者提前了解将要工作的环境和即将共事的同事，便于及早规划职业生涯外，还引导大家正确看待服务工作，树立职业荣誉感。整套教材从标题名称的拟定、教学环节的设计和案例的引入等方面，以学生愿意学习、快乐学习为宗旨，注重做中学、做中教，教学做合一，理论实践一体化，符合学生的认知规律和阅读习惯，贴近教学实际。

　　◇ **教学内容易学易懂，对接岗位直观实用。**专业基础课教材创新编写模式，通过不同单元，把学习内容任务化、把知识要点案例化。专业核心课教材把岗位任务的实施与工作过程完全对接，全程模拟工作场景，把完成一个工作任务所需的基础知识、服务准备、技能训练、任务实施、同步练习等内容用形象直观的操作图示及说明文字串联起来，易学易懂，直观实用。

　　◇ **教材结构科学严谨，由易到难梯度明晰。**整套教材按照职业领域工作过程的逻辑确定教学单元，以项目、任务、活动、案例等为载体组织各教学环节，在每个任务中，嵌入案例导入、看一看、说一说、想一想、做一做等环节，加大学生的参与性，提高学生的学习兴趣。通过基础模块、专业模块、拓展模块的分层次教学设计，由简到繁，由易到难组织各教学环节，符合中职学生的认知特点。

　　◇ **编写人员构成合理，行业企业深度参与。**本套教材由中国旅游协会旅游教育分会组织编写，由教育部门、酒店高级管理人员、特级导游员、礼仪专家、中国芭蕾舞团原副团长等行业企业专家深度参与。第一作者均为业内专家，他们既奋斗在教学一线，又有在旅游企业挂职锻炼的从业经验。编写团队中还有行业专家和技术能手，如《形体及礼仪训练》主编蒋祖慧老师，曾任中国芭蕾舞团副团长，是我国著名女作家丁玲的女儿。《客房服务》主编之一潘先才任海南文华大酒店客房部经理，《西餐服务》副主编姜蕾任上海国际会议中心东方滨江大酒店餐饮会议总监，《中餐服务》副主编鲍小伟任四川盛嘉饭店管理公司董事长、国家级饭店星评员，《酒水服务》副主编荆悦任北京贵宾楼酒店酒吧服务经理，《会议服务》副主编伊蕾任北京国际会议中心人力资源部经理，《导游操作实务》副主编廖荣隆是四川省十佳导游，《导游讲解》副主编是上海特级导游李志军，《景区景点服务》主编之一是武汉黄鹤楼五星导游王建权，《旅游情境英语》副主编邰传英是海南美兰海航酒店综合管理部经理，《饭店服务情境英语》副主编是中国大饭店培训部助理经理袁媛、广东珠海阳光机场酒店副总经理赵倩男。

◇ **呈现形式新颖多样，教材界面亲切友好**。整套教材装帧精美，符合中职生的年龄特征和阅读习惯。专业核心课程教材不仅有工作场景再现图片、专业设备用品图片，更有工作设备使用说明图示、专业技能操作流程图示、专业礼仪训练图示，部分教材还随书配有教学资源，使教材呈现形式新颖多样。标题名称的拟定、案例的引入、贯穿全文的人物设计……更是贴近中职生的实际生活，使教材界面亲切友好，为学生营造了一个轻松快乐的学习环境。这些人性化的设计，将枯燥的专业知识学习变成了一次又一次愉快的职场旅行，在旅途中，学生们边学边做，可以达到最佳的学习效果。

我们想借此套丛书的出版，探索一种全新的教材编写、出版模式，把一本本赏心悦目、专业实用的教材奉献给大家，使其真正成为您的贴心朋友。

旅游教育出版社
2011 年 8 月

目 录

基础模块

单元 1　追随旅游的足迹——旅游发展历程探秘 ………………………… 3

项目 1　生命延续——最初的人类迁徙 …………………………………… 4
　　任务 1　了解人类旅游活动是怎样萌芽的 …………………………… 5
　　任务 2　走入古代的旅行活动 ………………………………………… 8

项目 2　初见端倪——旅游发展的雏形 …………………………………… 20
　　任务 3　了解旅游发展的雏形——食 ………………………………… 20
　　任务 4　了解旅游发展的雏形——住 ………………………………… 24
　　任务 5　了解旅游发展的雏形——行 ………………………………… 26
　　任务 6　了解旅游发展的雏形——游 ………………………………… 31
　　任务 7　了解旅游发展的雏形——购 ………………………………… 31
　　任务 8　了解旅游发展的雏形——娱 ………………………………… 32

项目 3　突飞猛进——近代旅游业的发展 ………………………………… 34
　　任务 9　了解近代旅游业的开端 ……………………………………… 34
　　任务 10　了解近代旅游业发展 ……………………………………… 39
　　任务 11　了解近代中国旅游业 ……………………………………… 43

项目 4　日新月异——现代旅游业的发展 ………………………………… 46
　　任务 12　看看影响现代旅游业发展的因素 ………………………… 46
　　任务 13　看看中国现代旅游业的发展历程 ………………………… 55

项目 5　珠联璧合——旅游与旅行 ………………………………………… 59
　　任务 14　了解旅游的基本概念 ……………………………………… 59

任务15　了解旅行 62
　项目 6　精彩纷呈——旅游类型的多样性 64
　　任务16　了解旅游的基本特征 64
　　任务17　知道旅游的基本类型 66

专业模块

单元 2　旅游途中有看头——精彩纷呈的旅游资源 77
　项目 7　出行动力——旅游资源的特性 78
　　任务18　了解旅游资源的基本属性 78
　　任务19　知晓旅游资源的概念 79
　　任务20　掌握旅游资源的特征 80
　　任务21　熟知旅游资源的价值 83
　　任务22　中国旅游资源的分区与特色 93
　项目 8　交相辉映——各具特色的资源类型 107
　　任务23　认识自然旅游资源 107
　　任务24　认识人文旅游资源 118
　　任务25　了解旅游资源的其他分类 122
　项目 9　动静相宜——旅游资源调查 131
　　任务26　知道旅游资源调查的概念 131
　　任务27　熟悉旅游资源的调查内容 132
　　任务28　按表格要求做一个旅游资源单体调查 135
　项目 10　推陈出新——旅游资源的保护与开发 140
　　任务29　分析旅游资源衰败和遭破坏的原因 140
　　任务30　旅游资源的开发 142
　　任务31　旅游资源的保护 143
　　任务32　如何保护不同类型的旅游资源 145

单元 3　旅游途中有保障——环环相扣的旅游业 149
　项目 11　巧结纽带——旅行社 150
　　任务33　了解什么是旅行社 150

任务34　给旅行社分类⋯⋯⋯⋯⋯⋯⋯⋯⋯⋯⋯⋯⋯⋯⋯⋯⋯⋯⋯⋯⋯⋯⋯⋯⋯152
　　任务35　熟悉旅行社的业务⋯⋯⋯⋯⋯⋯⋯⋯⋯⋯⋯⋯⋯⋯⋯⋯⋯⋯⋯⋯⋯⋯153
　　任务36　了解旅行社组织安排旅游活动的方式⋯⋯⋯⋯⋯⋯⋯⋯⋯⋯⋯⋯⋯⋯154
　　任务37　了解移动互联网对中国旅行社业的影响⋯⋯⋯⋯⋯⋯⋯⋯⋯⋯⋯⋯⋯155

项目12　天马行空——旅游交通⋯⋯⋯⋯⋯⋯⋯⋯⋯⋯⋯⋯⋯⋯⋯⋯⋯⋯⋯⋯⋯158
　　任务38　了解旅游交通的含义⋯⋯⋯⋯⋯⋯⋯⋯⋯⋯⋯⋯⋯⋯⋯⋯⋯⋯⋯⋯158
　　任务39　了解旅游交通在旅游业中的作用⋯⋯⋯⋯⋯⋯⋯⋯⋯⋯⋯⋯⋯⋯⋯159
　　任务40　了解主要的交通方式⋯⋯⋯⋯⋯⋯⋯⋯⋯⋯⋯⋯⋯⋯⋯⋯⋯⋯⋯⋯160

项目13　家外之家——旅游饭店⋯⋯⋯⋯⋯⋯⋯⋯⋯⋯⋯⋯⋯⋯⋯⋯⋯⋯⋯⋯⋯166
　　任务41　知道旅游饭店的概念⋯⋯⋯⋯⋯⋯⋯⋯⋯⋯⋯⋯⋯⋯⋯⋯⋯⋯⋯⋯166
　　任务42　给旅游饭店分类⋯⋯⋯⋯⋯⋯⋯⋯⋯⋯⋯⋯⋯⋯⋯⋯⋯⋯⋯⋯⋯⋯167
　　任务43　了解旅游饭店的地位⋯⋯⋯⋯⋯⋯⋯⋯⋯⋯⋯⋯⋯⋯⋯⋯⋯⋯⋯⋯169
　　任务44　看看旅游饭店的发展趋势⋯⋯⋯⋯⋯⋯⋯⋯⋯⋯⋯⋯⋯⋯⋯⋯⋯⋯170
　　任务45　了解中国酒店业三大发展趋势⋯⋯⋯⋯⋯⋯⋯⋯⋯⋯⋯⋯⋯⋯⋯⋯172

项目14　心灵驿站——旅游景区（点）⋯⋯⋯⋯⋯⋯⋯⋯⋯⋯⋯⋯⋯⋯⋯⋯⋯⋯174
　　任务46　知晓旅游景区（点）的概念⋯⋯⋯⋯⋯⋯⋯⋯⋯⋯⋯⋯⋯⋯⋯⋯⋯175
　　任务47　了解旅游景区（点）的分类⋯⋯⋯⋯⋯⋯⋯⋯⋯⋯⋯⋯⋯⋯⋯⋯⋯177
　　任务48　认识旅游景区在旅游业中的地位和作用⋯⋯⋯⋯⋯⋯⋯⋯⋯⋯⋯⋯177
　　任务49　知道旅游区（点）质量等级是如何确定的⋯⋯⋯⋯⋯⋯⋯⋯⋯⋯⋯178

项目15　分享美好——旅游商场⋯⋯⋯⋯⋯⋯⋯⋯⋯⋯⋯⋯⋯⋯⋯⋯⋯⋯⋯⋯⋯180
　　任务50　了解旅游商品的概念⋯⋯⋯⋯⋯⋯⋯⋯⋯⋯⋯⋯⋯⋯⋯⋯⋯⋯⋯⋯180
　　任务51　区分旅游商品的类型⋯⋯⋯⋯⋯⋯⋯⋯⋯⋯⋯⋯⋯⋯⋯⋯⋯⋯⋯⋯183
　　任务52　认识旅游商品在旅游业中的作用⋯⋯⋯⋯⋯⋯⋯⋯⋯⋯⋯⋯⋯⋯⋯185
　　任务53　了解旅游商品的开发原则⋯⋯⋯⋯⋯⋯⋯⋯⋯⋯⋯⋯⋯⋯⋯⋯⋯⋯187
　　任务54　了解旅游商品的销售渠道⋯⋯⋯⋯⋯⋯⋯⋯⋯⋯⋯⋯⋯⋯⋯⋯⋯⋯187

项目16　锦上添花——旅游娱乐⋯⋯⋯⋯⋯⋯⋯⋯⋯⋯⋯⋯⋯⋯⋯⋯⋯⋯⋯⋯⋯190
　　任务55　了解旅游娱乐业的概念及作用⋯⋯⋯⋯⋯⋯⋯⋯⋯⋯⋯⋯⋯⋯⋯⋯190
　　任务56　了解旅游娱乐业的类型⋯⋯⋯⋯⋯⋯⋯⋯⋯⋯⋯⋯⋯⋯⋯⋯⋯⋯⋯191
　　任务57　了解旅游娱乐业的发展趋势⋯⋯⋯⋯⋯⋯⋯⋯⋯⋯⋯⋯⋯⋯⋯⋯⋯194

拓展模块

单元 4　运筹帷幄话胜负——旅游市场开拓创新　199

项目 17　信息纵横——旅游市场概况　200
- 任务 58　了解旅游市场的概念　200
- 任务 59　把握旅游市场的特征　201
- 任务 60　熟悉旅游产品的概念及特征　202
- 任务 61　了解旅游市场细分　204
- 任务 62　把握旅游市场细分的标准　205

项目 18　知己知彼——旅游客源解析　210
- 任务 63　了解全球旅游市场　210
- 任务 64　了解中国旅游市场　213

项目 19　深谋远虑——市场营销指导　226
- 任务 65　了解营销的概念　226
- 任务 66　了解市场营销及其过程　227
- 任务 67　学习给自己的旅游企业定位　229
- 任务 68　学习策划企业品牌　230
- 任务 69　学习给自己的旅游产品定价　231
- 任务 70　了解一点新型营销模式　233

项目 20　身临其境——经典案例分析　236
- 案例 1　借名人效应——长城饭店将营销进行到底　236
- 案例 2　网络营销——Win Win Win 三赢商机经营策略　238

参考资料　240
后　记　241

二维码资源索引

在线练习

1. 单元 1 练习题 / 74
2. 单元 2 练习题 / 148
3. 单元 3 练习题 / 196
4. 单元 4 练习题 / 239

在线 PDF

1. 单元 1 材料分析题 / 74
2. 国民旅游休闲纲要 / 149
3. 中华人民共和国旅游法 / 149
4. 旅行社条例 / 150
5. 旅行社服务对象满意度调查表 / 150
6. 旅游投诉处理办法 / 150
7. 旅游景区质量等级划分 / 175
8. 旅游景区质量等级管理办法 / 175
9. 单元 4 材料分析题 / 239

微课

1. 近代旅游业的开端 / 34
2. 旅游的基本概念 / 59
3. 旅游资源价值评估 / 139
4. 旅游资源的开发 / 142
5. 移动互联网对中国旅行社业的影响 / 155
6. 旅游交通的主要方式 / 160
7. 旅游景区质量等级认定 / 178
8. 我国的入境旅游市场 / 213
9. 数字文旅时代的新型营销模式 / 235

基础模块

单元 1

追随旅游的足迹
——旅游发展历程探秘

旅行作为一种常见的社会行为，自古以来就存在。从人类的祖先——类人猿在非洲大陆出现起，人类文明的脚步就从未停止过，从非洲到亚洲、欧洲直至美洲，星星点点的文明之火在各大洲留下了不朽的印迹。

亲爱的朋友，让我们一起追随祖先的足迹，来探寻旅游的缘起吧！

项目 1 生命延续——最初的人类迁徙

在赴西藏旅游的途中,驴友小 Q 与同伴小优就旅游的缘起进行了长时间的探讨。小 Q 认为,有人类就会有旅游,原始部落的人们每一次的迁徙不就是我们现在的旅游吗?小优则觉得有钱有闲才可能有旅游,原始部落的人们是为生活所迫才不断远行的,他们哪有心思消遣度假。到底谁说得对呢?

在"旅游"这个词还没出现前,迁徙就以旅游的前身悄然进行着。

先来说说原始社会吧!这可不是随便什么人都能轻松生活的时代。人们不仅要和凶猛的动物争夺食物和藏身的洞穴,还要看老天爷的脸色吃饭。赶上丰年,尚可饱餐几顿;遇上灾年,只能另找地方歇脚。这样居无定所的生活一直伴随着我们的祖先。所谓"人挪活",用在原始人类身上实在是再恰当不过了。

话又说回来,如果原始人类能够生产出足够多的食物并把它们储存起来,也就用不着逐水草而居了。但是,当时的生产工具是何等之落后,我们根本不可能企盼茹毛饮血的原始人类能够生产出足够多的食物并把它们储存起来。一旦生存环境发生变化,他们只能离开惯常居住的地方,开始又一次的迁徙。

说了这么多,究竟什么是迁徙呢?迁徙是人们为了谋生,受气候恶化等自然因素以及战争等人为因素的威胁而被迫离开定居地的行为。他们在新的定居点居住下来后就不再回到原来的定居点。说得通俗点儿,人们迁徙一是被迫的,二是不走回头路。

这种因生活所迫而进行的迁移是不能等同于现代意义上的旅游的,充其量只能将其看作人类旅游史的萌芽。

既然说到历史,就先要搞清楚古代旅行、近代旅游和现代旅游的历史分期,然后才能梳理不同时期旅游发展的脉络。

古代旅行,一般界定在 19 世纪 40 年代以前;近代旅游,是指 19 世纪 40 年代至第二次世界大战结束期间的旅游发展历程;现代旅游,指的是第二次世界大战结束至今的旅游发展历程。

任务 1
了解人类旅游活动是怎样萌芽的

自有人类以来,人类迁徙的脚步从来就没有停止过。这种迁徙,改变了世界,也改变了人类自身,同时续写了人类的历史。

(一)原始人的迁徙

大约在 170 万年前,人类历史上最早的迁徙者——东非直立人,开始了他们的旅程。借助着良好的气候条件,他们来到了亚洲,并在这里建立了新的家园。之后,为了找到更好的适合打猎的地方,史前人类源源不断地奔向他们可以到达的世界各地。大约在 70 万年前,欧洲大陆上也出现了人类的身影,我们称他们为"前人"。在占据了非洲和欧亚大陆后,人类漫游的脚步依然没有停止。

大约在 1.5 万年前,人类又来到了美洲大陆,这时的人类已经进化成了现代人的样子,我们称之为"智人"。生活在亚洲的"智人"走过寒冷的西伯利亚极地,又穿过白令海峡,最后登上美洲大陆。① 自此,人类的第一次大迁徙完成了。

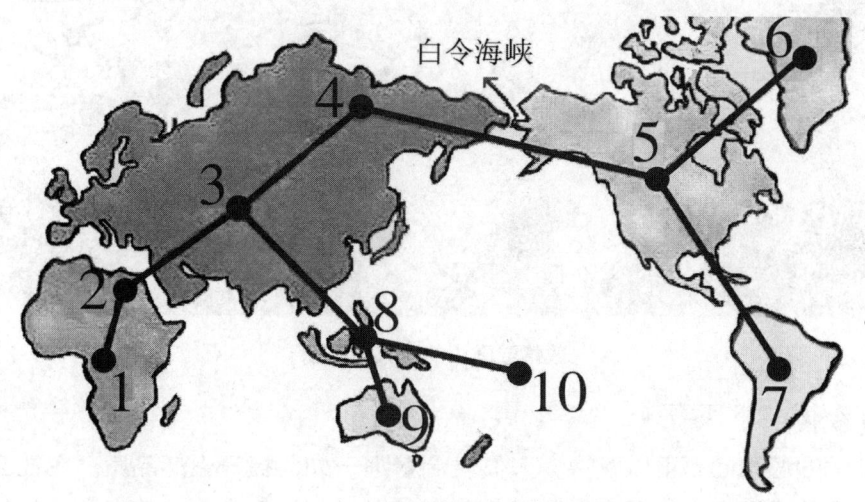

人类迁徙路线示意图

(二)原始人的旅行

在朝不保夕的情况下,人们是不会进行以消遣、度假为目的的旅游活动的。原始

---

① 人们穿过白令海峡登上美洲大陆的观点,被人类学家普遍接受。相对于其他理论,这种理论有更大的可能性,因为当时随着冰川期来临,寒冷的天气使海水结冰,亚洲的西伯利亚和北美的阿拉斯加被连成一体,人们步行就可以在两块大陆间来回。

人的出行范围也只局限在步行、骑马、划船所能到达的最大半径范围内，大规模、远距离的旅行条件尚不具备。但是，这一时期，旅游活动的萌芽已经以渔猎旅行、商务旅行、部落首领巡游的形式进入人们的生活。

1. 渔猎旅行

当人们掌握了渔猎以外的其他谋生手段，把渔猎变成副业甚至有了点狩猎娱乐的味道时，渔猎旅行便会诞生。人们生活方式的这种改变，要归功于新石器时代生产工具的革新，这让人们从事农业生产成为可能。农业生产把人们拴在了土地上，那些自然环境优良的地方成了大家竞相落脚的最佳选择，"定居"这个词第一次走进人们的生活。在农业生产之余，人们还开展一些渔猎活动，渔猎旅行就此诞生。

当原始人进入阶级社会之后，部分渔猎活动成为统治阶层消遣娱乐、打发时间的方式，渔猎旅行的特征就更加明显。传说在中国的夏朝时期就有皇家园囿出现。囿是在一定的自然环境范围内放养动物、种植林木、挖池筑台，供皇家打猎、游乐和生产之用。周文王的"灵囿"①，实际上就是狩猎园。

敦煌壁画中的古人狩猎图

2. 商务旅行

当基本的温饱问题得以解决，人们便会着眼于如何提升生活品质。在社会资源的分配中，个体所拥有的资源存在差异，若将自身过剩且他人所需的资源，与他人进行交换，以满足彼此的需求，这无疑是一种优化资源配置、实现互利共赢的良策。于是，到了原始社会末期和奴隶社会早期，一个特殊的群体——商人出现了。商人到处奔走，商务旅行活动由此开始。早在公元前3000年生活在地中海和爱琴海的腓尼基人就是最早进行通商贸易的旅行者。

想一想 当两个部落各自拥有剩余产品，其中一个擅长制作精美绝伦的陶器，另一个精于纺织结实耐用的布料，在此情境下，可能会衍生出何种发展态势呢？

---

① 见《诗经·大雅·灵台》和《后汉书·班固传》(下)。

北京房山区出土的新石器时代中期陶双耳壶

3. 部落首领巡游

在我国原始社会末期,涌现出了很多杰出的部落首领或部落联盟首领。《史记》《尚书》《礼记》等典籍中记载了他们巡游的活动。

先说说黄帝,其巡游的足迹几乎遍及统辖各区。他曾"东至于海,登丸山,及岱宗。西至于空桐,登鸡头。南至于江,登熊、湘。北逐荤粥,合符釜山,而邑于涿鹿之阿。迁徙往来无常处……"[①] 这样大范围的巡游活动,无疑会极大地推动社会的交流与发展。

尧禅位于舜后,舜进行了巡狩四岳的活动:"正月上日,受终于文祖……岁二月,东巡守,至于岱宗,柴。望秩于山川……五月南巡守,至于南岳,如岱礼。八月西巡守,至于西岳,如初。十有一月朔巡守,至于北岳,如西礼……五载一巡守,群后四朝。"[②]

大禹时期,为解决黄河水患,他"居外十三年,过家门不敢入",在外考察山川地理。最后,"帝禹东巡狩,至于会稽而崩"。[③] 大禹治水所进行的旅行活动是原始社会人们为了改善生存环境而进行旅行的高峰。

---

① 见《史记·五帝本纪》。
② 见《尚书·虞书·舜典》。
③ 见《史记·夏本纪》。

大禹治水雕像

任务 2
走入古代的旅行活动

揭开人类古代旅行活动的大幕，首先要登场的是那几个耳熟能详的文明古国——古埃及、古中国，它们是古代旅行活动这出戏的主角。当然，高潮部分还会有古希腊、古罗马和几个超级帝国加入。

（一）世界古代旅行

说起世界古代旅行，不得不提几个重量级的国家——古埃及、古希腊、波斯帝国、古罗马，还有阿拉伯帝国。

1. 古埃及宗教观光旅行

作为四大文明古国之一的埃及是当时世界上的"超级大国"。雄伟的金字塔和比比皆是的神庙就是这个大国的象征，这些神奇而壮观的建筑吸引了无数人前来朝拜。公元前1000多年，埃及已是享誉世界的胜地了。大哲学家柏拉图就曾被古埃及文明深深吸引，到这里汲取养料，丰富和完善他的学科体系。

想一想 古代大哲学家、大文学家们行万里路，为的是在社会这个大课堂上学知识。作为学生，我们应如何通过有限的社会实践丰富自己的人生阅历？

埃及金字塔及狮身人面像

2. 古希腊宗教旅行

宙斯神庙

宗教旅行鼎盛时期是在古希腊时代。提洛岛、特尔斐和奥林匹斯山是当时世界最著名的宗教圣地，在建有宙斯神庙的奥林匹亚举办的奥林匹亚节是最负盛名的宗教盛典。节庆期间还举行赛马、赛跑、角斗等体育活动，这种活动一直延续至今，发展成了现代的奥林匹克运动会。当时的奥林匹亚庆典，纯属一种宗教活动，但它却促进了周围剧院的建立和宗教旅行的发展。后来，宗教旅行逐渐遍及全球，成为一种世界性的旅行活动。

3. 波斯帝国商务旅行

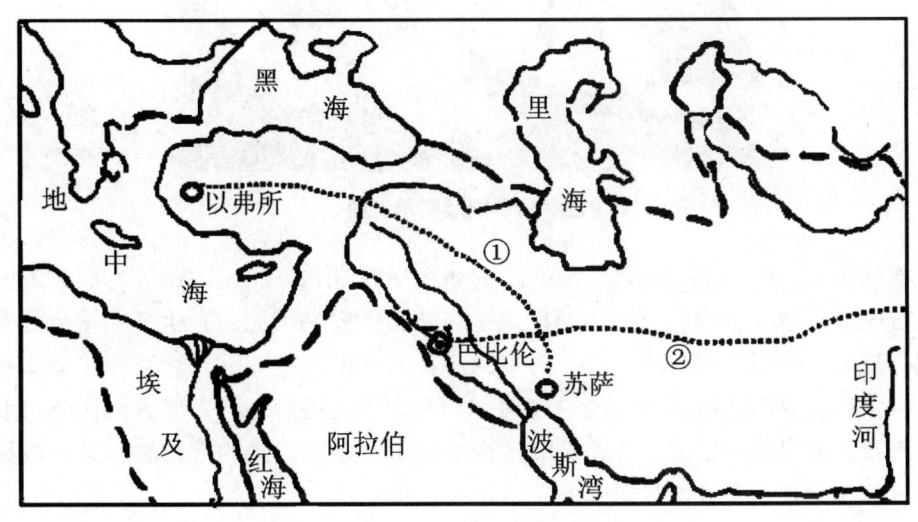

波斯帝国版图及两条御道示意图

波斯帝国是较早兴起商务旅行的国家，其商务旅行的发达缘于两条道路的开通。

公元前533—公元前330年，波斯帝国兴建了一条"御道"，东起帝国首都苏萨，向西穿越美索不达米亚和小亚细亚，直抵爱琴海的以弗所，全长约2400公里，有驿站和旅社110座。另一条道路从巴比伦城起，向东横贯伊朗高原，直达大夏（今阿富汗北部）和印度边境，商人们沿着这条道路继续延伸行走，逐渐踏出那条举世闻名的"丝绸之路"。

4. 古罗马帝国的旅行

"条条大道通罗马！"四通八达的大道不仅是古罗马帝国征服世界、让世界领教其实力的通道，也是欧洲乃至全世界通商贸易的通道。

古罗马帝国最强盛时，其版图以罗马为中心，最北到欧洲中部莱茵河、多瑙河一带，西到大西洋不列颠、西班牙，南据北部非洲，东达西亚两河流域，地跨欧、亚、非三洲，地中海成为帝国的内湖。

在如此庞大的版图内，星罗棋布的道路网把各地串联起来，国际上的经商大道也通向了罗马！来自世界各地的粮、油、酒等基本商品和各种奢侈品被商人贩运到罗马。如我国的丝绸通过"丝绸之路"来到欧洲，非洲的象牙也被运销到罗马帝国各地。条条大道把世界连成了一体，古罗马的商贸旅行盛极一时。

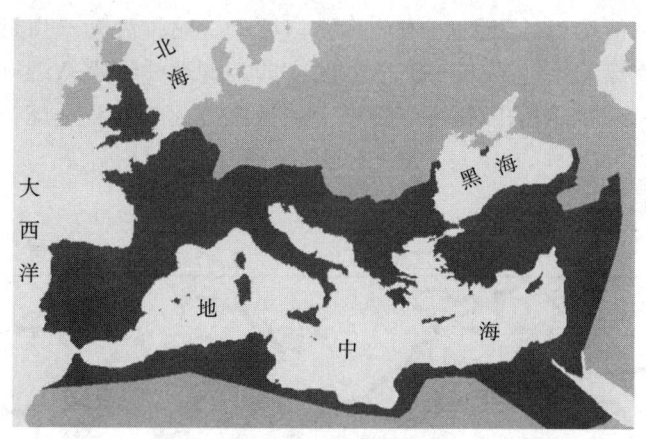

古罗马帝国版图示意图

随着商贸旅行的发展，出现了以鉴赏艺术、欣赏建筑、游览古迹等为目的的比较纯粹的出行形式。原本供政府公务人员往来歇息所设的驿站和旅店，也开始接待往来的旅客。更有甚者，为适应旅行的发展，古罗马还在去往那不勒斯的沿途修建了豪华别致的别墅，供旅行者享用。古罗马帝国的超强实力使之当之无愧地成为世界古代旅行发展史上的领跑者。罗马帝国后期，基督教取得合法地位，朝拜圣地的宗教旅行又大行其道。

5. 阿拉伯帝国的商务及宗教旅行

阿拉伯帝国（630—1258年）是中世纪时阿拉伯人建立的伊斯兰教国家，就是唐代以来我国史书上叫作"大食国"的国家。它东起印度，西临大西洋与法兰西接壤，南至莫桑比克、苏丹国，北迄高加索山，是又一个横跨亚、非、欧三洲的超级封建大国。帝国以首都巴格达为中心，广修驿站，交通运输空前发展。

帝国的政治宗教中心曾一度在麦加和麦地那。麦加是伊斯兰教里规定每个穆斯林一生必须朝圣一次的地方。有此规定，阿拉伯帝国宗教旅行的发达也就成为一件再自然不过的事情了。直至今日，每年到麦加和麦地那朝拜的全球穆斯林仍是比肩接踵，那场面用"震撼"两个字形容一点儿也不为过。

阿拉伯人不光虔诚，善于经商，还求知若渴。阿拉伯旅行家、地理学家、历史学家马苏第就曾尊奉穆罕默德"学问虽远在中国，亦当求之"的教导，千里迢迢来到中国。他在其遗著《黄金草原》中，多处提到对中国的向往，并对中国人精湛的手工技巧推崇备至。

想一想 古罗马帝国、波斯帝国和阿拉伯帝国的版图有很多交叉重合的地方，这三个帝国为什么都选择在相近的区域建国，这些区域有哪些地理上的优势，这些优势又是怎样促进当地商务旅行发展的？

6. 13世纪的外交、贸易旅行

世界古代旅行发展到13世纪，有一个重要人物要登场，那就是和中国有很大关系的马可·波罗。马可·波罗和他的游记将把我们带回雄霸天下的成吉思汗时代。

17岁时，马可·波罗跟随父亲和叔叔，途经中东，历时四年多到达蒙古帝国。他在中国游历了17年，曾访问了当时中国的许多古城，并到过西南部的云南和东南地区。回到威尼斯后，马可·波罗写下著名的《马可·波罗游记》，记述了他在东方最富有的国家——中国的见闻，激起了欧洲人对东方的热烈向往之情，对以后新航路的开辟产生了巨大影响。

7. 15世纪的航海旅行

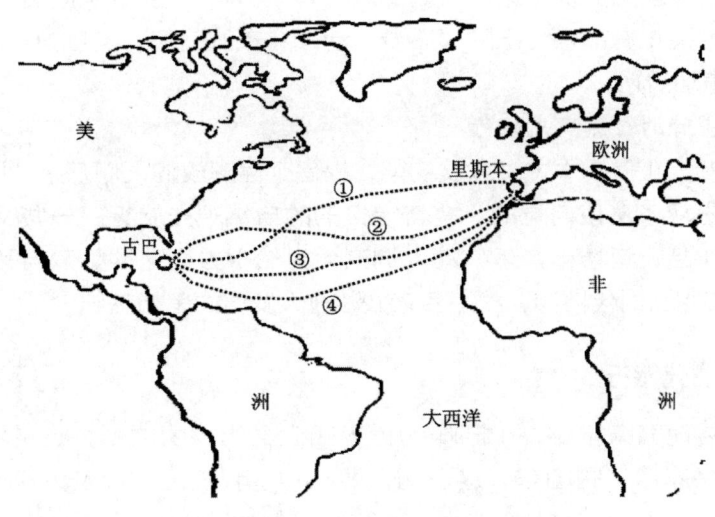

哥伦布四次航行航线示意图

《马可·波罗游记》向人们打开了那扇通往世界的窗户，让那些觊觎东方的野心家们蠢蠢欲动。第一个跳出来的就是哥伦布。1492年，这位天生的航海家带着西班牙国王给中国皇帝的国书，踏上了第一次远航亚洲的征程。他一路西行，虽然到达了并不是亚洲的新大陆，但也满载惊喜和荣誉而归。在以后的三次航行中，哥伦布又到达了中、南美大陆沿岸地带，发现了美洲新大陆，开辟了由欧洲到美洲的新航线。

后来，葡萄牙人瓦斯科·达·伽马也加入了航行世界的队伍，并于1498年发现了绕过非洲南端好望角通往印度的新航线。欧洲殖民亚洲的航线就此打通，正是在这一时期，葡萄牙人以"借地晾晒水浸货物"为由，通过向明朝官员行贿，在我国澳门建立了他们在远东所谓的最早的据点。

1519年，麦哲伦在西班牙国王的资助下，开始了他名垂青史的环球航行。他们向西航行，渡过大西洋到达南美洲火地岛，穿过麦哲伦海峡进入太平洋，取道南非驶抵西班牙，用事实证明了地球是圆的说法。船队在太平洋的航行过程中一直风平浪静，十分顺利，因此他把这片海域取名为"太平洋"。不过，可惜的是，为了这次远行，麦哲伦最终还是付出了生命的代价。

这一时期，人们远航的意图不是寻求刺激，而是为了背后支持他们的那个集团的政治利益——殖民和获取更多的资源，这样的航海旅行，充其量也就是探险和考察旅行。

8. 18世纪中叶的科考探险旅行

航海旅行让西欧人尝到了甜头。为了获取更多的资源、得到更多的领地，更多的国家加入了对外扩张的行列，英国便是其中的典型代表。它们组织了多次科考探险旅行队，除从事殖民活动外，还对航海路线、动植物和地质进行研究。大科学家达尔文正是在这些航行中进行实地考察，进而找到了物种起源的科学解释，创立了伟大的进化论学说。从某种意义上说，这一时期的旅行是具有科学意义的旅行。此后，随着欧洲工业革命的到来，真正意义上的"旅游"活动将正式登场，英国这个"日不落"帝国的版图也将更加清晰。

9. 18世纪中叶的自然观光旅行

18世纪中叶，正值资本主义发展初期，提倡个性解放的人们开始"回归大自然"，世界上第一次出现了真正自觉的、有特定目的的自然观光旅行。一些文学家、画家、音乐家用文学作品、画卷和音乐鼓动人们到大自然中去。这种酷爱自然、崇尚自然、回归自然的浪漫主义时代精神，成为后来旅游业大发展的思想基础。

（二）中国古代旅行

与世界上其他国家相比，中国作为世界四大文明古国之一，是世界上少数几个旅行游览活动兴起最早的国家。这一切，要归功于我们经常提及的那个词——地大物博！

地大，于是有了旅行游览的足够空间；物博，于是有了商品交换的足够资源。这样优越的条件让中国想不成为旅行大国都不行。

最早加入中国古代旅行队伍的当然是那些有头有脸的人——帝王、官吏、商人、高僧和部分文人。

1. 帝王巡游

帝王巡游,是古代帝王弘扬治国功绩,炫耀国家威力的重要方式,常常伴随封禅[①]和祭祀这些重大的活动。

见于史籍的中国古代帝王的巡游,又称为"巡狩""巡守""巡省"等。周穆王、秦始皇、隋炀帝、康熙、乾隆等都是帝王巡游的代表人物。

三皇五帝巡祭名山大川的逸闻,在历史长河中流传,并形成了天子五年一巡狩的旧制。翻开夏商周的历史,能看到西周的穆王追随这些先人的足迹,堪称帝王巡游的第一人。古书《穆天子传》[②]记述了周穆王西征的路线和在西行路上发生的故事。他那"欲肆其心,周行天下,将皆必有车辙马迹"的远游理想,使他"西征"获得成功。

在历代巡游的帝王中,规模最为宏大、巡游活动最为频繁的当数秦始皇。[③]从公元前221年秦统一天下到公元前210年崩于沙丘平台,短短十余年时间里,秦始皇一共进行了五次大规模的巡游。巡游成为其在位期间耗时最多、用力最勤的一件大事。五次巡游虽风光无限,但舟车劳顿在所难免。不管我们的始皇帝如何风光,但那毕竟是在两千多年前,坐在还算华丽的马车里一路颠簸,只为在途经之地立巨石、刻字、建碑以记其功。不过,始皇帝修建驿道,统一文字、货币、度量衡,意义非比寻常。从此,文人学子和商贾通行于道,或游览名山大川,或互通有无,中国旅游发展的轮廓日渐清晰。

秦始皇画像

---

① 封禅(音"fēng shàn"),是指中国古代帝王为祭拜天地而举行的活动。
② 记述周穆王事迹而带有虚构成分的传记作品。又名《周王传》《周王游行记》。作者不详。
③ 秦始皇是中国历史上第一位有翔实记载的巡游天下的皇帝。

隋代历史虽然短暂，但隋炀帝却开创了帝王舟游的新篇章。隋朝连通的大运河，首次将南北贯通，沟通海河、黄河、淮河、长江、钱塘江五大水系，从此运漕商旅，往来不绝，对南北经济和文化交流起到了重大作用，也成为帝王泛舟游览的最佳选择。

至于清代的康熙、乾隆，有关他们巡游的佳话不绝于耳，感兴趣的同学可以通过网络搜索相关资料。

2. 外交旅行

帝王们炫耀毕，官吏们又要登场了。官吏们干的活儿可要比帝王们累得多，而且还要冒着失去自由甚至是生命的危险。不过，再苦再累，这样的外交旅行却意义深远！

既然官吏们的旅行跟外交活动沾边，肯定就有政治目的。所以，这样的差事不是随便什么人就能胜任的。先秦时期吴国的季札①，西汉的张骞，三国时期的朱应、康泰②，唐代的杜环③，元代的汪大渊④，明代的郑和……都是中国古代外交旅行的杰出代表。其中以张骞出使西域和郑和七下西洋影响最大。

张骞出使西域本为贯彻汉武帝联合大月氏（今阿姆河流域）抗击匈奴之战略意图。他从长安出发，经陇西（今甘肃临洮），穿河西走廊，出阳关，走大宛（今乌兹别克斯坦费尔干纳），过康居（今巴尔喀什湖一带），到大月氏，行程7000多公里。在大月氏，他考察了那里的山川地形、风土民情、特有产品、政治军事，并涉足大夏（今阿富汗北部）许多城市。然后，他取道葱岭（原帕米尔高原和喀喇昆仑的总称），从祁连山过羌人区，进入陇西，于元朔三年（前126年）返回。元狩四年（前119年），他又率300人前往乌孙（今新疆伊犁和巴尔喀什湖一带），走访了大宛、康居、大月氏、大夏、安息（今伊朗、伊拉克等地），于元鼎二年（前115年）在乌孙使节的护送下返回。

张骞两次出使西域，打通了中国通往西域的道路。后来，人们称这条外交线为"丝绸之路"。这条非比寻常的路径对沿线汉夷文化的交流和各地经济发展的推动意义已远远超过了它的政治意义。

说一说　张骞是个意志力极强、办事灵活而又胸怀坦荡、善于待人处事的人。他出使中途即被匈奴截留下来，在匈奴生活十多年，始终保持着汉朝特使的气节，匈奴单于硬叫他娶当地人作妻，已经生了儿子，也没有动摇他一定要完成任务的决心。请找一两个张骞出使西域的故事跟同学们说一说，讨论一下像张骞那样有意志力的人，在当今世界将活出怎样的精彩人生。

从明永乐三年（1405年）至宣德八年（1433年），郑和先后率船队七下西洋，最远到达红海和非洲东海岸，航海足迹遍及亚、非三十多个国家和地区。

---

① 先秦时期的外交旅行，突出地表现为各诸侯的外交活动和说客的游说。北上周游列国、"观周乐"的吴国公子季札就是这种旅行的代表。
② 三国时期，吴国的孙权曾派朱应、康泰出使南海诸国。
③ 杜环的西域之行，走过了当时东西方陆路和海道两条丝绸之路，全部行程约计八万里，行踪直至地中海。
④ 元朝著名航海家，亲自考察南海诸国，并著《岛夷志略》一书，为研究元朝南海交通史提供了可靠的资料。

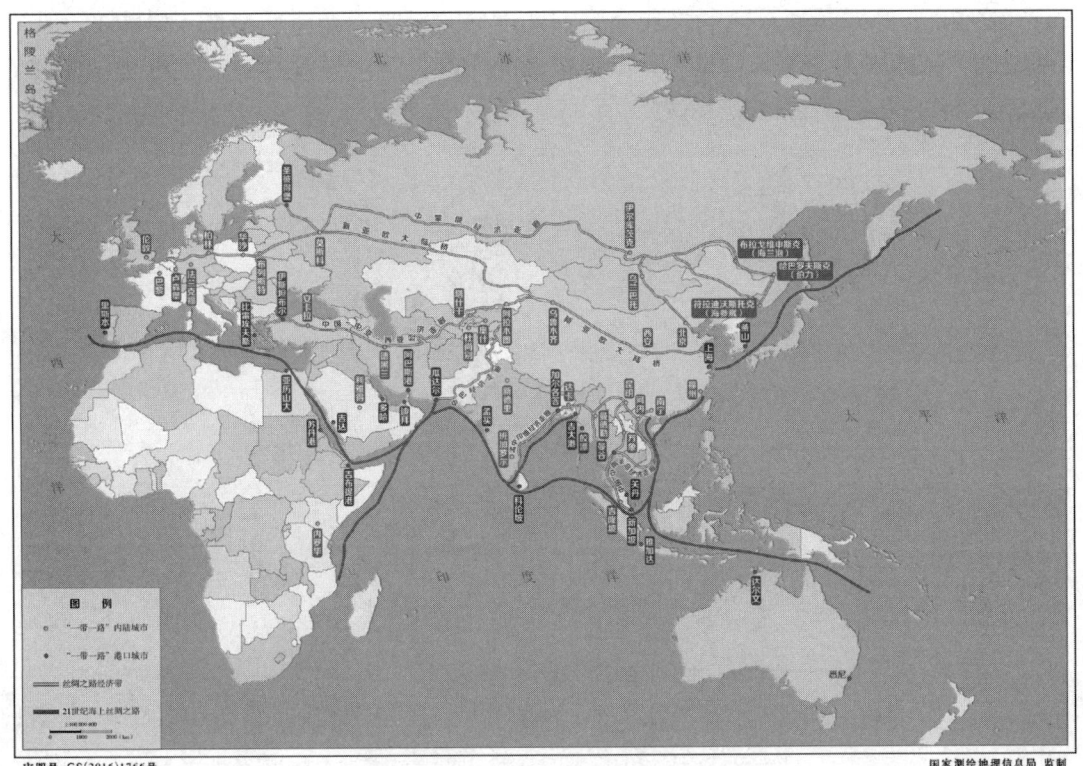

一带一路经济走廊及其途径城市分布示意图

这七次航行的时间之长、规模之大、范围之广都是空前的。它不仅在航海活动上达到了当时世界航海事业的顶峰，而且对发展中国与亚洲各国政治、经济和文化上的友好关系做出了巨大贡献。为了纪念郑和，经国务院批准，自 2005 年起，每年 7 月 11 日郑和下西洋纪念日为"中国航海日"。

3. 商务旅行

除了帝王和官吏，往返于不同地方乐此不疲的当数商人。往返各地做买卖的为"商旅"，做买卖所经之路为"商路"。在中国古代社会，各地漕运水路四通八达，驿道陆路遍及各地，西南各省有栈道，沿海地区有海运。商路的开辟，为商旅的兴起提供了前提条件，是商务旅行发达的重要标志。据翦伯赞《中国史纲要》记载，早在商代时期，东北到渤海沿岸乃至朝鲜半岛，东南达今日浙江，西南到今日鄂皖乃至四川，西北达陕甘宁绥乃至新疆，商人的足迹"已经走遍了他们所知道的世界"。

春秋时期，中国古代的商品经济有了突飞猛进的发展，远程贸易的商务旅行已十分盛行。春秋战国时期的陶朱公（范蠡）、吕不韦等都曾周游天下，负货贩运，是中国古代著名的商人。

隋唐时期是中国封建社会的鼎盛时期。随着隋代统一南北，大唐昌盛兴隆，中国的经济、文化的发展已居于世界前茅。隋代大运河，成为南北水路交通大动脉。陆路以首都为中心形成四通八达的交通网。国外交通的道路向西可达波斯（伊朗）、大食（阿拉伯）和地中海之滨，向南可达南洋群岛、印度。国内外发达的交通为这一时期国内旅行活动的兴盛奠定了物质基础。

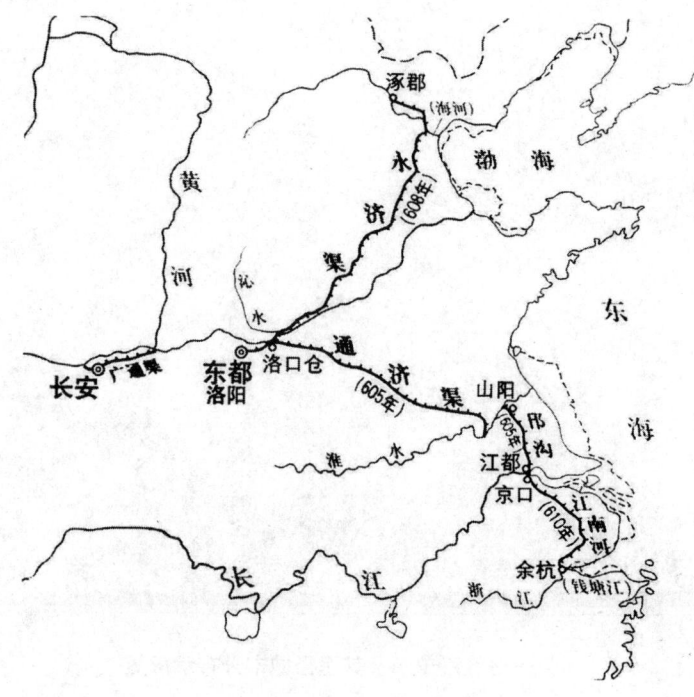

隋朝大运河示意图

宋元时期是我国封建社会继续发展的时期。科学技术、文学、医学成就显著。尤其是指南针的发明并应用于航海，继而传至四方，对促进各国航海事业的发展和以后"海上丝绸之路"的开辟，加强与西方各国的贸易、旅行交往做出了重大贡献。

隋唐时期的国际旅行也极为活跃，来华的外国使者、商人、学者、僧侣络绎不绝。日本曾先后 16 次遣使者来唐学习文化。唐朝与阿拉伯世界的交往同样十分密切，双方以香料贸易为重要纽带，阿拉伯商人常以此换取中国的茶叶、瓷器与丝织品，而来自如今伊朗境内西拉夫港的苏莱曼便是这一时期商贸交流中最著名的代表人物。公元 850 年左右，苏莱曼怀揣着对东方财富的向往，踏上了前往印度与中国的旅途，并将一路见闻记录下来，写下《中国印度见闻录》。苏莱曼的见闻不仅成为阿拉伯世界了解唐朝时期中国政治、经济、文化的重要窗口，更生动印证了两大文明交流的深度与活力。

历史上被称为"海上丝绸之路"的是海上商贸旅行线路。《汉书·地理志》记载，汉武帝曾派遣官员率领"应募者"带着大量黄金和丝织品，从广东雷州半岛乘船驶过南海，进入暹罗（今泰国）湾，绕印度支那半岛和马来西亚半岛，通过孟加拉湾到印度半岛东海岸的黄支国（今印度东南海岸之康契普腊姆），与当地交换明珠、壁琉璃（宝石名）等物品。印度商人也穿过马六甲海峡来中国进行商业贸易。可见当时商务旅行规模之巨大。

4. 士人漫游

士人漫游,主要指文人学士为了各种目的而进行的旅行游览活动。它起始于奴隶制行将崩溃、封建制逐渐形成的春秋战国时期。各个时期士人漫游的目的各有侧重,其形式和内容也有相应的变化。如先秦时期的士人漫游主要是从政,故游说之士较多。代表不同阶级、阶层的思想家、理论家从各自的阶级利益出发,著书立说,争鸣论战,或带领门徒周游各国,宣传自己的政见,以求得到重用。虽然当时士人阶层的游说活动主要是为名利忙碌,但他们在长期的旅行实践中必然获得审美感受,加强了对旅游理论的思考,这对后代产生了深远的影响。孔子、孟子、苏秦便是代表人物。

山东曲阜孔庙孔子像

到了东周,礼崩乐坏,王纲解体,出现了各大诸侯国"挟天子以令诸侯"的争霸战争,大批周天子身旁的文化人也纷纷投奔诸侯,从此,中国出现了"士"阶层。时代给没落贵族和普通平民(主要是知识分子)提供了"朝为布衣、夕为卿相"的社会条件,因此,出现了人数众多的市民阶层的旅行队伍。当然,这一时期的旅行主要不是为了游览审美、欣赏娱乐,而是为了审时度势、委身卿相。

魏晋南北朝时期,知识分子政治上不得志而追求适意娱情、消遣排忧,故多走上寄情山水、啸傲风月的漫游道路,这对中国山水诗歌、游记等旅行文学创作的兴起和中国旅游历史的发展具有特殊的意义。西晋末年,王朝黑暗,天下大乱,民族矛盾和阶级矛盾尖锐复杂,是中国封建社会的大分裂和民族大融合时期。黑暗王朝残酷的政治权力斗争,使一些上层人物不得不考虑保全自身,远离是非,大部分知识分子产生了消极遁世的思想,无心仕途,而把注意力转向大自然,走上寄情山水、饱览自然风光,以追求适意如情的漫游道路。魏晋时期的嵇康、阮籍等七人因不满时政而纵酒悠游于竹林之中。东晋末年的陶渊明主动辞官而退隐田园,并写出《桃花源记》。南朝谢灵运被罢官后"壮志郁不用""泄为山水诗",遨游山水间,并注重对山水作审美评价,成为我国山水诗的鼻祖。这一时期,因天下分裂、南北对峙,而使交通受阻,人们所做的绝大多数是短途旅行。但也有不畏艰险的远游旅行家,如为了到印度学佛求法的东晋高僧法显,为国家考察水道的郦道元,即是著名的代表人物。法显所著《佛国记》和郦道元所著《水经注》都是千古不朽的名著,对于以后旅行文学创作的繁荣起到了先导作用。

唐代沿袭隋制,实行科举取士制度,极大地调动了中下层知识分子从政的热情,士人远游成风。他们一方面欣赏山水,验证史书的正误;另一方面广交朋友,切磋诗艺,以求学问的提高。值得一提的是,在士林之中不乏气质高雅的大名士,他们有志济世但不慕荣禄,自负才智而不愿科试,但又不消极隐逸,而常远游。其中,"托物言志"就是一种高层次的旅行活动形式。所谓"托物言志",就是通过对自然风光、山川景物的游览观赏,赋予山川景物以理想性格,从而寄托自己的志向和情怀。即通过对自然界中事物的拟人的描写,间接表白或赞美某一品质和节操。陶渊明、李白、杜甫、柳宗元、欧阳修、陆游、苏轼等,便是其杰出的代表人物。

宋元时期,旅行文学和旅行理论都有了比唐代更大的发展,出现了许多著名的旅行家,如范仲淹、苏轼、陆游和范成大等,他们写的《岳阳楼记》《赤壁赋》《入蜀记》和《吴船录》等都是千古流传的旅行名著。

5. 学术考察旅行

学术考察旅行,主要指一些专家、学者或矢志求学之士为了考证先贤遗著的正误或探索客观世界的奥秘,开创新学科而进行的治学与旅行相结合的实践活动。许多矢志求学之士崇尚实学,或深知"尽信书则不如无书"的道理,或为了获得"读万卷书"所无法获得的知识信息,都热衷于"行万里路",以补"读万卷书"的不足。他们通过长期艰苦的实地考察,在取得学术上和科学上伟大成就的同时,也成为著名的旅行家。司马迁、李时珍、徐霞客、顾炎武便是其中杰出的代表人物。

西汉时伟大的史学家、文学家司马迁,就是学术考察旅行最早、最杰出的代表。

明清(鸦片战争以前)是中国封建社会走向衰落、资本主义开始萌芽的时期。这一时期的旅行活动兴旺不衰、持续发展,较之唐、宋时期更普遍重视对自然山水景观的鉴赏和旅行经验的总结,尤其是明朝的国内科学考察旅行极盛,学术著作成就不凡,杰出的旅行家郑和、徐霞客,医药学家李时珍分别留下宝贵的航海资料、千古不朽的游记和医药名著。

6. 宗教旅行

宗教旅行是以朝拜、寻仙、取经、求法、布道为目的的一种古老的旅行活动形式。古代中国的国际性宗教旅行,主要是佛教徒以朝拜、学佛、传法为目的的旅行活动,从魏晋盛行到唐代形成高潮。

隋唐时期的宗教活动得到朝廷的重视和资助,因而道教、佛教都有很大的发展。尤其是佛教,从北魏奉佛教为国教以后,至隋唐已进入鼎盛阶段,先后出现了许多宗教派别。中国同印度、日本等国僧人来往频繁,并出现了像玄奘和鉴真这样杰出的宗教旅行家。

清中叶以后，西方资本主义国家的侵略打破了清代闭关锁国的格局，西方文化的侵入，也使中国人的旅行观念逐渐发生着变化。

想一想　我国拥有众多璀璨的世界文化遗产，它们是中华文明绵延五千年、从未中断的鲜活见证，更是中华民族的精神标识。请结合所学知识回答：

1. 在周口店北京人遗址（1987年12月）、秦始皇陵及兵马俑（1987年12月）、皖南古村落——西递、宏村（2000年11月）、龙门石窟（2000年11月）、殷墟（2006年7月）、良渚古城遗址（2019年7月）等世界文化遗产中，哪些能够体现中华文明的早期起源与发展脉络？请简述其作为文明源头的重要历史依据。

2. 从这些早期文明的发展与交流中，我们能看到中华文明具有怎样的特质？请举例说明。

3. 作为将投身文旅产业的新时代青年，面对这些承载着民族根脉的文化遗产，我们应如何传承其蕴含的精神基因，为推动中华优秀传统文化的创造性转化、创新性发展贡献力量？

项目 2
初见端倪——旅游发展的雏形

驴友小Q与同伴小优准备去西藏旅游,俗话说:"兵马未动,粮草先行。"出行前,他俩为旅游中的吃喝拉撒着实费了不少脑筋。

"据说西藏的特色美食是糌粑、酥油茶,不知道能否吃得惯,我们还是买点吃的备着吧。"小Q担忧地说。

小优说:"你真是的,到了西藏不吃糌粑,不喝酥油茶,像话吗?地方小吃是少不了的。不过,可以备些零食,实在吃不饱,到那边再买方便面来解决吧。"

"别光顾吃了,住呢?"

"我们找家购物方便、干净卫生又便宜的酒店。怎么样?"

"能有这等美事那是走好运了。要不,我们住到藏民家里,既便宜又能体味到藏族风情,还能向他们请教购物的地方,省得挨宰!"

"我求之不得呢,赶快想办法住到藏民家吧!"

经过一个星期的周密筹划,他俩踏上了去往西藏的天路。

看来,出门旅游不是一件简单的事,它牵涉"食、住、行、游、购、娱"多个方面。那么,伴随人类早期迁徙活动而萌生的旅行是如何一步步形成和发展到驴友小Q与同伴小优西藏旅游这种形态的呢?让我们先从相对微观的角度来看看构成旅游活动的六个要素是如何萌芽和发展的。

任务 3
了解旅游发展的雏形——食

前面已经说过,早期的人类社会可不是随便什么人都能轻松生活的时代。人们不仅要和凶猛的动物争夺食物和藏身的洞穴,还要看老天爷的脸色吃饭,衣不蔽体、食不果腹是人们生活的常态,每个人除了一片遮羞的树叶外没有任何财产,而部落首领的主要任务就是带领众人去找吃的。

当然,吃的问题是难不倒聪明的人类的,人们改良生产工具,不断提高生产力,生产出的粮食不仅能吃饱肚子,居然还有了剩余。看着餐桌上的东西日益丰富起来,会享受的人类又发明了各种烹饪方法来满足口福。久而久之,世界上诞生了三大烹饪王国——以法国为代表的西餐王国、以土耳其为代表的清真菜王国,以及以中国为代表的中餐王国。我们先来看看旅游六要素之一的"食"文化吧。

1. 中国的饮食文化

我国有句俗语，叫作"天下没有不散的筵席"，这个"筵席"也就是我们今天说的宴会。宴会，古代也称为燕会，是以酒肉款待宾客的一种聚集活动。相传尧时代一年举行七次敬老的典礼，大家在低矮的屋子里席地而坐，你一鼎，我一鬲，分享美味，叫作"燕礼"。这是我国原始社会的一种宴会。隋、唐以前，古人不用桌椅，先在屋内的地上铺上一层粗料编织物——筵，在筵上加铺一层规格较小的细料编织物——席。宴饮时，座位设在席子上，食品放在席前的筵上，人们席地坐饮，好不畅快，"筵席"的说法自此而来。后来，人们开始使用桌椅，宴饮由地面升高到桌上进行，明清时有了"八仙桌""大圆桌"，宴会形式已然改变，但宴席仍沿称为"筵席"，座位仍沿称为"席位"，筵席与酒席成为同义词。

说起饮食文化，不得不说说我国历史上一个鼎盛时期的饮食。盛唐时期，吃法讲求花样翻新，单说馄饨这一种食物，便会取用二十四种馅，制成二十四种样式，要不是物质的极大丰富，人们是玩不起这种花样的。当然，有这等美味，自然吸引了八方来客到唐朝一游。后来，盛唐的烹饪之法传入日本、西亚各国。

吃饱喝好后，人们就有闲情雅致来谈诗舞墨了。唐代美食与诗歌交相辉映，李白的"金樽清酒斗十千，玉盘珍羞直万钱"、白居易的"粽香筒竹嫩，炙脆子鹅鲜"等就是盛唐时人们饮食生活的写照。胡人（中国古代汉人称汉人以外的部族为"胡人"）食品在长安、洛阳占有相当大的市场份额，西域美女在长安酒店招客的情景，唐诗中亦有描绘，如李白的"胡姬招素手，延客醉金樽""胡姬貌如花，当垆笑春风"等，无不打动人心。同学们不妨想象一下，在当时的长安城里，来自世界各地的商人自由交换商品，品尝盛唐美食，欣赏盛唐歌舞，一个旅游大都市的样貌跃然纸上。

想一想 宴会与"筵席"一样吗？假如我们重回唐代，欲邀请大诗人李白做客，除菜肴外，我们还要做哪些宴请的准备？

到了宋代，商业开始繁荣，茶楼酒肆，勾栏瓦舍，遍及寰中。"集四海之珍奇，皆归市易；会寰区之异味，悉在庖厨。"来自各地的货物都在市场里交易，而四处的饮食都能在各类餐馆中发现。《武林旧事》中介绍的酒类就有五十四种，冷饮多达八十余种。窦苹所著《酒谱》，可视为酒的百科全书。在《三国演义》《水浒传》等文学作品中，都可领教吃肉喝酒的场面。诗人苏东坡既是大文豪，又是美食家。"东坡肉""东坡肘子"一直惠及当今食客。诗人林升作"山外青山楼外楼，西湖歌舞几时休"，借以慨叹南宋时期的小朝廷偏安一隅，歌舞升平。时至今日，"楼外楼"已成为杭州城里最有名的餐厅。不过，据陆游《老学庵笔记》载，朝廷宴请金国使臣的国宴菜单却也并不复杂，冷热菜肴及主食，七八样而已。

唐朝三彩凤杯

宋朝白瓷盏托和印花洗

元代蒙汉大融合，体现在饮食上有不同的民族特色。忽思慧曾撰写《饮膳正要》，介绍了大量关于饮食、烹饪的知识，论证了饮食与健康的关系。诗人贡师泰曾写《寄颜经略羊酥》，介绍美味的羊乳制品。蒙古族人民对中华饮食的贡献可谓大矣，他们发明了两样在当今仍然十分流行的食（饮）品，一是适合行军打仗的副产品涮羊肉，二是用蒸馏法酿造出的高度白酒。当时，中原地区一直发酵酿制白酒，度数不高，喝得很不过瘾。高度白酒问世后，令中国文人雅士有了更多豪迈的激情和作为。

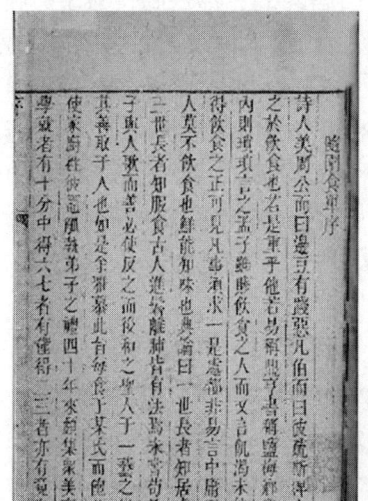 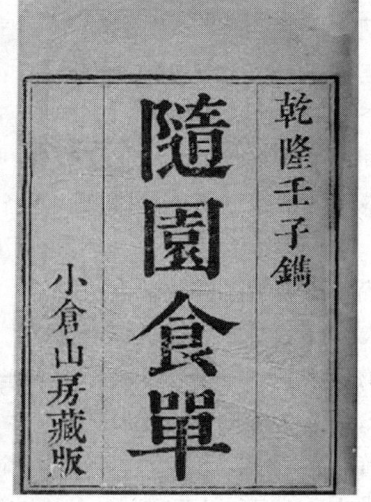
袁枚《随园食单》

到了清代，饮食文化进入鼎盛时期。"随园老人"袁枚撰写的《随园食单》，仅流行食品就介绍了 3326 种。大家耳熟能详的电影——《满汉全席》里提到的"满汉全席"，也称为翻桌席，是我国一种具有浓郁民族特色的巨型宴席。它既有宫廷菜肴之特色，又有地方风味之精华；突出满族菜点特殊风味，烧烤、火锅、涮锅几乎是不可缺少的菜点，同时又展示了汉族烹调的特色，扒、炸、炒、熘、烧等兼备，实乃中华菜系文化之瑰宝。满汉全席原是官场中举办宴会时满人和汉人合坐而吃的一种全席，起码上菜108种（南菜54道、北菜54道），分三天吃完，其菜式有咸有甜，有荤有素，取材广泛，用料精细，山珍海味无所不包。

如今，我国身边的饮食更加琳琅满目，吸引着国内外游客来大快朵颐。同学们，好好去体会我们身边的饮食文化吧！

2. 法式西餐

1533年，意大利公主凯瑟琳嫁给法国国王亨利二世。同时，她把罗马饮食也带到了法国。法国人将两国的菜肴精华加以融合，由此奠定了法国饮食文化的基础。以后，经过路易十四、路易十五的提倡和弘扬，法国饮食获得了空前的发展。法式西餐以其精致的烹饪技艺、独特的风味和优雅的用餐礼仪而闻名于世，被誉为"西餐之首"。

西餐

3. 清真菜王国

清真涮羊肉

说起清真菜的王国，不得不提一个国家——土耳其，这里的人民同世界上其他国家的人民一样过着逐水草而居的生活。当中亚的生存条件恶变时，他们就从中亚一直向西迁徙。当熟悉了新环境后，他们渐渐开始饲养动物并且精耕细作，于是食品有了剩余，人们再也不用为过冬吃不饱肚子发愁了。通过迁徙生活，聪明的土耳其人把接收到的多种民族和文化的信息渗透到了饮食文化中，学习总结出了一些独具特色的烹饪方法，并逐渐发展成为当今的清真菜王国。一般来说，一个国家的菜品只是发源于一种菜系，或者菜品相对单一，但土耳其的菜品集合了各种菜系的精华，堪称是世界饮食特色大集锦。土耳其清真菜以其丰富的食材、独特的香料和多样的烹饪方式而闻名。

试一试　你吃过清真菜吗？不妨约几个好友找一家好店，品尝一下。

任务 4
了解旅游发展的雏形——住

前文已经讲过，如果原始人类能够生产出足够多的食物并把它们储存起来，也就用不着逐水草而居了。后来，是农业生产水平的提升把人们拴在了土地上，那些自然环境优良的地方成了大家竞相落脚的最佳选择，"定居"这个词第一次走进人们的生活。与"定居"这个词息息相关的就是我们的"家"。

从"家"这个象形字的演变过程中，我们能看到生产力的发展是如何改变人们的居住形态的。

猪是温驯、繁殖力旺盛的动物，对古人来说，圈养生猪能提供食物安全感，因此蓄养生猪便成了定居生活的标志，直到现在，还有不少人家在居所里圈养着猪。

我们的祖先走出洞穴，创造性地建起了各种各样的住所。发展到今天，人们的居住地不再局限于自己的"家"，各种可供旅行者们临时居住的场所——饭店，在城市的大街小巷鳞次栉比。饭店业逐渐发展起来，成为各国第三产业中的一个支柱行业。

早期甲骨文 🏠 像屋 ∩ 里有一头大腹便便的猪 豕
晚期甲骨文 🏠 将猪 豕 简化成 豕
金文的 家 略有变形
篆文的 家 承续金文字形
隶书 家 将篆文的"豕"写成 豕

象形字"家"的演变过程

1. 西方的客栈

中世纪时期，商业不断发展，为了让奔波于异地间的商人有一个休息落脚的地方，客栈应运而生。当然，随着经济的发展，外出的传教士、信徒、外交官越来越多，使得人们对客栈的需求量增大，客栈的接待范围不断扩大。

由于当时人们外出主要是步行、骑马或乘坐驿车，因此大多客栈都设在古道边、车马道路边或是驿站附近，相当于现在的汽车旅馆。

2. 中国的驿站

据历史记载，中国最古老的一种官方住宿设施是驿站。在古代，只有简陋的通信工具，统治者政令的下达、各级政府间公文的传递，以及各地区间的书信往来等，都要靠专人递送。历代政府为了有效地实施统治，必须保持信息畅通，因此一直沿袭了这种驿传制度。与这种制度相适应的为信使提供的住宿设施应运而生，这便是闻名于世的中国古代驿站。从商代中期到清光绪二十二年（1896年）止，驿站长存三千余年，是中国最古老的旅馆。

山西大同四十里堡（曾是古代驿站）

中国古代驿站在其存在的漫长岁月里，由于朝代的更迭、政令的变化、疆域的展缩以及交通的疏塞等原因，其存在的形式和名称在各个时代均有所不同。

驿站虽然源于驿传交通制度，初创时的本意是专门接待信使的住宿设施，但后来却与其他公务人员和民间旅行者发生了千丝万缕的联系。驿站这一名称，有时专指其初创时的官方住宿设施，有时则又包括了民间旅舍。

远在殷商，我国已有驿传，周代已有平整的驿道。据说，西周时在国郊及田野的道路两旁通常栽种树木以指示道路，沿路十里有庐，备有饮食；三十里有宿，筑有路室；五十里有市，设有候馆，这些都是供给过客的。

除了驿站，我国很早就有了设在都城，用于招待宾客的迎宾馆。春秋时期的"诸侯馆"和战国时期的"传舍"，可说是迎宾馆在先秦时期的表现形式。以后几乎历代都分别建有不同规模的迎宾馆，并冠以各种不同的称谓。清末时，此类馆舍正式得名"迎宾馆"。古代中华各民族的代表和外国使者都曾在"迎宾馆"住过，它成为中外往来的窗口，人们从"迎宾馆"这个小小的窗口，可以看到政治、经济和文化交流的盛况。早期，迎宾馆在宾客接待规格上，是以来宾的地位和官阶的高低及贡物数量的多少区分的。为了便于主宾对话，宾馆里有翻译；为了料理好宾客的食宿生活，宾馆里有厨师和服务人员。此外，宾馆还有华丽的卧榻以及其他用具和设备。宾客到达建于都城的迎宾馆之前，为便于热情接待，在宾客到达的地方和通向都城的途中均设有地方馆舍，以供歇息。宾客到达迎宾馆后，更会受到隆重接待。如使团抵达时，当地官员和士兵还会列队欢迎。为了尊重宾客的风俗习惯，使他们食宿愉快，迎宾馆在馆舍的建制上还实行一国一馆的制度。随同各路使者而来的还有一些商客，他们是各路使团成员的一部分。他们从遥远的地方带来各种各样的货物，到繁华的都城做交易，然后将土特产运回出售。

任务 5
了解旅游发展的雏形——行

除了步行外，人们外出无不依赖着各式各样的交通工具，随着社会生产力的发展，这些工具越来越多样化。

（一）古代之行

在遥远的古代，人类的祖先还处于以采集和渔猎为生的时期，他们活动的场所是森林、草原、江河、湖泊。由于没有水上工具，深水的鱼群，可望而不可得；河对岸的野兽，可见而不可猎；洪水袭来，来不及逃避就得被淹死。他们在与天斗、与洪水猛兽斗的长期斗争中增长了才干，增添了智慧。自然现象给了他们各种有益的启发。"古观落叶以为舟"，就反映了我们祖先早期对一些物体能浮在水面上的现象的认知。也许正是因为这种自然现象，才引起人们航行的念头。人骑坐在一根圆木上，就可以顺水漂浮；如果他还握着一块木片，就可以向前划行。如果把那根圆木掏空，人就可以舒适地坐在里面，并能随身携带上自己的物品。这就是人们创造的最早的船——独木舟。以后人们又逐步学会了就地取材，制造了简单、平稳、装载面积较大的筏。筏的种类较多，有木筏、竹筏、皮筏等。

原始社会出现的独木舟和筏，使人类在征服江河的斗争中迈出了重要的一步。三千多年前，我国就开始出现了木板船。木板船的出现，显示了它强大的生命力，也为船舶的进一步发展和改造奠定了基础。

随后人们又在长期航行的实践中，创造了利用风力行驶的船——帆船。初期的帆不能转动，只有风顺时才能使用，风不顺就只有落帆划桨。后来人们在航行的实践中逐步发现，即使不顺风，只要使帆与风向形成一定的角度，帆上还是能受到推船前进的风力，于是人们又创造了转动帆，在逆风的情况下，船也能前进。

郑和宝船

我国的帆船，在世界上是相当有名的。早在秦代，我国就能造出长达30米、宽6~8米，能载重6万千克的漂洋过海的大帆船——海船。到了汉代，就能制造百尺楼船。到宋代，已可制造载重20万千克以上的大船。明代郑和下西洋乘坐的宝船，长达140米、宽达60米。图中是南京宝船厂仿制的郑和宝船，它是郑和船队中最大的海船，是郑和舰队中的主体，也是郑和率领的海上特混舰队的旗舰，它在郑和船队中的地位相当于现代海军中的旗舰、主力舰。

看一看 郑和是举世闻名的伟大航海家，1405年7月11日，他奉明成祖朱棣之命，出使中国南海以西的国家和地区，称为"下西洋"。2005年7月11日是郑和下西洋600周年纪念日。经国务院批准，自2005年起，每年7月11日为"中国航海日"，同时也作为"世界海事日"在中国的实施日期。

如果条件允许，同学们可利用节假日到南京宝船厂遗址公园一睹郑和宝船的风采。

自从人类创造了帆船以后，帆船运载着人们在世界的海洋上来往。直到19世纪，世界上一些大型的船还是帆船，有的桅杆高达30米，挂帆30多面。

（二）近现代之行

1. 水上之行

19 世纪中叶，随着蒸汽机的发明和科学技术的进步，帆终于被机械所取代，帆船也逐渐发展成为装有引擎的船。最先代替帆的是蒸汽机，开始的汽船是由明轮推进的，然后又发展成为螺旋桨推进，接着人们又陆续发明了以涡轮机、柴油机、汽油机为动力的船，以及采用核动力装置的船。这些先进技术的运用，将人们的活动范围扩大到了世界的每个角落。

早期的远洋客轮

2. 陆上之行

水上交通工具发展起来的同时，陆路的交通工具也在变革中。1791 年，法国人西弗拉克发明了最原始的自行车。时至今日，自行车已成为全世界人们使用最多、最简单、最实用的交通工具。1705 年，纽可门首次发明了不依靠人和动物来做功而是靠机械来做功的实用化蒸汽机。这种蒸汽机用于驱动机械，继而产生了划时代的第一次工业革命。随着蒸汽驱动的机械的发展，人类社会正式开启了汽车持续演进的新篇章。1885 年，德国工程师卡尔·本茨（1844—1929 年）在曼海姆成功制造出一辆配备 0.85 马力汽油机的三轮车，拉开了现代汽车史的帷幕。在此后的一百多年内，汽车无论是从车身造型还是从动力源或底盘、电器设备，都有了翻天覆地的变化。其中最富特色、最具直观感的当数车身外形的演变。

老式汽车

火车已有 200 多年的历史了。最早出现的火车是在 1814 年由英国人乔治·斯蒂芬森制造的。到 1825 年，他制造的"动力 1 号"机车创造了当时陆地行驶的最高速度，每小时 24 千米。在这之后的几十年中，火车逐渐成为重要的交通工具，欧洲各国及美国开始大规模修建铁路，人类从此进入了铁路时代。19 世纪 60 年代，蒸汽机开始被用于交通运输业，人们对这种动力强劲的机器又爱又怕。1865 年，为了防止安装了蒸汽引擎的机动车"危及公共安全"，英国议会专门通过了一项《机动车法案》，规定凡是在公路上行驶的机动车必须配备一名专职"旗手"，步行于车辆前方 55 米的地方，手持一面红旗以警告周围的行人和马车——火车来啦！因此，这部法案又被称为"红旗法案"。这极大地限制了火车的出行速度，也使得法国和德国的汽车制造业远远领先于英国。直到 1896 年，"红旗法案"才渐渐通过例外规定的方式被废弃。

早期的火车机车

火车和铁路的出现使人们可以更快捷地进行长途旅行，可以更容易地从很远的地方得到所需的物资并把产品运送到远方去销售，这些都大大推动了生产发展，提高了人们的生活水平。在火车发展的初期，火车的动力主要由机车上的蒸汽机提供，机车上必须携带蒸汽机工作所需要的煤和水，这样的机车被称为蒸汽机车。随着时代的发展，现代的火车已不再使用笨重、效率较低的蒸汽机，而采用内燃机或电动机产生动力，这样的机车分别称为内燃机车和电力机车。目前世界上的火车主要由内燃机车或电力机车牵引，火车运行速度也大大提高。目前最先进的磁悬浮列车利用磁力使列车悬浮在铁轨上，速度最高能达到每小时500多千米，而且还有继续提高车速的可能。

上海磁悬浮列车

3. 空中之行

20世纪最重大的发明之一，是飞机的诞生。人类自古以来就梦想着能像鸟一样在天空中飞翔。而2000多年前中国人发明的风筝，虽然不能把人带上天，但它确实可以称为飞机的鼻祖。20世纪初，美国的莱特兄弟在世界飞机发展史上做出了重大的贡献。当时，大多数人认为飞机依靠自身动力飞行是完全不可能的，莱特兄弟却不相信这种结论。从1900年至1902年，兄弟俩进行了1000多次滑翔试飞，终于在1903年制造出了第一架依靠自身动力进行载人飞行的飞机——"飞行者1号"，并且试飞成功。他们因此于1909年获得美国国会荣誉奖。同年，他们创办了"莱特飞机公司"。这是人类在飞机发展的历史上取得的巨大成功。

交通工具是现代人的生活中不可缺少的一个部分。随着时代的变化和科学技术的进步，我们周围的交通工具越来越多，给每一个人的生活带来了极大的方便。陆地上的汽车，海洋里的轮船，天空中的飞机，大大缩短了人们交往的距离；火箭和宇宙飞船的发明，更使人类探索另一个星球的理想成为现实。也许不远的将来，更多的人可以到太空去旅行观光，我们的孩子可以到另一个星球去观察学习。

滑翔机

任务 6
了解旅游发展的雏形——游

旅行作为旅游的雏形，首先是在最早进入文明时代的中国、埃及、巴比伦、印度和古代的希腊、罗马发展起来的。古代奴隶制经济、政治和文化的发展，为古代旅行奠定了基础，并在古希腊、罗马时代达到了全盛时期。

中国是世界的文明古国，也是旅游发生最早的国家之一。在先秦古书中就有关于华夏先民在遥远古代的旅行传说，有文字记载的旅行活动也可以追溯到公元前2250年以前。随着朝代的更迭，社会经济、政治和科技文化的发展变化，旅游活动也经历着兴衰起伏的发展变化。

世界上第一次出现了真正自觉的、有特定目的的自然观光旅行是在18世纪中叶。一些大文豪、画家、音乐家酷爱大自然，用文学作品、画卷和音乐鼓励人们到大自然中去，为自己的创作寻找灵感。在资产阶级浪漫主义代表人物卢梭、歌德、海涅等的影响下，掀起了"回归大自然"的热潮。这种酷爱自然、崇尚自然、回归自然的浪漫主义时代精神，成为后来旅游业大发展的思想基础。18世纪中叶，还出现了科学考察旅行和带有掠夺性的探险旅行。

任务 7
了解旅游发展的雏形——购

古代商业的发展促使商人四处奔走，去了解其他地区的生产和需求状况，到其他地区去交换自己的产品或货物，由此便产生了对外旅行的需求。在商业利益的驱动下，商人们已"走遍了他们所知道的世界"。所以，就整个世界而言，可以说是商人开创了旅行的先河。

1."御道"和"丝绸之路"

前文已经提到过，早在公元前3000年，就产生了商业旅行。被称为"海上民族"的腓尼基，很早就有发达的商业和手工业，造船业也遥遥领先，这为商业旅行提供了条件，因此腓尼基最早出现了商业旅行。另外，波斯帝国也是较早兴起商务旅行的国家。在公元前6世纪中叶，波斯帝国兴建了两条"御道"，为商业旅行的兴起和发展起到了巨大的推动作用，成为以后"丝绸之路"西端的基础。

2."商旅"和"商路"

往返各地做买办的活动为"商旅"，做买卖所经之路为"商路"。早在中国商代时期，天南海北到处都有商人的足迹。

商路并不局限在陆地上，在海上，被历史上称为"海上丝绸之路"的商贸旅行线路把沿线的中国、东南亚及南亚各国联系在了一起。

13世纪，世界外交、贸易旅行发展起来，马可·波罗穿越伊朗高原和帕米尔来到东方，至上都，得到元世祖忽必烈信任，忽必烈曾安排他到中国各地和一些邻近国家进行游览和访问。

15世纪西方产业革命兴起，引起了对外扩张和对黄金的需求。《马可·波罗游记》盛赞东方的富庶，这驱使欧洲的商人、航海家、封建主从事海洋远航。哥伦布发现了新大陆，开辟了由欧洲到美洲的新航线。葡萄牙人达·伽马发现了绕过非洲南端的好望角通往印度的新航线。麦哲伦绕地球一周，证明了地圆说，这对科学的发展及人们对宇宙的观念都具有重大意义。这一时期的航海旅行，兼有探险、考察旅行的性质。

任务8
了解旅游发展的雏形——娱

娱乐乃人之常情，是人的高级需求之一。古代的享乐旅行更多的是在经商旅行过程中，留出一段时间游览观光。古代的旅行活动中伴随着各种各样的娱乐活动，娱乐和旅行的结合，意味着旅游原始形态的出现。

古代埃及每年都要举行数次宗教节日集会活动，其中，规模最大的是隆重的"巴布提斯市的阿尔铁米司祭"。前往参加盛会的男男女女，乘大型游艇，妇女打着手板，男子吹着笛子，还有些人唱歌和拍手，途经临河镇、市，都要靠岸表演，到达巴布提斯时，供上丰盛的祭品。奥林匹亚节是最负盛名的盛典，在宙斯神大祭之日，前来参加者不绝于道，节庆期间，会举行赛马、赛跑、角斗等体育活动。

古罗马角斗场

食、住、行、游、购、娱，旅游发展六要素已初具规模，旅游发展时代即将到来。

项目 3 突飞猛进——近代旅游业的发展

春天来临，面临就业的小优忙开了：撰写精美的简历，到人才市场投石问路；网上报名、机考、面试……几次面试下来，还没找到理想的工作。"怎么办呢？很多同学都名花有主了，可我还挂着呢。小军，帮我出出主意吧。"

小军说："你喜欢旅游，英语又特棒，我看还是到旅行社当导游吧，最好当外事导游，又能玩还能赚到钱，凭你的口才准行。"

"导游？这倒是个不错的职业。面试时会问些什么问题呢？"小优问道。

"按常规，会问你为什么选择这个职业，你有什么特长等等，这些问题对你而言，那还不是信手拈来、小菜一碟？不过，可能还会问与旅游有关的知识，比如旅游业的发展史。"

"旅游业的发展史？不清楚。哎，你姐姐不是导游吗？赶快问问你姐姐。"

"好咧，打电话吧。"

在电话里，小军姐姐告诉小优："旅游近代史，产业革命是主线，主阵地在欧美，旅游业开始形成是主流，抓住这些要点就不会有大错了。详细的可以查查资料。"

"谢谢姐姐，抓住了问题的要点就容易记住了，我会弄清楚的。"

经过有针对性的周密准备，终于在桃花盛开的季节，小优应聘到了国际青年旅行社。

任务 9
了解近代旅游业的开端

微课 近代旅游业的开端

要了解产业革命对近代旅游业的积极影响，我们首先必须明白产业革命是一场什么革命，为什么它会对近代旅游业有促进的作用。

（一）产业革命对近代旅游业的影响

18世纪中后期，欧洲发生了产业革命。产业革命，又称工业革命，指资本主义工业化的早期历程，即资本主义生产完成了从工场手工业向机器大工业过渡的阶段。这个时期是以机器生产逐步取代手工劳动，以大规模工厂化生产取代个体工场手工生产的一场生产与科技革命，后来又扩充到其他行业。它不仅促进了资本主义生产力的发展，提高了生产社会化程度，也使资本主义最终战胜封建统治而居于统治地位。

在明白了什么是产业革命后,我们就来看看产业革命给人类社会带来了怎样的变化吧。产业革命对近代旅游活动的产生和发展具有积极而深远的影响。

1. **产业革命加速了城市化的进程,改变了人们的工作性质**

产业革命以后,大量的农村人口进入城市,原先那种随农时变化而忙闲有致的多样性农业劳动开始被枯燥、重复的单一性大机器工业劳动所取代。随季节变化有忙有闲的田园牧歌式生活被大工厂枯燥、单一、紧张、重复的大机器生产所代替。社会重心和中心转向城市。

人口的高度集中带来拥挤、嘈杂、紧张、空气污染、脏乱差,人的心理变得紧张。这一变化最终导致人们需要适时逃避城市生活的紧张节奏和拥挤嘈杂的环境压力,产生回归自然的追求,因而有了公共假日、带薪假期的要求。用今天的术语讲,这一变化成为促使人们产生旅游动机的重要原因。

英国产业革命期间生产车间一隅

大量的事实证明,城市居民外出旅游的数量和出游率大大高于乡村居民,时至今日依然如此。因此,工作和生活地点方面的这种变化对产业革命后旅游活动的发展是一个重要的刺激因素。

2. **产业革命带来了阶级关系的新变化**

在产业革命之前,往往只有封建贵族和大土地所有者拥有财力和时间参与非经济目的的消遣活动。产业革命造就了工业资产阶级,使社会生产的财富不再只流向封建贵族和大土地所有者,也流向了资产阶级,从而扩大了有财力参与外出旅游的人数。世袭的、传统的王公贵族不能独享财富和社会地位,新兴资产阶级跻身上层,参与社会财富和资源的再分配。旅游休闲不再是王公贵族的专利,这就大大增加了旅游休闲消费的总量,扩大了有条件外出旅游的阶层。

3. 科学技术的进步极大地降低了人们的出行成本

蒸汽机车

产业革命及科学技术的迅猛发展，带动了交通工具的革新。18世纪，英国近代著名的科学家、改良蒸汽机的发明者——瓦特，总结了前人的经验，经过反复改革和试验，花了10年的精力，终于发明了新型蒸汽机。蒸汽技术在交通运输中普遍有效地运用，为现代旅游业的产生创造了条件——提速、节约成本、大规模运输，大众才有可能参加旅游，推动了人类社会的前进，使近代旅游业迅速发展起来。

进入19世纪后，蒸汽机和轮船迅速普及和发展。1807年，美国人罗伯特·富尔顿将蒸汽机安装在"克莱蒙特"号内河船上，在哈得孙河上开发定期航线载人运货。1820年，英吉利海峡正式开办渡轮定期航线服务。1838年，英国蒸汽轮船"西留斯"号首次横渡大西洋成功，缩小了欧美之间的时间距离。

铁路运输的出现对近代旅游活动发展影响最大。1825年，享有"铁路之父"之称的乔治·斯蒂芬森在英国建造的斯托克顿至达林顿的铁路正式投入运营。此后，各地的铁路建设如火如荼。有关资料表明，1835年，英国铁路总长仅为471英里（相当于758千米）。1845年发展为3277英里（相当于5274千米），1855年增至13411英里（相当于21 583千米），1865年则发展到21 382英里（相当于34 411千米），30年中增长了大约45倍。首例定期客运班次的出现始于1830年英国利物浦至曼彻斯特的线路上，但实际上也并非专门的旅客列车，而是客货混合列车。此后，各铁路公司相继开办客运业务。新型交通工具的出现使人们开始抛弃了步行、乘坐马车等陈旧的旅行方式，越来越多的人开始选择乘坐轮船，特别是选择乘坐火车外出旅行。费用更低廉、速度加快、运载能力提高、范围扩大，旅游经营活动得到了迅猛发展。

豪华邮轮——泰坦尼克号

20 世纪初，英国白星航运公司制造了一艘巨大豪华客轮——泰坦尼克号（Titanic）。它是当时世界上最大的豪华客轮，被称为是"永不沉没的""梦幻"客轮。

泰坦尼克豪华邮轮沉没

"泰坦尼克号"共耗资 7500 万英镑，吨位 46 328 吨，长 882.9 英尺（接近 270 米），宽 92.5 英尺（接近 30 米），从龙骨到四个大烟囱的顶端有 175 英尺（接近 54 米），相当于 18 层楼那么高，是当时一流的超级豪华巨轮。

1912 年 4 月 10 日，泰坦尼克号从英国南安普敦驶往美国纽约，开始了这艘"梦幻客轮"的处女航。4 月 14 日晚在北大西洋撞上冰山导致沉没。由于缺少足够的救生艇，1500 多人葬身海底，造成了当时在和平时期最严重的一次航海事故，也是迄今为止最著名的一次海难。电影《泰坦尼克号》就是根据这一真实事件拍摄的。

（二）托马斯·库克的活动与旅游业的诞生

你们了解托马斯·库克吗？他和旅游业有什么联系呢？接下来，我们来看看托马斯·库克对旅游业所做出的贡献。

世界上第一次以一个组织的形式出现，并与运输业直接挂钩而开旅游业先河的人是英国的托马斯·库克。1841 年 7 月 5 日，托马斯·库克组织了 570 人，从莱斯特乘坐火车到洛赫伯勒去参加戒酒大会，当日往返，全程 24 英里（相当于 38.6 千米），收费标准为每人一先令。

这次活动的特点是：参加者来自各行各业；组织方式同现代旅行社组织的旅游团的情况基本相似；其规模在当时是空前的。因此，一般认为这次活动是划分古代旅行活动与现代旅游活动的标志。

托马斯·库克对旅游业的贡献是：

近代旅游业的鼻祖托马斯·库克

第一，他首创价格便宜的团体旅行，被公认是世界上近代第一次商业性的旅游活动。1842—1844年，应米德兰铁路公司和禁酒大会的要求，托马斯·库克曾多次组织禁酒会成员和学校的孩子们在假期或周末进行铁路旅游，而每次他都亲自陪同前往。

第二，托马斯·库克于1845年在英格兰创办了世界上第一家商业性旅行社——"托马斯·库克旅行社"，标志着世界近代旅游业的诞生。该旅行社专门从事旅行代理业务，其服务宗旨是"为一切旅游公众服务"。同年，他以职业代理商的身份组织到利物浦的观光旅游，这是一次真正意义上的消遣性团体观光旅游。出于商业经营目的考虑，托马斯·库克为这次旅游制订了周密的计划，并进行了实地线路考察，确定了旅游活动的内容以及食宿安排，并设立专门的旅游向导。回来后他整理并出版了《利物浦之行手册》，这成为早期的旅游指南。这些都使托马斯·库克声名大振，也增强了他在这个领域继续开拓的信心。第二年，他组织了首批由导游带队的旅游团，带领350人乘火车和轮船到苏格兰旅游，为团队每位成员分发旅游活动日程表，这是世界上第一次有商业性导游活动的旅游活动。

第三，名副其实的"托马斯·库克父子旅行社"（Thomas Cook & Son），是托马斯·库克于1851年创办的，后来他把其分社扩展到68个国家。同年，他组织在伦敦"水晶宫"举行了第一次世界博览会。

第四，1862年，托马斯·库克开办了承揽个人全部旅游费用的"全包"旅游业务。次年，他首次组织国际旅游团赴瑞士旅游，同期，他发明了旅行支票（Travelers Cheque），后来由美国运通公司继续使用，并从1882年起大量印发使用。

第五，1872年，托马斯·库克成功地组织了人类历史上第一次环球旅行，他亲任导游，有9人参加、为时222天。从此，托马斯·库克及他的旅行社声名远扬，成为世界上声名显赫的旅行社，享誉欧美大陆。

第六，第一次世界大战后，"托马斯·库克父子旅行社"与"国际列车和旅游公司"合并，成为世界上首屈一指的大型旅行社。1939年，托马斯·库克父子公司在世界各地设立了50余家分社。

托马斯·库克对于旅游业发展的贡献，不仅在于他开创了旅行社经营模式的先河，诸如规模化组团出行、随团陪同照顾、提供导游服务、设立各地分社等，而且还表现在他面向大众，薄利多销，推动了旅游的社会化，促进了旅游业的迅速发展。所以，他被公认为"近代旅游业之父"和旅行社的创始人。

2019年，托马斯·库克集团宣告破产，有着178年历史的旅行社因网上竞争、高燃油费、英国脱欧、管理不善等原因而走向终点。

想一想 被誉为"近代旅游业之父"的托马斯·库克给我们留下了丰富的遗产，而全球旅行社"鼻祖"托马斯·库克集团的破产同样为旅行社行业敲响了警钟。请思考，托马斯·库克集团的兴衰历程，折射出哪些时代发展的必然趋势和企业经营的关键命题？作为新时代的青年，在面对快速变化的社会环境和未来的职业发展时，应如何培养自身的适应能力、创新精神和责任意识，以更好地应对可能出现的各种挑战？

任务10
了解近代旅游业发展

近代旅游行为与社会化大生产的紧密结合，使旅游消费者具有类似商品消费的趋势。因此，世界上开始逐步形成了一个新的行业——旅游业。

（一）旅行社的出现

1845年，继托马斯·库克在英国的莱斯特开办了世界上第一家商业性质的旅游营业所后，英国又出现了"登山者俱乐部"和"帐篷俱乐部"。1890年，法国、德国成立了"观光俱乐部"。1850年，美国运通公司开始兼营旅行代理业务。到20世纪初，在世界上已经形成了旅行代理业的三大公司，它们是英国托马斯·库克旅游公司、美国运通公司和比利时铁路卧车公司。

旅行社的出现和发展极大地推动了旅游活动商品化的进程，使旅游活动发展成为旅游经济活动，并成为整个社会经济活动中的一个组成部分。

想一想 美国运通公司首席执行官肯尼斯·切纳特称，"适应性"是公司在瞬息万变的全球市场取得成功的关键因素之一。存活下来的并不是最强壮的或最聪明的，而是最能适应变化的。在过去，对适应性的需求与关注在不断加速增长。

作为一位旅游工作者，应该如何理解"适应性"是取得市场成功的关键因素之一？

（二）导游书籍的出版

导游书籍的出版意味着旅游走进寻常百姓家，开始在人们生活中得到普及。人们可以借助导游书籍，了解旅游目的地，制订出行计划。1833 年，从伦敦出发的轮船第一次尝试做游览旅行广告。1839 年，德国人卡尔·贝德克尔编印了《旅游指南》，介绍荷兰、比利时的有关情况。1844 年，英国轮船游览公司出版了《轮船游览导游周报》。1848 年，托马斯·库克编印了《利物浦之行手册》。这些都属于早期的旅游指南。

（三）运输业与旅游业建立了更紧密的联系

产业革命及科学技术的迅猛发展，带动了交通工具的革新，蒸汽火车、远洋邮轮成为新的旅游交通工具。不仅如此，交通运输业也积极开拓新业务，涉足旅游服务经营活动。1822 年，英国人罗伯特·斯麦脱经办了轮船旅游业务。到了 1844 年，轮船游览在英国相当盛行。以 1912 年投入使用的"泰坦尼克号"豪华邮轮为代表的远洋豪华海上旅游，是航空客机作为旅游运输工具之前世界上规模最大、周期最长、节目最丰富的旅游形式。

交通运输业积极开拓新业务，涉足旅游服务经营活动，对旅游活动的开展起到了极大的推动作用。

（四）酒店业和餐饮业的发展

随着旅游活动的发展，饭店餐馆应运而生，为出行的人们解决了"吃""住"的问题，在铁路、公路和码头还建造了许多较舒适的旅馆。同时，为了满足一些短途旅游者的需要，各地还开办了一些价格低廉的餐馆、茶室和咖啡室。

欧洲最初的食宿设施相传约始于古罗马时期，后来经历了古代客栈时期、大饭店时期、商业饭店时期等阶段，其间几经波折、起起落落。第二次世界大战后，随着经济形势的好转和旅游业的不断发展，欧美各地相继进入了新型饭店时期，并逐步形成了庞大独立的饭店业。

1. 古代客栈时期（12—18 世纪）

中世纪时期，商业不断发展，外出经商、传教、送信和进行外交的人不断增多，为了解决这些人在外的吃、喝、睡等基本问题，在古道边、车马道路边或是驿站附近出现了一家家客栈。

最早的客栈设施简陋，服务项目少，服务质量差，仅提供基本食宿。其内部结构十分简单，无非是一幢大房子，内有几间房间，每个房间里摆一些床，旅客们往往挤在一起睡。客人在客栈内缺乏安全感，诸如抢劫之类的不法事情时有发生。

到了 15 世纪，有些客栈已拥有 20~30 间客房，有些比较好的客栈设有一个酒窖、一个食品室、一个厨房，为客人提供酒水和食品。还有一些客栈在房前屋后开辟了花园，客栈内设有宴会厅和舞厅，客栈开始向多功能发展。

客栈时期饭店的特征是设备简陋、规模小、能满足客人住宿和饮食两项最基本的生理需求，不讲究舒适，更谈不上提供令人满意的服务。

2. 大饭店时期（18—19世纪末）

18世纪后期，随着工业化进程的加快和民众消费水平的提高，为方便贵族等上层人物以及公务旅行者度假出行，饭店业在欧美有了较大的发展，其中法国具有典型代表性。19世纪50年代诞生的法国巴黎大饭店就是这个时期开始的标志。

在纽约，1794年建成的首都饭店，严格按照设计要求建造而成，内有73套客房，富丽堂皇，在当时颇具规模。

而堪称第一座现代化饭店的特里蒙特饭店于1829年在波士顿落成，为整个新兴的饭店行业确立了标准。该饭店不仅客房多，而且设施设备较为齐全，服务人员亦经过培训，使客人很有安全感。

19世纪末20世纪初，美国出现了一些豪华饭店。这些饭店崇尚豪华和气派，布置高档的家具摆设，供应精美的食物。

作为该时期饭店经营者代表人物的瑞士人凯撒·里兹（Caser Ritz），创立了闻名全球的奢华酒店，被誉为"现代酒店之父"。

大饭店时期的饭店，规模大、设施豪华、服务正规，具有一定的接待仪式，讲究一定规格的礼貌礼仪。

3. 商业饭店时期（20世纪初—20世纪50年代）

20世纪开始不久，当时世界上最大的饭店业主埃尔斯沃思·斯塔特勒为适应旅行者的需要，在斯塔特勒饭店的每套客房都设有浴室，并制定统一的标准来管理他在各地开设的饭店，增加了不少方便客人的服务项目。他提出了饭店经营成功的根本要素是"地点、地点、地点"的原则，还提出了"客人永远是正确的""饭店从根本上来说，只销售一样东西，这就是服务"等至理名言。斯塔特勒饭店开创了商业饭店时期。

20世纪20年代，饭店业得到了迅速发展，美国的各个城市，纷纷通过各种途径集资兴建现代饭店，汽车旅馆也在美国各地涌现。到20世纪30年代，由于经济大萧条，旅游业面临危机，饭店业亦不可避免地陷入困境。在兴旺时期开业的饭店，几乎尽数倒闭，饭店业受到极大挫折。

商业饭店时期，汽车、火车、飞机等给交通带来很大便利，许多饭店设在城市中心，汽车旅馆就设在公路边。这一时期的饭店，设施方便、舒适、清洁、安全。服务虽仍较为简单，但已日渐健全，经营方向开始以客人为中心，饭店的价格也趋向合理。

4. 现代新型饭店时期（20世纪50年代至今）

第二次世界大战结束后，由于经济繁荣，人们手里有了闲钱，加之交通工具日益便利，人们对饭店的需求剧增，一度处于困境的饭店业又开始复苏。

1950年后开始出现世界范围的经济发展和人口增长，而工业化的进一步发展增加了人民大众的可支配收入，为外出旅游和享受饭店、餐馆服务创造了条件。

至20世纪50年代末60年代初，旅游业和商务的发展趋势对传统饭店越来越不利，许多新型饭店大批出现，它们面向大众旅游市场，许多饭店干脆就设在城市中心和旅游胜地，大型汽车饭店就设在公路边和机场附近。

这个时期，饭店的规模不断扩大，类型多样化，开发了各种类型的住宿设施，服务向综合性发展，饭店不但提供就餐、住宿场所，而且提供旅游、通信、商务、康乐、购物等多种服务，力求尽善尽美，饭店集团占据着越来越大的市场份额。

（五）金融界介入了国际旅游业

1879年，托马斯·库克发明了一种简便的用于货币兑换手续的"旅馆联券"，旅游者可以凭"旅馆联券"在与同托马斯·库克旅行社有合同关系的交通运输公司和旅馆支付费用，并可以在指定的银行兑取现金。可以说，这是最早的旅行支票。

1879年，银行外汇兑换业务正式向旅游界开放。1882年，在银行的配合下，美国运通公司拥有了自己的旅行汇票；1891年，美国运通公司发售旅行支票，并进而出台旨在解决国际旅游支付困难的措施。

（六）旅游资源的开发和建设

随着旅游人数的增加，旅游资源的开发和旅游地的建设也不断发展，出现了国家和私人投资开发旅游资源、兴办各种旅游活动的现象。

20世纪上半叶，受欧美一些经济发达国家带薪休假法律化、世界性旅游组织成立等多种因素的推动，近代旅游活动开始有了一定的普遍性，旅游业作为一个产业已开始形成。

想一想 2019—2025年，历年世界旅游日的主题口号依次是：

2019年：旅游业和工作：人人享有美好未来

2020年：旅游与乡村发展

2021年：旅游促进包容性增长

2022年：重新思考旅游业

2023年：旅游促进绿色发展

2024年：旅游与和平

2025年：旅游与可持续发展

我们一起想一想，旅游主题口号的提出与世界经济文化的发展有什么关系？旅游业如何成为促进全球包容、和平与可持续发展的"桥梁"？

任务 11
了解近代中国旅游业

前文已经讲过，在古代，中国可是远近闻名的旅行大国，但是到了近代，特别是产业革命以后，中国旅游业的发展脚步逐渐放缓，在很长时间内，都处于追赶西方资本主义国家的状态。

（一）近代中国饭店业的兴起与发展

中国饭店业的起源应从商代中期的驿站开始，至今已有三千多年的历史。它是伴随着中国经济的发展而发展的。

说一说 中国是什么时间正式加入联合国旅游组织（UN Tourism）的？

1. 外资经营的西式饭店

西式饭店是 19 世纪初外国资本侵入中国后兴建和经营的饭店的统称。这类饭店在建筑式样和风格、设备设施、饭店内部装修、经营方式、服务对象等方面都与中国的传统客店不同，是中国近代饭店业中的外来成分。

（1）西式饭店在中国的出现

1840 年第一次鸦片战争以后，随着《南京条约》《望厦条约》等一系列不平等条约的签订，西方列强纷纷侵入中国，设立租界地、划分势力范围，并在租界地和势力范围兴办银行、邮政、铁路和各种工矿企业，从而导致了西式饭店的出现。至 1939 年，在北京、上海、广州等 23 个城市中，已有外国资本建造和经营的西式饭店近 80 家。处于发展时期的欧美大饭店和商业旅馆的经营方式，也于同一时期，即 19 世纪中叶至 20 世纪被引入中国。

1900 年，两个法国人在北京东交民巷外国兵营东面开了一家小酒馆，并于第二年搬到兵营北面，正式挂上"北京饭店"的招牌。1903 年，饭店迁至东长安街王府井南口，即饭店现址。1907 年，中法实业银行接管北京饭店，并改为有限公司。法国人经营时期是北京饭店的最初辉煌期，从建筑风格到内部设施都标志着它是京城首屈一指的高级饭店。

（2）西式饭店的建造与经营方式

与中国传统饭店相比，西式饭店规模宏大，装饰华丽，设施趋向豪华和舒适。内部有客房、餐厅、酒吧、舞厅、球房、理发室、会客室、小卖部、电梯等。客房内有电灯、电话、暖气，卫生间有冷热水等。西式饭店的经理人员皆来自英、美、法、德等国，有不少在本国受过旅馆专业的高等教育。服务日趋讲究文明礼貌、规范化、标准化，客房分等经营、按质论价，是西式饭店经营特色。

2. 中西结合式饭店

西式饭店的大量出现，刺激了中国民族资本向饭店业投资。从民国开始，各地相继出现了一大批具有"半中半西"风格的新式饭店。这些饭店在建筑式样、设备、服务项目和经营方式上都受到了西式饭店的影响。饭店内高级套间、卫生间、电灯、电话等现代设备，餐厅、舞厅、高档菜肴等应有尽有。饮食上对内除了中餐以外，还以供应西餐为时尚。这类饭店的经营者和股东多是银行、铁路、旅馆等企业的联营者。中西式饭店的出现和仿效经营，是西式饭店对近代中国饭店业具有很大影响的一个重要方面，并与中国传统的经营方式形成鲜明对照。从此，输入近代中国的欧美式饭店业的经营观念和方法逐渐中国化，成为中国近代饭店业中引人注目的成分。

3. 中国早期和近代饭店业从业人员

在历史上，尽管各种形式的旅馆、饭店以其本身的存在和发展证明了其对于社会政治、经济、文化生活的价值，但该行业的从业人员却一直在政治上、法律上和社会地位、社会舆论及习俗等各个方面备受歧视，被封建势力以及后来的西方列强和买办资本势力压在最底层。他们甚至连一般的"平民百姓"也不如。

在达官贵人和封建士大夫的眼里，旅馆的从业人员是"下等人""贱人"，被称作"店小二""茶房""糟房"，外国人称华人服务员是"包艾"（Boy），意即听使唤的小子。在近代中国的西式饭店中工作的华人服务员，境遇亦很差。《北京饭店话旧》一文中，记载了这样一件事：当时北京饭店的一位华人服务员给饭店董事长、法籍犹太人拉费勒送电报，叫门时拉费勒大发雷霆，说"我正在上厕所，你来叫门，罚款"，服务员为了保住饭碗，只好忍气吞声认罚。

说一说 现在的旅游从业人员与过去相比有什么不同？

（二）近代中国旅游业的形成

中国的近代旅游业指的是从 1840 年鸦片战争到 1949 年新中国诞生这一历史时期的旅游业。这一时期的中国已由一个独立的封建国家沦为被西方列强侵略的半封建半殖民地社会，虽然有一些有识之士和革命先行者如孙中山、严复等人多次到西方国家考察和游历，但因特殊的历史背景，这一阶段我国的旅游业未能获得较快发展。

在 20 世纪 20 年代，我国也出现了现代意义上的旅游行为，如开办旅行社、出版旅游杂志、开发旅游资源、参加旅游博览会等。当时的上海，交通较为发达，民族资本集中，是中国与国际联系密切的城市。这为上海旅游业的发展提供了较好的环境条件。

1923 年 8 月，上海商业银行的总经理陈光甫在国外旅行社蓬勃发展、外国旅游企业侵入中国市场的情况下，为了打破外国旅行社对我国旅游业务的垄断，发展本国的旅游事业，毅然成立了上海商业储蓄银行的旅行部。此旅行部一经成立，很受国内外人士欢迎，加上刻苦经营，业务大有发展。1924 年春，该部组织了第一批国内旅游团，由上海赴杭州游览。1925 年春，该部开始承办出国旅游业务，第一次组织由 20 余人组成的赴日本"观樱"旅行团。在 3 周时间内，游客游览了日本的长崎、京都、东京、大阪等地。1927 年春，该部出版了中国第一本《旅行杂志》，先是出季刊，后改为月刊，专门宣传祖国的风景名胜、秀丽风光。此杂志后来一直出版发行至 1954 年。1927

年"旅行部"从银行独立出来,更名为"中国旅行社"。这是我国自己创立的第一家旅行社,标志着中国近代旅游业的诞生。旅行社设7部1处,即运输、车务、航务、出版、会计、出纳、稽核7部和文书处。业务范围也相应扩大,包括代售国内外各种交通票据,提供住宿与餐饮,举办赴国内外的团体旅行,出版期刊和各种宣传品,代办各种出国手续和证件等。此外,新中国成立前还出现过几家地方性旅行社,组织以集体游为唯一业务的旅行团,但规模都不大。

这一时期的中国旅游业,除了出现旅行社外,在旅游资源开发方面,也曾利用外资,在庐山、北戴河、莫干山、鸡公山等地建设了避暑区。在旅游促销方面,参加过芝加哥、伦敦博览会,另在上海、杭州举办过相当规模的国货博览会和西湖博览会。

总而言之,我国半封建半殖民地时代的近代旅游业只是刚刚起步,在列强干预、内政腐败、战火连绵的情况下,未能获得较大发展。

项目 4
日新月异
——现代旅游业的发展

"完了，完了，我的计划要泡汤了。"驴友小 Q 看着手机连连哀叹，"我联络了好几个摄影发烧友，准备到地中海自驾游，这下没戏了。"

"是不是因为最近局势紧张那事儿啊？听说好多国家都发布旅行警告了。"

"对啊，边境管控加强，各种限制措施不断出台，这旅行根本没法进行了。"

小 Q 无奈地说："我的旅游计划只能延期了。没想到，政治局势的变动对旅游影响这么大，以后规划旅行，真得把这些因素都考虑周全了。"

现代旅游业的发展不仅与经济文化的发展水平与需求密切相关，还与政治局势的稳定、生物环境的安全以及技术进步等因素密切相关，它必须随着时代的脉搏而跳动。下面就让我们一起来探索现代旅游业的变革吧！

任务 12
看看影响现代旅游业发展的因素

第二次世界大战以后，世界经济逐渐得到恢复，尤其进入 20 世纪 60 年代，和平与发展逐渐成为时代主流。宏观环境的改观，为现代旅游业的兴起和普及创造了前所未有的良好条件，并使其在半个多世纪里保持持续、蓬勃的发展。

案例中政治局势对旅游业的冲击告诉我们，旅游活动的发展不仅与社会经济的不断发展有关，还与更多的因素相关联。

（一）政治因素

1. 国际政治局势相对稳定

在经历了"二战"的灾难后，世界各国进一步认识到了和平的重要性。虽然世界出现了资本主义与社会主义两大阵营对峙的局面，世界很长时间处于"冷战"时期，局部地区战争和边境纠纷及政局动荡不断，但从全球整体看，世界处在相对持续和平稳定的状态中。和平与发展成为世界人民的共识与国际政治形势发展的主流，以对话方式处理矛盾和冲突，使和平环境成为世界发展的前提。这种和平环境一方面十分有利于各国进行经济建设，提高人民生活水平，另一方面促进了各国人民之间开展政治、经济、文化的交流。这为世界旅游发展提供了必要的前提和保证，使世界旅游业迅速崛起。

2.各国政府对旅游业发展的推动

由于旅游业对各国经济发展有巨大的推动作用，有条件的国家都在支持本国旅游业的发展。多年来，各国政府为发展现代旅游、便利接待外国旅游者来访、开拓国内旅游市场而采取了大力支持旅游业发展的措施。发展旅游，可以创收外汇，增加国家财政收入；可以增加就业机会，平衡地区之间的经济差别；还可以改善和提高一个国家的政治形象，不断提高其国际地位。

旅游业在不少发达国家的经济中占有非常重要的地位，甚至是一个国家的经济支柱，如旅游王国西班牙，其旅游产业具有资源优势突出和投资见效快等特点，韩国、东南亚和加勒比海地区各国，也把旅游业作为经济腾飞的突破口。各国支持旅游业的手段很多，有的投资基础设施建设，贷款优惠，税收优惠，减少出入境手续，以政府力量对外进行宣传推销，主办大型群众性活动等。世界各国不仅扶持旅游业，也鼓励国民积极参与旅游活动，以起到扩大消费、增加就业等作用。

旅游业早在20世纪90年代初就已发展成为超过石油工业、汽车工业的世界第一大产业，也是世界经济中持续高速稳定增长的重要战略性、支柱性、综合性产业。当今，随着经济全球化和世界经济一体化的深入发展，世界旅游业更是进入了快速发展的黄金时代。

世界旅游及旅行理事会（WTTC）发布的《2024年全球经济影响研究报告》对全球旅游业的复苏和未来发展持乐观态度，预计旅游业将继续在全球经济中发挥重要作用。2023年旅游行业投资领域克服了新冠疫情的影响，展现出强大的活力，复苏态势令人欣喜。2024年，旅游业给全球经济带来的增加值有望达到11.1万亿美元，占全球GDP的比重将达到10.5%。旅游业预计将支持近3.48亿个工作岗位，比2019年的水平增加了1360万个岗位。未来十年，全球旅游业年均增长速度预计将达到5.8%，有望为全球贡献近1.26亿个新增就业岗位。

（二）经济因素

旅游发展的两大因素是，人们既要有钱，又要有闲。这个钱不能仅解决温饱就了事，还要有富余，也就是人们手里要有闲钱。"二战"以后，在相对稳定的国际环境下，各国都致力于经济建设，全球经济总量迅速增长，人们的收入水平不断提高，人民大众旅游活动的支付能力显著增强。

据统计，以1979年的美元价值计算，1949年的全世界生产总值为25 000亿美元，20世纪60年代末为62 000亿美元，到90年代末，仅美国就超过了70 000亿美元，2002年全世界生产总值达32.7万亿美元。20世纪的最后20年，世界生产创造的财富相当于此前人类生产总财富之和。特别是发达国家经济增长速度更快，如美国人均国内生产总值在1950年为1870美元，1970年为4789美元，1980年达11 319美元，而

2001年人均国民收入达34 128美元,2015年更是达到了54 952美元。在发达国家里,即使是社会下层的劳动群众,旅游支付能力也很强。如美国1999年的家庭收入调查表明,最穷的20%的家庭平均税后收入为13 000美元。根据美国劳工统计局(Bureau of Labor Statistics)的统计,2014年全美在职工作人员约为1.3亿人(不包括自雇人员),年平均工资是43 460美元,平均每小时工资是20.9美元。以2019年二季度为例,美国非农就业人口的周收入接近960美元,年平均工资超过5万美元。无论是发达国家,还是发展中国家,经济的发展、收入水平的提高,使人民生活大为改善,旅游消费支付能力大大增强,造就了众多的旅游者。从20世纪50年代以来,除了2020年开始受新冠肺炎疫情影响外,全球国际旅游接待人次和收入一直保持增长态势。

全球国际旅游接待人次和收入统计表

年份	国际旅游人次/万人	环比增长/%	国际旅游收入/亿美元	环比增长/%
1950	2 528.20	—	21.00	—
1960	6 929.60	174	68.67	227.0
1970	15 969.00	131	179.00	161.0
1980	28 484.10	78	1 023.00	472.0
1990	45 800.00	61	2 678.00	161.0
1994	52 840.00	27	3 210.00	40.0
1998	63 500.00	39	4 394.00	64.0
2000	69 800.00	10	4 760.00	8.3
2014	113 300.00	62	12 450.00	26.1
2019	137100.00	21	17000.00	136.5
2023	125600.00	-8	14900.00	-12.3

(资料来源:根据联合国旅游组织有关数据整理)

国家财富的增长、个人收入的增加和支付能力的提高对旅游活动的迅速发展和普及起到了重要的刺激作用。

全球经济增长情况

时间	经济增长率/%
18世纪	0.5
19世纪	1.0
20世纪上半期	2.1

续表

时间	经济增长率 / %
20 世纪后半期	3.4
2000 年	4.8
2001 年	2.5
2002 年	3.0
2003 年	4.3
2004 年	5.4
2005 年	4.9
2006 年	5.5
2007 年	5.6
2008 年	3.0
2009 年	−0.1（国际金融危机）
2010 年	5.4
2011 年	4.3
2012 年	3.5
2013 年	3.5
2014 年	3.6
2015 年	3.5
2016 年	3.4
2017 年	3.9
2018 年	3.6
2019 年	2.3
2020 年	2.5
2021 年	5.5
2022 年	3.2
2023 年	3.0

（资料来源：根据世界银行和国际货币基金组织的有关数据整理）

2025 年 1 月，联合国发布的《世界经济形势与展望 2025》显示，2025 年全球经济增长预计仍将保持在 2.8%，与 2024 年持平。尽管全球经济展现出了一定的韧性，但受到弱投资、生产力增长缓慢和高债务水平的制约，增长仍低于疫情前 3.2% 的平均水平。报告强调，较低的通胀和许多经济体的持续货币宽松政策可能会在 2025 年为全球经济增长提供一定的支持。

（三）生物安全因素

2020 年，新冠疫情在全球大流行，许多国家实施关闭边境、"封城"以及旅行限制等措施，作为劳动密集程度很高的旅游业遭受重创，数以百万计的工作岗位岌岌可危。

来自原世界旅游组织的数据，2020 年 1—10 月，国际游客人数同比减少 9 亿，海外旅游市场损失达 9350 亿美元，这一数据是 2009 年爆发全球经济危机时的 10 倍。2020 年国际旅游人次比前一年下降了 74%；2021 年第三季度全球旅游活动虽有显著反弹，但整体仍远低于疫情前水平；2020—2022 年新冠疫情期间，国际旅游业遭到了自 1950 年有记录以来最严重的一次危机。

2023 年国际旅游业逐步复苏，当年出游人次达到疫情前水平的 89%；2024 年 1—9 月，国际旅游人次达到疫情前水平的 98%。2025 年，旅游业预计将继续复苏，但仍然面临诸多挑战，如旅行限制、病毒传播、旅行者信心不足和经济环境不佳。

（四）社会因素

社会因素包括人口结构的变化，城市化进程的加快，生活和工作方式的变化，以及对其他国家文化和生活方式的了解和兴趣增强。

1. 世界人口的迅速增长

"二战"结束时，世界仅有 25 亿人口；1987 年 7 月 11 日，世界人口达到 50 亿；2022 年 11 月 15 日，世界人口达到 80 亿。预计到 2050 年，全球人口将在 90 亿至 100 亿之间。（资料来源：联合国发布的有关数据）

世界人口基数的扩大，为战后旅游人数的增加奠定了基础。

2. 城市化进程加快

"二战"以来，工业化和城市化改变了人们的生活方式，大批人口拥向城市。城市数量不断增多，城市人口比重不断提高。

联合国人居署执行主任阿纳克劳迪娅·罗斯巴赫在 2024 年世界城市日中国主场活动开幕式致辞中称，当前全球城镇化率已超过 50%。根据联合国的相关预测，2035 年全球城市化率达 62.5%，2050 年全球将有近 70% 的人口居住在城市中。目前，一些发达国家城市人口占总人口的比例高达 70% 以上。截至 2023 年，美国的城镇化率约为 83%；俄罗斯的城镇化率达到了 75% 左右；作为亚洲的发达国家，国土面积狭小的日本的城镇化率已经达到了惊人的 92% 左右；德国的城镇化率为 77.8%。

中国社会科学院发布《2023 年社会蓝皮书》指出：2023 年末，中国常住人口城镇化率已达到 66.16%。2019 年 10 月，摩根士丹利发布《中国城市化 2.0：超级都市圈》

蓝皮书，报告预测，到 2030 年中国的城市化率将升至 75%，即增加 2.2 亿新市民。报告预计，到 2030 年，中国的五大超级都市圈的平均规模将达到 1.2 亿人、城际通勤铁路里程较目前增长 8.5 倍、万物互联和数据市场将达到 1 万亿美元。

在城市环境中，城市居民生活节奏相对比农村居民随农时变化而忙闲有致的生活方式要紧张单调得多，城市空气污染比农村严重，城市的视觉环境、声光电环境更易使人心理疲惫、情绪紧张，城市生活的拥挤、嘈杂、污染、紧张更加促使人们产生旅游的愿望和需求，因而人口稠密的城市成了重要客源地。广大城市人口旅游动机的增强以及客观条件的许可是旅游快速发展的一个重要原因。

"二战"后，几乎在所有的经济发达国家中，农村人口都在不断下降，城市居民，特别是劳动就业人员，绝大多数都在从事单调乏味的重复性工作，身心受到极大压力。他们需要定期使自己紧张的体力和神经得到放松，因而更向往重返大自然，向往能使人耳目一新的异域环境。这一情况成为自 20 世纪 60 年代开始旅游度假迅速普及和持续发展的重要原因之一。

3. 价值观念的转变

在经济发展、生活水平提高的同时，人们的生活观念发生了重大的变化，与此相应，消费方式也发生了变化，越来越多的人从追求物质生活的丰富和充实转向注重身心的健康与享乐，追求个性化的生活方式。他们把旅游看成体现自我价值的重要方面，这一情况对旅游业的兴起和发展无疑有着重要影响。

4. 带薪假期的普及

前面说过，人们既要有钱又要有闲，旅游才能发展。战后，随着科学技术的进步，各产业生产过程的自动化程度不断提高并且日益普及，生产效率因而不断提高，同时也大大减少了同样数量、同样产品的生产所需时间。虽然早在第二次世界大战之前，西方有些国家便已开始以立法形式规定就业人员享有带薪假期，但一来这样的国家仅属个别，二来这种闲暇时间也只是短短几天，因而在很大程度上制约了人们的旅游活动和外出旅行的距离。

战后生产自动化程度的提高使劳动时间有条件得以缩短，加之劳动阶级坚持不懈的斗争，从而使人们的带薪假期有可能得以增加。到 20 世纪 60 年代以后，很多国家都不同程度地规定了带薪假期制度，这种变化使人们的闲暇活动得以更多地开展。作为闲暇活动重要形式之一的外出旅游有了时间上的保证。参加旅游活动的人数迅速增加，出游的距离和在外逗留的期限也大大加长。

德国是全世界最早建立带薪休假制度的国家之一。1903 年，德国酿造者总会做出规定，其会员可以享受每年 3 天的带薪假期。如今，《德国联邦休假法》明确规定：一周 5 天工作制的员工，每年带薪假不得少于 20 天，而且相关的政策并不支持人们主动放弃休假。从个别行业的 3 天假期，到如今至少 4 周的年假，目前德国劳动者平均每年有 29 个工作日的带薪假和 10 天的节日假，正常的周末两天不算在内，休假天数排在瑞典、荷兰、丹麦之后，居欧洲第四。

欧洲各国的法定带薪年假普遍较长，落实制度相对完善。在美国，带薪年假的长短则是由雇主和员工自行商定的，相对于欧洲，一般会短一些。

据央广网2016年6月25日报道，欧洲和亚洲国家当中，澳大利亚至少有4周带薪假期，外加10天公众假期。巴西有22天有薪假期，法国私营企业至少有5周带薪假期，政府机构至少有9周带薪假期，英国也至少有5周的带薪假期。虽然美国政府并没有联邦法律规定雇主一定要向雇员提供有薪假期，但是，大多数企业还是至少对员工提供两周的有薪假期，以作为优惠条件来吸引人才。有些公司因为工作安排，也会强制命令员工按时休假。但是，美国低薪阶层也有完全不带薪假期的。据统计，2014年，美国大约有2600万低薪阶层员工完全没有带薪假期。

我国劳动法第四十五条规定，国家实行带薪年休假制度。2007年，国务院颁布《职工带薪年休假条例》（国务院令第514号），明确规定：机关、团体、企业、事业单位、民办非企业单位、有雇工的个体工商户等单位的职工连续工作1年以上的，享受带薪年休假。职工累计工作已满1年不满10年的，年休假5天；已满10年不满20年的，年休假10天；已满20年的，年休假15天。国家法定休假日、休息日不计入年休假的假期。2008年，《机关事业单位工作人员带薪年休假实施办法》和《企业职工带薪年休假实施办法》公布实施。

2015年8月，国务院办公厅发布《关于进一步促进旅游投资和消费的若干意见》，明确提出要优化休假安排，激发旅游消费需求。落实职工带薪休假制度，鼓励错峰休假，鼓励弹性作息，以刺激大众休闲度假游需求，带动休闲度假游的发展。

2019年11月，国务院办公厅发布《关于进一步激发文化和旅游消费潜力的意见》（国办发〔2019〕41号），再次强调加大力度落实职工带薪休假制度，推动错峰出行。将带薪年休假落实情况纳入职工大会、职工代表大会审议事项；鼓励进行错峰旅游，引导、鼓励职工和其所在单位更加灵活地安排带薪休假，鼓励进行错峰旅游，引导、鼓励职工和其所在单位更加灵活地安排带薪休假；制定出台中小学放春假或秋假的办法，引导职工家庭在适宜出行的季节带薪休假。

2025年3月，中共中央办公厅、国务院办公厅印发《提振消费专项行动方案》（国务院公报2025年第9号），指出要严格落实带薪年休假制度，将带薪年休假执行情况作为工会维护职工权益的重要内容。地方党委组织部门、人力资源社会保障部门加强对各单位休息休假制度执行情况的常态化监督，并将带薪年休假落实情况作为重点监督内容。鼓励带薪年休假与小长假连休，实现弹性错峰休假。依法保障劳动者休息休假权益，不得违法延长劳动者工作时间。鼓励有条件的地方结合实际探索设置中小学春秋假。

一系列政策的出台将进一步缓解我国节假日集中出行导致的交通拥堵问题，优化节假日旅游出行环境，促进旅游消费，持续推动我国旅游高质量发展，更好地满足人民群众日益增长的对美好生活的需求。

说一说 目前，我国全体公民法定假日一年共有几天？分别是哪几个节日？结合你所了解的我国法定假日的变迁，说说这些变化背后的文化意义和时代价值。

（五）科学技术因素

1. 交通运输工具的进步

交通运输工具的改进，使运量增大，速度加快，价格降低，大大增强了运输能力，缩短了旅游者的旅行时间，使数量庞大的游客出游成为可能。

"二战"前后，火车和轮船是主要的旅游交通工具。汽车、飞机虽然已开始用于商业运营，但受技术、道路网和人们购买力等多种因素限制，汽车使用有限；飞机飞行的高度和速度有限，加上没有增压舱，震动和噪声都很大，乘坐不舒适，安全性能较差，机票价格相对昂贵，客运量有限。

"二战"后，汽车、飞机制造技术不断改进，使之逐渐成为主要的交通运输工具。汽车方便、灵活、舒适的特点，使它得到广泛使用，特别是在发达国家，拥有小汽车的家庭不断增多。长途公共汽车运营网络也不断扩大和完善，高速公路网络四通八达，汽车成为许多国家尤其是欧美发达国家人们中短程旅游的主要交通工具。

在国内、国际长途旅行中，由于飞机性能的改善，它成了最主要的交通工具。20世纪50年代末，喷气式飞机出现，波音707、727和DC-8、DC-9型飞机投入商用；60年代末到70年代初，第二代喷气式客机出现，1970年美国生产出波音747，1971年生产出DC-10型宽体客机；1969年英法联合生产出协和式宽体客机，1976年投入商用。70年代后，空中客车式飞机的使用，使远程旅行十分舒适、快捷，旅游者对目的地的选择更多，真正做到"旅速游缓"。与此同时，航空运输网络和机场设施建设将世界各国和各大城市紧密联系在一起，联运方式使运输成本不断降低，大大减少了旅游者的旅游开支。

火车、轮船制造企业在竞争压力下不断改进技术，如欧洲和日本的磁悬浮和轮轨技术使列车速度达400多千米/小时，巴黎到里昂的高速铁路更是达到500多千米/小时。许多国家致力于完善铁路交通网络，高效、安全、便捷、舒适的火车运输极大地方便了人们的中程旅行。

近年来，中国高铁领跑全世界，2024年底，中国高铁运营里程达到4.8万千米，稳居世界第一。高铁与其他铁路共同构成的快速客运网已基本覆盖中国50万以上人口城市。根据《中国交通的可持续发展2023》白皮书，截至2023年底，中国公路里程519.8万千米，其中高速公路16.1万千米，跃居世界第一。科技创新方面，港珠澳大桥、北京大兴国际机场等超级工程举世瞩目，"复兴号"高铁、C919大飞机、爱达·魔都号大型邮轮等交通装备技术取得重大突破。

2019年10月，摩根士丹利发布《中国城市化2.0：超级都市圈》蓝皮书，预计到2030年，中国高速通勤列车、智能交通控制系统、共享出行和自动驾驶技术等将能有效缩短出行时间、提高道路安全。

现在，水陆空各种交通运输在世界范围内形成网络。各种交通网相互衔接，连成一体，极大地方便了游客，促进了现代旅游业的快速增长。

2. 现代信息技术的运用

进入 21 世纪后，信息技术取得了令人瞩目的成就，极大地改变了人们的生产与生活方式。如今，世界仿佛被不断缩小，"地球村"的概念越发深入人心。经济一体化与市场一体化已成为全球发展的主要趋势。旅游经营者充分利用短视频、网络直播、电视、电影、广播等高效的信息传播渠道，全方位地宣传世界各地的自然风光、文物古迹以及风土人情。这使得人们不仅对自己家乡的特色有了更深入的认识，也对异地乃至异国的山川风貌和民俗文化有了更多了解，进而引发了浓厚的兴趣。这种兴趣进一步激发了人们旅游的动机，促使越来越多的人踏上探索世界的旅程。

在中国，2021 年 12 月，国务院发布《"十四五"旅游业发展规划》（以下简称《规划》）。《规划》明确提出要加快新技术应用与技术创新，加快推动大数据、云计算、物联网、区块链及 5G、北斗系统、虚拟现实、增强现实等新技术在旅游领域的应用普及，以科技创新提升旅游业发展水平。推进全息展示、可穿戴设备、服务机器人、智能终端、无人机等技术的综合集成应用。《规划》还提出要推进智慧旅游发展，有效整合旅游、交通、气象、测绘等信息，综合应用第五代移动通信（5G）、大数据、云计算等技术，及时发布气象预警、道路通行、游客接待量等实时信息，加强旅游预约平台建设，推进分时段预约游览、流量监测监控、科学引导分流等服务。打造一批智慧旅游城市、旅游景区、度假区、旅游街区，培育一批智慧旅游创新企业和重点项目，开发数字化体验产品，发展沉浸式互动体验、虚拟展示、智慧导览等新型旅游服务，推进以"互联网+"为代表的旅游场景化建设。

2023 年 4 月，工业和信息化部、文化和旅游部发布《关于加强 5G+ 智慧旅游协同创新发展的通知》，提出到 2025 年，我国旅游场所 5G 网络建设基本完善，5G 融合应用发展水平显著提升，产业创新能力不断增强，5G+ 智慧旅游繁荣、规模发展。不断提升旅游景区、度假区、休闲街区、夜间消费集聚区等重点旅游场所 5G 网络覆盖水平，鼓励有需求的重点旅游场所实现 5G 网络高质量覆盖。不断明晰 5G+ 智慧旅游在旅游服务、管理、营销、体验等场景下应用路径，建立起 5G+ 智慧旅游典型应用场景体系。打造一批 5G+5A 级智慧旅游标杆景区和 5G+ 智慧旅游样板村镇，培育一批 5G+ 智慧旅游创新企业和创新项目。建成跨部门、跨行业、跨领域协同联动机制，研制形成 5G+ 智慧旅游相关行业标准，培育一批 5G+ 智慧旅游解决方案供应商，落地 30 个 5G+ 智慧旅游应用解决方案。

2024 年 4 月，文化和旅游部办公厅、中央网信办秘书局等五部门印发的《智慧旅游创新发展行动计划》提出：到 2027 年，智慧旅游经济规模进一步扩大，智慧旅游基础设施更加完善，智慧旅游管理水平显著提升，智慧旅游营销成效更加明显，智慧旅游优质产品供给更加丰富，智慧旅游服务和体验更加便利舒适。

任务 13
看看中国现代旅游业的发展历程

看完现代旅游业的变革，大家也许会问，我们国家的旅游业又是如何发展起来的呢？接下来逐一解答大家的疑问。

中国的现代旅游业，是指1949年中华人民共和国成立以来的旅游历史，它大体经历了开创阶段、改革振兴阶段、全面发展阶段。具体地说，中国的现代旅游业起始于20世纪50年代，迅速发展于80年代，全面发展于90年代。

1. 开创阶段（1949—1977年）

中国现代旅游业开创阶段有着两个重要标志：

其一，新中国旅游业的诞生是以两个旅游机构的建立为标志：1954年成立的"中国国际旅行社总社"和1957年由各地的华侨服务社组建而成的"华侨旅行服务社总社"（1974年加挂"中国旅行社总社"的牌子）。

其二，新中国旅游业的拓展是以"中国旅行游览事业管理局"的建立和中国客源市场的转移以及旅游者构成的变化为标志。1964年7月22日，中国旅行游览事业管理局成立，其直接意义是中国旅游事业从此有了专门领导机构。

2. 改革振兴阶段（1978—1990年）

1978年底召开的党的十一届三中全会，开创了中国改革开放的新局面。邓小平同志作为中央第二代领导集体的核心，是我国改革开放的总设计师，也是积极发展旅游业的倡导者和奠基人。

1983年10月，"世界旅游组织"印度新德里会议一致通过接纳中华人民共和国为正式成员国，标志着中国旅游业已跨入世界旅游业的行列；1985年12月20日，国务院常务会议决定，把旅游业发展列入国家的"七五"计划，这是旅游业第一次在国家计划中出现，是我国旅游业发展史上的一个里程碑。党中央、国务院陆续采取的这一系列重大举措，为中国旅游业走上产业化大发展的道路奠定了基础。

在一系列旅游方针政策指引下，通过不断改革，突破了我国旅游业长期以来基本属于外事接待的模式，旅游业作为一个综合性的经济事业的性质得到肯定。

3. 全面发展阶段（1991年至今）

20世纪90年代，旅游业作为经济新增长点，其经济功能和促进对外开放功能得以较好释放。1992年以后，我国入境旅游逐渐成熟，随着国民经济的发展，国内居民所拥有的可支配收入和闲暇时间增多，人们的出游愿望被激发出来，国内旅游开始发展起来。特别是1995年5月1日起，我国实行五天工作制，1999年开始实施"十一"、春节的七天假期，国内旅游开始迅速发展。1998年，中央经济工作会议将旅游业确定为国民经济新的增长点。

进入21世纪以来，旅游业作为综合性产业实现跨越式发展，其政治、经济、社会、民生综合功能得以充分释放。我国形成了国内旅游、入境旅游、出境旅游三大市场三足鼎立的格局。入境旅游从1978年的180.92万人次增加到2019年的1.45亿人次，增长80.3倍；国际旅游收入从2.63亿美元增加到1313亿美元，增长499.2倍。国内旅游从1984年约2亿人次到2019年的60亿人次，增长了30倍。国民人均出游从1984年的0.2次到2019年的4.49次，增长了22倍。2014年，我国内地公民年出境旅游首次突破1亿人次，达1.09亿人次，是1998年的12.94倍。1978年，旅游直接就业人数为45万，2019年为2825万，增长了62.8倍。2019年，旅游直接和间接就业总人数为7987万人，占全国就业总数的10.31%。

这一时期，国家对旅游业的定位不断提升。2001年，《国务院关于进一步加快旅游业发展的通知》中指出："树立大旅游观念，充分调动各方面的积极性，进一步发挥旅游业作为国民经济新的增长点的作用。"2006年，中国旅游业发展"十一五"规划纲要明确提出，要把旅游业培育成为国民经济的重要产业。2009年，旅游业被定位为"国民经济的战略性支柱产业和人民群众更加满意的现代服务业"。2014年，全国人大常委会制定颁布了《中华人民共和国旅游法》。国务院相继出台了《国务院关于加快发展旅游业的意见》《国务院关于促进旅游业改革发展的若干意见》《国务院办公厅关于进一步促进旅游投资和消费的若干意见》等一系列有利于促进旅游投资和消费的政策措施，将旅游业发展提升到国家战略层面。同时，旅游业发展受到各地各部门的高度重视，形成了共同推进旅游大发展的格局。目前几乎所有的省区市都将旅游业列入战略性支柱产业，85%以上的城市、80%以上的区县将旅游业定位为支柱产业。

近年来，随着中国游客走出去步伐的加快，中国旅游企业赴海外发展呈现快速增长势头。2014年11月，锦江国际集团以14.9亿美元收购欧洲第二大酒店集团——卢浮酒店集团。2015年3月，复星集团联合众信旅游、九鼎等战略投资者，成功收购法国著名度假村品牌地中海俱乐部（Club Med）。万科、绿地、碧桂园等房企早已布局海外。这些都将成为中国旅游业持续发展的有力支撑。

改革开放以来，我国旅游业发展取得了巨大成就，成为当今全球旅游业一道亮丽的风景线。改革开放初期的1978年，我国入境游客仅181万人次，外国人入境游客仅22万人次，国际旅游外汇收入仅2.63亿美元。而到了2019年，我国国内旅游人数达60.06亿人次，国内旅游收入57 251亿元；入境游客14 531万人次，国际旅游收入1313亿美元；国内居民出境15 463万人次。我国旅游业国际化程度大幅提升，已经成为世界最大的国内旅游市场、世界第一大国际旅游消费国、世界第四大旅游目的地国家。

从2013年1月起，我国在上海、杭州、南京等城市实施72小时过境免签政策。至2024年12月17日，我国全面放宽优化过境免签政策，将过境免签外国人在境内停留时间由原72小时和144小时均延长至240小时，符合条件的54国人员可以在我国24个省（区、市）允许停留活动区域内跨省域旅行。过境免签政策在服务国家高水平对外开放、便利中外人员往来、促进对外交流合作方面发挥了重要的作用。

240小时过境免签政策

经国务院批准，2024年12月17日10时起，适用240小时过境免签政策的54国公民，持有效国际旅行证件和确定日期及座位的联程客票，从中国过境前往第三国（地区），可从24个省（区、市）60个开放口岸中任一口岸免签来华，并在规定区域停留活动不超过240小时。

过境免签来华人员停留期间可从事旅游、商务、访问、探亲等活动，工作、学习、新闻采访等需事先批准的活动仍应办妥签证方能来华。

过境免签停留区域为北京、天津、河北、山西、辽宁、黑龙江、上海、江苏、浙江、安徽、福建、江西、山东、河南、湖北、湖南、广东、广西、海南、重庆、四川、贵州、云南、陕西24个省份，其中，山西省停留范围为太原、大同2市；黑龙江省停留范围为哈尔滨市；江西省停留范围为南昌、景德镇2市；广西壮族自治区停留范围为南宁、桂林、柳州、钦州、北海、来宾、防城港、梧州、贵港、玉林、贺州、河池12市；四川省停留范围为成都、乐山、德阳、遂宁、眉山、雅安、资阳、内江、自贡、泸州、宜宾11市；云南省停留范围为昆明、丽江、玉溪、普洱、楚雄、大理、西双版纳、红河、文山9市州，其余省份停留范围为全省市行政区域。

内蒙古、吉林、西藏、甘肃、青海、宁夏、新疆7省区未实施过境免签政策，不属于政策适用范围。

240小时过境免办签证政策适用国家名单（共54个），分别是

欧洲国家（40个）	奥地利、比利时、捷克、丹麦、爱沙尼亚、芬兰、法国、德国、希腊、匈牙利、冰岛、意大利、拉脱维亚、立陶宛、卢森堡、马耳他、荷兰、波兰、葡萄牙、斯洛伐克、斯洛文尼亚、西班牙、瑞典、瑞士、挪威、俄罗斯、英国、爱尔兰、塞浦路斯、保加利亚、罗马尼亚、乌克兰、塞尔维亚、克罗地亚、波黑、黑山、北马其顿、阿尔巴尼亚、摩洛哥、白俄罗斯
亚洲国家（6个）	韩国、日本、新加坡、文莱、阿联酋、卡塔尔
美洲国家（6个）	美国、加拿大、巴西、墨西哥、阿根廷、智利
大洋洲国家（2个）	澳大利亚、新西兰

适用该政策的54国公民，可从24个省（区、市）60个适用口岸中任一口岸免签来华，可从60个适用口岸中任一口岸出境。除60个适用口岸外，旅客还可从广东省所有对外开放口岸出境。

240小时过境免签外国人的停留期从入境次日零时起计算。以旅客2025年1月1日从广州白云机场入境中国为例，停留期从2025年1月2日零时起算，最多可在免签停留区域内停留10天，1月11日24时之前从国务院批准同意的240小时过境免签政策适用口岸出境即可。

如果遇不可抗力等原因需在免签停留区域停留超过240小时的，应当向所在地县级以上公安机关入出境管理部门申请办理相应的停居留证件。如擅自超出限制停留区

域或未经许可逾期停留，将承担相应法律责任，按非法居留处罚，并影响本人今后来华签证等入出境证件申请。

240 小时过境免签外国人在旅馆住宿的，由旅馆为其办理住宿登记；在旅馆以外的其他住所居住或者住宿的，应当在入住后 24 小时内由本人或者留宿人，向居住地的公安机关派出所或者外国人服务站等办理登记。

中国旅游研究院发布的《中国入境旅游发展报告 2024—2025》指出，2024 年全国共接待入境游客 13 190 万人次，同比增长 61%。2025 年 4 月 15 日，国家移民管理局发布数据，240 小时过境免签政策实施以来，拉动了来华外籍旅客大幅增长。截至 2025 年 3 月 31 日，全国各口岸入境外国人 921.5 万人次，较上年同期增长 40.2%；其中，免签入境 657 万人次，占 71.3%。便利化的免签政策带动了入境旅游持续火热，使我国旅游业国际化的程度不断迈上新台阶。

从某一角度说，我国旅游业的起步比英国晚了 140 年，比美国晚了 115 年。但回顾发展历程，中国旅游业从无到有、从小到大，特别是改革开放以来的 40 多年，实现了从短缺型旅游发展中国家向初步小康型旅游大国的历史性跨越。

一是旅游已经从少数人的奢侈品发展为大众化的消费品，成为人民群众日常生活的重要内容。中国的旅游消费能力快速增长，已成为世界最大的国内旅游市场，中国游客的足迹遍布世界 150 多个国家和地区，已成为世界重要的旅游客源国。中国已成为世界旅游发展的引擎，中国旅游业对全球国际旅游增长率的贡献超过了三成，中国游客的购买力让世界惊讶、让全球刮目相看。可以说，在近代中国 100 多年的发展历史中，像今天中国游客走出国门这样的情况出现且令世界广泛关注、影响世界的情形并不多。

二是旅游业已经从外事接待型事业，发展成为全民参与就业创业的民生产业。旅游就业容量大、带动能力强、层次丰富、类型多样、方式灵活、前景广阔。

三是旅游业已发展成为综合性的现代产业，对相关产业的贡献大幅提升。

四是国际旅游已从入境游为主，发展到入出境旅游并重、深度国际化大交流、旅游外交功能凸显的新阶段。

五是旅游业发展由点到面、由局部到整体，形成了各地各部门共同推进的大格局。

做一做　请大家利用课后时间，以小组为单位，查找当地旅游发展的历程和取得的成就，然后做成 PPT，分组展示。

项目 5

珠联璧合
——旅游与旅行

大学刚毕业的小美找到了心仪的工作。这天,她拿到了自己的第一份工资,正琢磨着如何庆祝一下,几个同学来约她周末到郊外"李家村农家乐"玩玩,这可把她高兴坏了,那可是她早就想去见识的好地方。

到了"李家村农家乐",那里果然是个山清水秀的休闲山庄,活动内容丰富多彩。可以三五人打气排球,也可以打野战、钓鱼,还能吃到地地道道的土鸡、农家饭。难忘的是他们还玩了现实版的"偷菜",笑翻、乐晕了一帮人。回来后,小美觉得余味无穷,想把自己的所见所闻所感发到朋友圈里,但是在拟题目的时候,她卡壳了:是用"愉快的旅游"好呢,还是用"难忘的旅行"好呢?"旅游"和"旅行"这两个看似相同却又不同的名字,好像还真不是一回事儿。

小美遇到的这个问题,是许多人都容易弄错的,作为专业人士,我们来帮她捋一捋。

任务 14
了解旅游的基本概念

微课 旅游的基本概念

在单元 1 里,我们追随先人们的足迹,了解了最初的人类迁徙,并提到,迁徙是人们为了谋生,受气候恶化等自然因素以及战争等人为因素的威胁而被迫离开定居地的行为。他们在新的定居点居住下来后就不再回到原来的定居点。也就是说,人们迁徙一是被迫的,二是不走回头路。这提示我们,人们旅行或旅游应该不是被迫的,而且要走回头路。为了证实这个猜测是正确的,让我们先来看看到底什么是旅游。

"旅游"(tour)这个词是由"旅"和"游"这两个字组成的,"游"原先写作"遊"。

> 在甲骨文里,"旅"字 像士兵们追随 (从)在飘扬的战旗 下,强调行军作战。
>
> "斿" ,既是声旁也是形旁,在甲骨文里,像飘扬的旗帜 下面有小孩 。"斿"作为单纯字件后,再加"辵"(行进)另造"遊",表示长途旅行。篆文 加"水" (河界),表示古代学子打着族旗,过河越境,四处参观学习。隶书 将篆文的 写成 。

从"旅"和"游"二字的词源来看,它们在很早就和远行有关了,不管是行军打仗也好,还是四处参观学习也好,人们都离开了自己的家到了远处。那么,从什么时候开始,"旅"和"游"合成了"旅游"一词呢?合并后的"旅游"还有长途旅行的意思吗?究竟多远才算长途呢?

"旅""游"二字作为一个连用的词出现,始见于南北朝时期梁代诗人沈约《悲哉行》中的诗句:"旅游媚年春,年春媚游人。"从诗意看,"旅游"一词在当时就已含有外出游览的意思了。此后,在我国的古诗词中,多有"旅游"一词出现。

悲哉行

旅游媚年春,年春媚游人。
徐光旦垂彩,和露晓凝津。
时嘤起稚叶,蕙气动初苹。
一朝阻旧国,万里隔良辰。

实际上,我国在20世纪60年代以前很少使用"旅游"一词,常见的是旅行、观光等词。直到1964年11月,我国召开了"第一次旅游工作会议"以后,"旅游"一词才慢慢传用开来。1979年由商务印书馆出版的《现代汉语词典》以及后来的再版版本,都将"旅游"一词解释为"旅行游览"。1982年,国务院正式将"中国旅行游览事业局"更名为"中华人民共和国国家旅游局",这时,"旅游"一词才得以广泛使用。

仅从字义上看,我们很好理解"旅游"一词的意思。"旅"是旅行外出,"游"是外出观光、娱乐,二者合起来即旅游。可见,旅行偏重行,旅游不但有"行",而且有观光、娱乐的意思。然而,仅从字面意思上将"旅游"解释为"旅行游览"之意,显然比较宽泛笼统,不能作为科学意义上的旅游的概念和定义。

那么,究竟什么是旅游呢?

《中国百科大辞典》将旅游定义为:"旅游是人们观赏自然风景和人文景观的旅行游览活动。包含人们旅行游览、观赏风物、增长知识、体育锻炼、度假疗养、消遣娱乐、探险猎奇、考察研究、宗教朝觐、购物留念、品尝佳肴以及探亲访友等暂时性移居活动。从经济学观点看,是一种新型的高级消费形式。"

南开大学李天元教授在其《旅游学概论》中认为:"旅游是人们出于移民和就业任职以外的其他原因离开自己的常住地前往异国他乡的旅行和逗留活动,以及由此所引起的现象和关系的总和。"该定义突出了旅游的非移民和就业目的,以及在异地的活动。

东北财经大学谢彦君教授在其《基础旅游学》中给旅游了一个简洁而明确的定义:"旅游是个人以前往异地寻求愉悦为主要目的而度过的一种具有社会、休闲和消费属性的短暂经历。"该定义强调了旅游的目的性和属性,突出说明旅游是个人的经历。

1991年6月25日,原世界旅游组织在加拿大首都渥太华召开了旅游统计国际大会,会上通过了一系列决议。该组织在技术层面上对旅游进行了界定:"旅游是指人们为了休闲、商务或其他目的离开他们的惯常环境,去往他处并在那里逗留连续不超过一年的活动。"同时强调"访问的目的不应是通过所从事的活动从访问地获取报酬"。

通过长期研究，业界对旅游的定义达成以下共识：

第一，旅游必须是旅游者离开自己的定居地到异国他乡旅行的活动，不以谋生和营利为目的；

第二，旅游时，旅游者前往旅游目的地作短暂停留，它完全不同于移民性质的长期居留，因为旅游者不会在旅游目的地要求就业；

第三，旅游是满足人们的愿望，通过感受来达到消遣、休息等目的；

第四，旅游是旅游者旅行和暂时居留而引起的各种现象和关系的总和，既包括旅游者主体的活动，也包括由此在客观上产生的所有现象和关系。

随着国际交流与合作的日益频繁，旅游业的蓬勃发展和世界经济全球化趋势的不断加强，在近几十年里涌现出了新的旅游现象，其中有些具有营利性特征，如现代商务旅游、会展旅游、贸易旅游等。因此，原先的关于旅游不具有经济性质的论断就显得不够完善与准确。

结合上述变化，我们对旅游做出以下定义：旅游是人们为寻求精神上的愉悦，离开常住地到异国他乡作短期停留，但不包含定居和就业所引起的一切现象和关系的总和。

做一做 有人说自助旅游自由、灵活，丰俭由人，也有人认为自助旅游内容粗糙，可能会有很多危险，如没有预订旅馆会有不安全的感觉。请你在条件许可的情况下，约上几个同学就近做一次自助游的活动体验。

当然，旅游的概念不是一成不变的，关于这一点，很多学者观点相同。如英国伊什图里金（Estoril）就指出，旅游的性质在逐渐发生变化，主要表现在：

第一，娱乐旅行概念发生了变化。第二次世界大战前，一般只有社会中的富裕的、有闲暇的和受过良好教育的人出国旅行，满足于欣赏外国风景、艺术作品等。如今，出国旅游人群背景各异，对旅游的期待与偏好千差万别。他们渴望在有限假期中，遍赏多元风景，体验别样文化，尽情满足自己独特的出游需求。

第二，现代旅游实现了闲暇追享的"民主化"。以冬季旅游为例，在过去，它曾是少数富人专属的活动，像骑马、划艇、射击这类项目，也都属于非大众化运动。然而，随着休闲嗜好的商业化发展，这些活动逐渐褪去了"贵族"光环，普通大众也有机会参与其中。如今，大量游客到国外去参加登山、滑冰、水下游泳和马车旅行等更具刺激性与异域风情的活动，尽情享受闲暇时光。

第三，现代旅游已发展为"社会旅游"。如英国度假营不仅具备传统旅游胜地的各类设施，还持续开拓新的风景区域，组织大规模游人前往游览；同时，还建造了经过特别设计的低消费接待设施，并在当地常态化地提供娱乐和其他服务。这种社会旅游模式成功将大量旅游者引入偏远和相对不发达的地区，带动了当地的经济发展。

伊什图里金所阐述的这些关于旅游性质方面的变化，表明旅游的概念是变化的、发展的。旅游作为一种独特的生活方式，同样处在发展之中，其在规模、范围、内容和性质等各个维度，均呈现出不间断的变化态势。

任务 15 了解旅行

旅行（travel，journey），在《辞海》中的释义是：为办事或游览而去外地。旅行不仅是体育锻炼的一种途径，更是文化休闲的优质活动选择。人们既可以凭借步行，也能够借助各类交通工具踏上旅程。在旅行过程中，人们能够增长见识、拓宽视野、锤炼身心。

《礼记·曾子问》中这样说："三年之丧，练，不群立，不旅行。"这里的"旅行"的意思是群行，即结伴而行。唐耿湋的诗《客行赠人》中有这样的诗句"旅行虽别路，日暮各思归"，意思就是旅行是远行，即去外地办事、谋生或游览。

旅行作为一种社会行为，古代就存在。当时最典型的旅行家大概要数大禹了，他为了疏浚九江十八河，游览了大好河山。之后，就是春秋战国时的老子、孔子二人。老子传道，骑青牛西去。孔子讲学周游列国。汉时张骞出使西域，远至波斯（今伊朗和叙利亚）。唐时玄奘取经到印度。明时郑和七下西洋，远至东非海岸；还有大旅行家徐霞客游遍名山大川而作《徐霞客游记》。

徐霞客

徐霞客（1587—1641年），名弘祖，字振之，号霞客，汉族，明南直隶江阴（今江苏江阴市）人，伟大的地理学家、旅行家和探险家。从22岁起，徐霞客开始了游历考察生涯。三十多年间，他先后四次进行了长距离的跋涉，足迹遍及相当于现在的江苏、浙江、山东、河北、山西、陕西、河南、安徽、江西、福建、广东、湖南、湖北、广西、贵州、云南和北京、天津、上海等19个省（市、区）。在三四百年前，交通是很不发达的，徐霞客游历了如此广阔的地区，完全靠的是自己的两条腿。单凭这一点，就足以令人赞叹不已了，更何况他所考察的主要是陡峭的山峰和急流险滩。不难想象，他要经历多少艰难险阻，甚至随时有丧生的危险。徐霞客的考察探险活动持续进行到1640年他53岁的时候。当时，他正在云南，不幸身患重病，被人送回江阴老家，第二年就去世了。可以说，徐霞客把自己的毕生精力献给了祖国的地理考察事业。

江苏徐霞客雕像

考一考 徐霞客是大旅行家，他把毕生的精力都献给了地理考察事业。大家想一想，徐霞客的地理考察活动是旅游活动吗？

参考：我认为，凡是"暂时"到"异地"去寻求"愉悦"的行为，都是旅游。"非暂时"的"异地""愉悦"行为，那可能是旅行家所为，他们赖此为生；"暂时"的"非异地""愉悦"行为，是类似坐在自家炕头上欣赏达·芬奇的绘画的行为，是普通的休闲；"暂时"的"异地""非愉悦"行为，通通不是旅游。

（资料来源：谢彦君. 基础旅游学. 北京：中国旅游出版社，2004）

的确，如果一个人一辈子靠写游记赚钱糊口的话，他的旅行活动绝不是旅游，这些人也绝不是我们界定的旅游者。旅游者旅游的目的是愉悦身心，而不是赚钱。

可见，旅行和旅游存在着相辅相成的关系。旅游起源于旅行，不管出于何种目的，它都是从一个点到另一个点的空间转移。旅游是旅行和游览的结合，旅行是游览的前提和方式，游览是旅行的目的和意义。旅游是一种复杂的社会现象，涉及政治、经济、文化、历史、地理、法律等各个社会领域，而旅行则主要是相对于个人而言的。

说一说 旅游与旅行有什么区别和联系？

项目 6 精彩纷呈
——旅游类型的多样性

紧张、忙碌工作半年后,小Q申请到了一个星期的公休假,准备彻底放松放松。她想好好筹划一下旅游线路,便上网查找各地的旅游攻略。她发现,旅游包括散客旅游和团体旅游两种类型,而网络上又有"商务旅游""度假旅游""观光旅游"等等五花八门的名词,这可把小Q弄糊涂啦,旅游不就是玩吗,难道玩还有不同的花样?应该怎样选择旅游线路呢?

驴友小Q之所以看不懂网络上对旅游的各种表述,是因为她不知道旅游具有不同的类型,为了解决这个问题,我们首先来了解一下旅游的基本特征。

任务 16 了解旅游的基本特征

1. 异地性

旅游就是人们离开其常住地(常住环境)到其他地方的旅行和游览。所谓常住地(常住环境),一般是指一个人的居住地区及其所有经常去的地方。而旅游具有异地性特征,也就是说,旅游是在异地的暂时性的生活方式,不能是永久性居住。了解了这一点,大家一定明白了原始人的迁徙为什么不能算是旅游这个道理了,因为迁徙是不走回头路的。

2. 暂时性

旅游是旅游者在异地短暂停留的活动,他们离开常住地一段时间后又会返回常住地。所以,暂时性是旅游的特点之一。至于多长时间算作暂时,目前还没有统一标准,不过,为了方便统计,有关组织对"暂时"的长短做了规定,如联合国旅游组织规定不超过1年。

3. 大众性

自20世纪60年代开始,旅游活动的大众化逐渐发展成为全球性的现象,出现了大众旅游(Mass Tourism)概念。至此,旅游活动不再是高收入阶层的休闲方式,也不再是探险家的孤独走访,而是普通老百姓享受生活的一种方式;旅游是现代社会生活的一种时髦方式,每个人都是潜在的旅游者,只要时间与经济条件许可,就会产生旅游的动机；团队旅游的出行方式成为普通百姓节省时间与金钱的最佳选择，在旅行社的统一安排下，人们外出时不用再担心交通、食宿等问题；而许多企事业单位为了激励员工，更把旅游作为一种奖励方式，更加促进了旅游的大众化。现今，旅游已成为人们开阔视野、陶冶情操、放松心情、健康保健的基本生活需求。

4. 季节性

旅游活动的季节性是指旅游活动的开展在时间分布上的不均衡性，通常是指旅游活动的开展具有在一年内不同时间段的波动性。这就是我们常说的旅游旺季与旅游淡季。对于一个旅游客源地来说，这种季节性一般表现为该地居民外出旅游的数量因季节或月份的不同而会出现变化，即在某些季节或者某些月份，外出旅游的人很多，而在另外一些季节或月份，外出旅游的人数则会变得很少。对于一个旅游目的地来说，这种季节性则表现为该地接待来访游客的数量因季节或月份的不同而会出现变化。游客接待量在一年中不同时期或不同月份之间的分布差距很大。一般来说，目的地的气候条件对旅游季节性的形成具有重大影响。

红色旅游

红色旅游，是指以革命纪念地、纪念物及其所承载的革命精神为吸引物，组织接待旅游者进行参观游览，实现学习革命精神，接受革命传统教育和振奋精神、放松身心、增加阅历等目的的旅游活动。红色旅游是把红色人文景观和绿色自然景观结合起来，把革命传统教育与促进旅游产业发展结合起来的一种新型的主题旅游形式。其打造的红色旅游线路和经典景区，既可以观光赏景，也可以了解革命历史，培育新的时代精神，并使之成为一种文化。丰富优质的旅游资源，构成了发展红色旅游的强大物质基础。

红色旅游的特点：学习性、故事性和参与性。

南京雨花台革命烈士雕像

5. 愉悦性

愉悦性是旅游的目的特征。旅游是人类精神上的高级需求，人们通过旅游获得精神上的愉悦和满足。旅游者购买各种旅游产品，花费大量时间、精力和财力，就是想在异国他乡欣赏新风光，体验新生活，领略新文化，获得在常住地难以感受到的刺激、兴奋和快乐。因此，有些人到异国他乡打工、就业是不能称之为旅游的，虽然在此期间可能发生旅游的活动，但从整体来看不是旅游。

6. 综合性

旅游具有综合性的特征，是由旅游是一项综合性的社会活动这一属性决定的。我们把旅游活动的内容划分为食、住、行、游、购、娱六大部分，每个部分后面有相对应的行业给予支撑和保障。如饮食包括中餐、西餐、地方特色餐，涉及部门有餐饮、农业、卫生、工商等；住宿包括星级酒店、主题酒店、旅馆、民宿、度假村、农家乐等，涉及部门有旅游、建筑、消防、公安等；出行包括飞机、火车、汽车、轮船、特色交通等，涉及部门有民航、铁路、公路、海事、交管等。除此之外，旅游活动和很多其他行业、管理部门也都有或多或少的联系。旅游的发展还和一个国家或地区的政治、军事、经济、文化等方面有密切关系，政治稳定、国内外环境和平是旅游发展的前提和保障，经济发达、文化繁荣则能强有力地推动旅游向前发展。

想一想 请在某旅游景区随机访问10位游客，了解他们旅游的目的是什么。

任务 17
知道旅游的基本类型

（一）以地域范围划分的旅游类型

旅游地域类型是旅游资源组合在空间上的反映，一般以一种或数种旅游资源为主体，构成所在地域的旅游资源类型特点。它是在一定的自然或历史、文化条件下形成的，具有形态或发生上的共同性。一般分为以下两大类：

1. 国际旅游

国际旅游，是指跨越国界的旅游活动。包括入境旅游和出境旅游。前者指外国居民到本国的旅游活动，后者指本国居民到他国的旅游活动。

1979年，我国国家统计局对国际旅游者做了如下规定：凡是来我国参观、旅行、探亲、访友、休养、考察或从事贸易、业务、体育、宗教活动、参加会议等的外国人、外籍华裔、华侨和港澳同胞，均属我国的国际旅游者。规定来华旅游入境人数不包括下列人员：应邀来华访问的政府部长以上官员，外国驻华使领馆官员、外交人员以及随行的家庭服务人员和受赡养者，常住我国1年以上的外国专家、留学生、记者、商务机构人员等，乘坐国际航班过境不需要通过护照检查进入我国口岸的中转旅客，边境地区往来的边民，回大陆定居的华侨、港澳台同胞，已在我国定居的外国人和原已出境又返回在我国定居的外国侨民，已归国的我国出国人员。

2. 国内旅游

国内旅游，是指国内的居民离开长住地到国内另一地去进行的旅游。它的特点是，对进行这种旅游活动的人没有国籍的限制，游客可以是本国公民，也可以是长住该国的外国人。

由于国内旅游更能满足低收入、旅游时间短暂人群的需求，所以旅游规模仍会继续扩大。

此外，还可按旅游地的自然特征、历史特征和文化特征细分旅游的类型。同一地域类型单位往往具有相似的资源组合特征和旅游功能结构及共同的开发建设方向和经营特点。

旅游地域类型与旅游区不同，前者着重反映地域上的旅游资源结构特征、旅游土地利用特征和旅游活动组合特征，在空间上可重复出现。而旅游区则注重旅游区域的内部联系，包括资源地域分异的一致性、交通系统的完整性和行政管理上的统一性，它反映的是旅游活动的地域分工，是较大区域旅游的综合结构，在空间上呈连片分布，且不能重复出现。旅游地域类型研究是进行旅游区划的科学依据。

（二）以旅游目的划分的旅游类型

1. 度假型旅游

对度假旅游进行分类，可以从时间长短、距离远近和形式、内容差异等来进行：按时间长短可以划分为长期度假（通常1个月以上）、中短期度假（时间在1个月以内）和周末度假（2天以内）；按照度假地与居住地距离远近可以划分为居住城市（居住地）周边度假和中远程度假（外地度假）；按照度假形式可以划分为家庭度假、单位集体度假和自由邀约度假等；按照内容，可以划分为休闲度假、康养度假、运动度假、观光度假、专业度假（艺术、文学、科学）等类型，这种分类对于研究度假旅游的开发和发展意义最大、最直接。

（1）休闲度假

海南天涯海角休闲度假

休闲度假是指以休闲为主要内容、以恢复体力和放松身心为主要目的的度假旅游。主要特征是：

第一，通常时间比较短，高强度体力、脑力劳动者及退休退职的老年人和少年儿童相对较多；

第二，度假地与居住地的距离通常比较近，即就近、就便；

第三，在活动内容方面，旅游者积极主动进行的耗费体力和脑力的活动相对比较少，只开展一些轻松愉快的文化娱乐活动和以娱乐、放松为目的的体育活动和参观游览活动；

第四，价格和消费水平比较低，开发建设和经营管理的资金、技术投入比较少；

第五，对环境、氛围要求比较高，对设施、服务的基本要求是适度、适意。

休闲度假是当前我国最大众化的度假旅游类型，城市周边度假、海滨度假、高山避暑度假和草原度假发展都很快。

想一想 休闲度假旅游具有哪些特点？

（2）康养度假

康养度假是指以大众健康养生为主要目的的度假旅游。主要特征是：

第一，时间相对比较长，多为中长期度假；

第二，以中远距离度假为主；

第三，对度假地的选择和对资源、环境、设施、服务的要求都比较特殊、比较高；

第四，心理疗愈、身体康复、辅助治疗和强度、形式合适的体育锻炼、文化娱乐、游戏交往是重要乃至最主要内容；

第五，价格和消费水平相对较高，开发建设和经营管理的资金投入属于中等水平，医疗卫生、康体保健、身心疗养等技术投入相对比较高。

温泉休闲度假

康养度假旅游是现代旅游业发展过程中产生的新型旅游方式。现代人工作、生活压力加大，体育健身活动减少，亚健康人群增多，环境污染导致人居环境恶化，社会人口老龄化加剧等多种因素，人们需要脱离日常繁重的工作事务，通过在旅游活动中进行养颜健体、营养膳食、修身养性、关爱环境等，使自己在身体、心智和精神上都达到自然和谐的优良状态。2016年1月，原国家旅游局正式颁布了《国家康养旅游示范基地》（LB/T 051-2016）标准，并确定了首批5个"国家康养旅游示范基地"。康养旅游已被社会和市场广泛认同，正式确立为新的旅游方式，并纳入我国旅游发展战略，从而进入了规范化发展的道路。

（3）运动度假

运动度假是指以从事体育运动为主要内容的度假旅游。主要特征是：

第一，以体育运动为主要内容和旅游吸引事物；

第二，以旅游者参与体育活动为主，而不是旅游者被动观赏体育项目；

第三，体育活动项目必须是普通大众和各个层次的旅游者都能够并有浓厚兴趣参加的，但通常又不是居家生活中普遍开展的大众体育活动；

第四，比较重视开展体育活动的资源、条件、环境、场地以及设施、组织、管理、服务等；

第五，价格和消费水平比较高，场地、设施建设及维护、管理、服务等的资金、技术投入也比较高。

目前在国内外具有代表性的运动度假是滑雪旅游和高尔夫旅游，都是资源环境要求比较高、场地设施建设投入多、管理服务技术和知识含量高的度假旅游项目，而人们在居住地就能够很好开展的诸如游泳、球类、田径和对体育技能素质要求高的网球、台球、帆板、皮划艇、跳伞等，就很难发展成为大众化的运动度假旅游项目。

滑雪旅游

（4）观光度假

观光度假是指以观光为主要内容的度假旅游。主要特征：

一是以一地为中心和依托；

二是以"一日游""半日游"短途观光为主要内容；

三是与其他旅游项目有很好的兼容性；

四是产品、项目、设施等开发建设和组织、管理、服务要求相对比较低，即易于生产开发，价格和消费水平总体上处于中等，但随内容、消费档次不同有很大的升降幅度。

北京"鸟巢"观光度假

通常理解，观光和度假是两大不同类型的旅游活动，因此，观光度假是不是度假旅游的一个类型，人们尚有争议。实际上，观光度假在实践中是比较普遍地存在的，其主要表现形式就是旅游者以一个度假地为中心和住宿、餐饮、娱乐基地，自行或参加团队，早出晚归，到周边进行观光游览。大型邮轮和内河游船度假旅游，也属于比较典型的观光度假类型，它们是以轮船为移动中心和依托基地的。以东方快车、丝路快车为代表的列车旅游，其发展目标也是观光度假，只是目前其所依托的列车除了运输功能外，娱乐、休闲、健身及住宿的舒适度、餐饮服务的美誉度都还不足。观光度假在实践中不仅是度假与观光的有机结合，而且还能够与其他旅游项目如休闲、运动等结合，其组合的基本方式为，以一个城镇或核心景区为中心和依托，连续或间歇性地到周边景区、景点从事"一日游""半日游"，不想外出时就在酒店、度假村和城镇内休闲，天气不好时可以在室内娱乐、健身。

（5）专业度假

专业度假是以从事艺术创作、文学创作、科学研究、专业研讨、专业培训等为主要内容和目的之一的度假旅游。主要特征是：

第一，属于事务型专业旅游；

第二，对专业服务及环境、氛围、专门资源、特定条件等要求比较高；

第三，对旅游活动组织安排、设施、服务的要求不太苛刻，但需要注意适意、适度和个性化、细微化，以不影响、不干扰并有利于其专业目的的实现为基本原则；

第四，价格和消费水平中等偏下，开发建设和经营管理的资金、技术投入都不太高，以方便、实用、适宜为基本准则；

第五，对信息化、专业化和特定设施、服务的要求比较高。目前比较常见的专业度假旅游有专业摄影、科学观测、资源普查、作家采风、画家写生、中高级艺术培训、文学笔会、书法研讨交流等。

（6）宗教旅游

宗教旅游又称为朝觐旅游，是指宗教信徒以前往宗教圣地朝拜为根本目的的旅游活动。宗教旅游不仅是一种古老的旅游形式，至今仍是世界各地普遍可见的旅游活动，特别是伊斯兰教、佛教和基督教的宗教圣地及著名的寺庙、教堂所在地，每年都吸引着众多宗教旅游者。

缅甸仰光大金寺的朝拜者

2. 事务型旅游

事务型旅游泛指一切因事务性目的而前往他乡开展的旅游活动。主要包括以下类型：

（1）商务旅游

商务旅游（business travel），又称公干、出差等，是旅游行业中细分出来的一个概念。主要涉及交通、住宿，关联体育赛事、文化活动或特色饮食体验，以及饭店行业的宴会服务等多个方面。商务旅游期间，工作程序清晰明确，并与会议室、商务中心的服务紧密相连，旨在满足商务人士在差旅过程中的工作需求与配套服务。

近年来，商务旅游是发展最快的旅游项目之一，从其规模和发展看，已成为世界旅游市场的重要组成部分，而且仍有巨大的发展潜力。据统计，全球每年旅游业收入的 35 000 亿美元中，有 4200 亿美元属于企业的商旅支出，占全部旅游收入的 12%。随着世界经济的发展和全球化进程的推进，这一比例仍会进一步提高。目前全球商务旅游人数约占旅游者总数的 1/3，国际上许多著名的连锁饭店通过调查发现，商务客人已占全球住房游客的 53%，占连锁饭店的 60%。据专家估计，随着世界经济的复苏，全世界每年的会议收入将达到 2200 亿美元之上，且每年以 8%~10% 的速度增长。

（2）会议旅游

会议旅游（convention tour），是由跨国界或跨地域的人员参加的，以组织、参加会议为主要目的，并提供参观游览服务的一种旅游活动。按照世界权威国际会议组织——国际大会和会议协会（ICCA）的统计，每年全世界举办的参加国超过 4 个、参会人数超过 50 人的各种会议有 40 多万个，会议总开销超过 2800 亿美元。国际会议市场的巨大潜能和会议产业的高额回报，使越来越多的国家和地区盯住了这棵"摇钱树"。

（3）个人和家庭事务旅游

主要指探亲访友旅游和求学旅游。这一类型的旅游者的需求特点比较复杂，传统上亲友团聚的节日一般是出游的高峰时期。但是，由于该类游客是自费旅游，因此对价格的敏感度同消遣型旅游者有相似的地方。在目的地的选择上，他们又与事务型旅游者相似。

（三）以组织形式划分的旅游类型

1. 团体旅游

团体旅游是旅游者事先一次性向旅行社支付费用，由旅行社按照事先计划好的旅游线路，向旅游者提供整个旅游行程所需交通、饮食、住宿、游览、购物及娱乐等服务的集体旅游形式，也称为"团体包价旅游"。团体旅游从 20 世纪 60 年代以后开始在欧美地区盛行开来，这种规范化、规模化的旅游形式促使更多的普通大众也参与到旅游活动中来，使旅游不再是少数人的特权，而成为人人都可以享有的权利。因此，可以说团体旅游是现代大众旅游的代表。

团体旅游对于现代旅游的发展具有突出贡献，其优势主要有以下几个方面：一是方便游客，旅行社提前为游客设计好了最佳旅游线路，并为游客安排好整个旅游所需的交通、住宿、餐饮、游览等旅游项目，极大地方便了游客；二是服务有保障，旅行社出发前为旅游者制订了详细的服务和接待计划，并派出导游随团全程为游客提供讲解、联络等相关服务，从而保证了旅游行程的顺利进行；三是价格优惠，旅行社为团队旅游提供的食、住、行、游等服务，都是从旅游产品供应商那里以批发价格购买的，远低于面向散客的零售价，所以团体旅游的价格相比散客出游更优惠；四是规模大，团体旅游是由旅行社批量组织旅游者前往景区游览，单次组织的团体旅游游客通常都在 10 人以上。

2. 散客旅游

散客旅游是由旅游者按照主观愿望自行安排旅游行程,并且在旅游行程中零星现付各项旅游费用的旅游形式。散客旅游在旅游过程中可以不借助旅行社的帮助完成整个旅游行程,也可以部分借助旅行社的帮助,比如代订机票、酒店等基本需求项目,其余游览计划完全自己安排,所以散客旅游也被称为"自主旅游"或"半自助旅游"。

自20世纪80年代以来,世界旅游市场出现了"散客化"的旅游潮。越来越多的旅游者不愿跟随导游进行千篇一律式的旅游,他们希望打破传统团体旅游的束缚,在旅游行程中寻求个性化差异,体现自我价值。散客旅游的优势在于旅游者可以根据自己的爱好和需求自由安排旅游行程,线路设计灵活多变,服务项目因人而异,但游客为此付出的费用也比团体旅游高。

 单元 1 练习题　　 单元 1 材料分析题

专业模块

单元 2
旅游途中有看头
——精彩纷呈的旅游资源

人们外出旅游，总有一定的目的，不管是消遣也好，缓解压力也好，还是放松身心也好，或是回归自然也好，抑或展示自我也好，无论出于哪种动机，旅游途中总得有看头。至于看什么呢，这就引出了本单元的话题，那就是驱使人们旅游的原动力——形形色色的旅游资源。接下来，就让我们一起进入丰富多彩的旅游资源的世界吧！

项目 7
出行动力
——旅游资源的特性

经过 1 个月的周密筹划，小 Q 终于坐上了疾驰在青藏铁路上的列车，开始了向往已久的青藏高原之行。

一路上，她看到了大湖泊、大盆地、大山脉、大草原、大雪山、大峡谷、大盐湖、大寺庙，领略了神奇粗犷、美妙绝伦的自然景观和迥异的高原文化。

她穿越了日月山，邂逅了青海湖，感受了柴达木盆地和盐湖的美景，见识了昆仑六月雪，经过了可可西里无人区，和奔驰的藏羚羊擦肩而过，最后来到了令人心驰神往的布达拉宫。在蓝天白云下，喝着酥油茶，看着藏戏，和藏族同胞一起载歌载舞，感受着有"日光城"之称的拉萨市的和煦阳光，那种感觉，让人仿佛置身世外桃源。

有此等美景，怎能不让人产生旅游的冲动呢？！

任务 18
了解旅游资源的基本属性

小 Q 游历了大湖泊、大盆地、大山脉、大草原、大雪山、大峡谷、大盐湖、大寺庙，品尝了酥油茶，还领略了风格迥异的藏戏、唐卡等高原文化，所有这些引人入胜、让人乐而忘返的东西，就是本单元的主题——驱使人们旅游的原动力，形形色色的旅游资源。

青藏高原·三江源

那么，旅游资源究竟是什么呢？

要回答这一问题，首先要明白旅游资源的基本属性。

1. 吸引性

旅游资源可以为旅游者提供难忘和愉悦的经历而对旅游者具有某种吸引力。对小Q而言，她在青藏铁路沿线欣赏到的美景、品尝到的美味以及在布达拉宫感受到的人们对宗教顶礼膜拜的虔诚的氛围，都深深地吸引着她，这些都是驱使小Q旅游的原动力，都能成为本单元所说的旅游资源。

2. 客观性

旅游资源是客观存在的自然资源、历史文化遗产和社会现象。它有物质的，也有非物质的；有有形的，也有无形的。有形的物质旅游资源，如小Q领略到的大湖泊、大盆地、大山脉、大草原、大雪山、大峡谷、大盐湖、大寺庙；无形的非物质资源，如小Q在布达拉宫、在大昭寺、在拉萨的大街小巷听到的神话传说、佛教故事。旅游资源更多的是有形的物质资源和无形的非物质资源的结合体，如小Q见到的神圣的布达拉宫和听到的关于六世达赖喇嘛浪漫而伤感的爱情传说。

3. 地域性

旅游资源必须依托于一定的地域空间。如藏传佛教与蓝天、白云、雪山、宗教建筑奇妙地融为一体，显示出其独特的魅力，而这些独特的旅游资源必须根植于青藏高原这一特殊的环境中。

4. 效能性

旅游资源具有较高的经济、社会和环境效益，对丰富人们社会活动，促进社会发展、环境保护起着极大的推动作用。如小Q西藏之行的旅游消费对西藏的旅游创收小有贡献，耳濡目染奇妙的宗教文化对汉藏文化的交流有积极的作用，还有西藏独有的高原美景会让她更加热爱自然。

想一想 旅游资源与一般资源最主要的差别是什么？

任务 19
知晓旅游资源的概念

旅游资源是一个国家或地区旅游业赖以生存和发展的最基本条件。我们如何理解旅游资源的概念呢，一起来看看吧。

1. 国内学者的解释

第一，凡能激发旅游者的旅游动机，为旅游业所利用，并由此产生经济效益与社会效益的因素和条件即称为旅游资源。

第二，凡是能为人们提供旅游欣赏、知识乐趣、度假休闲、娱乐休息、探险猎奇、考察研究以及人民友好往来和消磨时间的客体和劳务，都可称为旅游资源。

第三，旅游资源是指对旅游者具有吸引力的自然存在和历史文化遗产，以及直接用于旅游目的的人工创造物的综合。

第四，凡是能够造就对旅游者具有吸引力环境的自然事物、文化事物、社会事物或其他任何客观事物，都构成旅游资源。

2. 国外学者的理解

国外学者对旅游资源概念的理解不仅包括旅游地的旅游对象物，而且还包括接待设施和优良的服务因素，甚至还包括舒适快捷的交通条件。

3. 本书的界定

国家标准《旅游资源分类、调查与评价》（GB/T 18972-2017）对旅游资源的定义是："自然界和人类社会凡能对旅游者有吸引力，可以为旅游业开发利用，并可产生经济效益、社会效益和环境效益的各种事物和因素。"

说一说 说说你家乡的旅游资源。

任务 20
掌握旅游资源的特征

同其他资源相比较，旅游资源具有一些与众不同的特征。

（一）自然旅游资源的特征

1. 地带性

自然旅游资源中的植物、动物、水文受大气环流、水热分布、地质运动等条件的影响，呈现有规律的地带性分布。如，树木在热带是雨林，在亚热带是常绿林，在温带是阔叶林，在寒带是针叶林。自然旅游资源的地带性极大地丰富了旅游景观类型和层次。

2. 季节性

旅游资源的季节性主要表现为旅游资源吸引大众旅游者活动的时间分布具有不均衡性，导致以此资源开发的旅游市场出现明显的淡旺季差异。

（1）气候的区域性差异。气候作为某一地区的多年天气综合特征，也是外在动力作用的决定性因素之一，对旅游资源中景观的塑造、观赏生物的生长和演变是主要的影响因素。某种旅游资源存在于独特的季节之中。如中国洛阳的牡丹、开封的菊花、漳州的水仙花、荷兰的郁金香和日本的樱花等，只有在特定的季节里才能够欣赏到这些奇花异卉。

（2）旅游目的地动态的旅游吸引因素。如，中国的春节、元宵节、中秋节和傣族的泼水节、壮族的三月三歌节等重大节庆活动，这些都是各民族长期以来形成的民族风情文化，不同的民族有不同的表达方式。

3. 易损性

在现代旅游研究的早期阶段，人们曾瞩目于旅游资源的非消耗性，认为同传统的物产资源相比较，自然旅游资源属于非消耗性资源，只要管理和利用得当，即可用之不竭。然而，大众旅游的发展结果表明，旅游资源如果利用和保护不当，也是很容易遭到破坏的。特别是对于那些不可再生的旅游资源来说，一旦出现这样的问题，所造成的损失往往无法弥补。

说一说 说说我国列入《世界遗产名录》的名胜古迹、列入联合国"人与生物圈"保护区网和列入世界地质公园的自然保护区。

（二）人文旅游资源的特征

1. 历史性

人文旅游资源中的古人类遗址、古建筑、历史遗迹等都是我们祖先创造的物质文明的遗存，这些历史遗存都深深地刻上了时代的烙印，反映了当时的社会生活情况和科技文化水平。如周口店人类遗址反映了旧石器时代先民的生活。海外游客来华旅游主要是为我国悠久灿烂的历史文化而来，参观的主要是以历史遗迹为主的人文旅游资源。

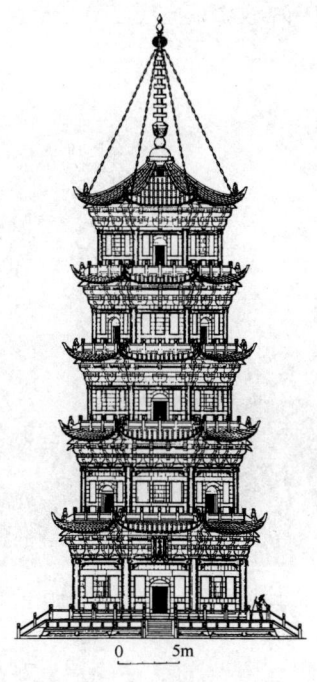

泉州开元寺仁寿塔（引自刘敦桢《中国古代建筑史》）

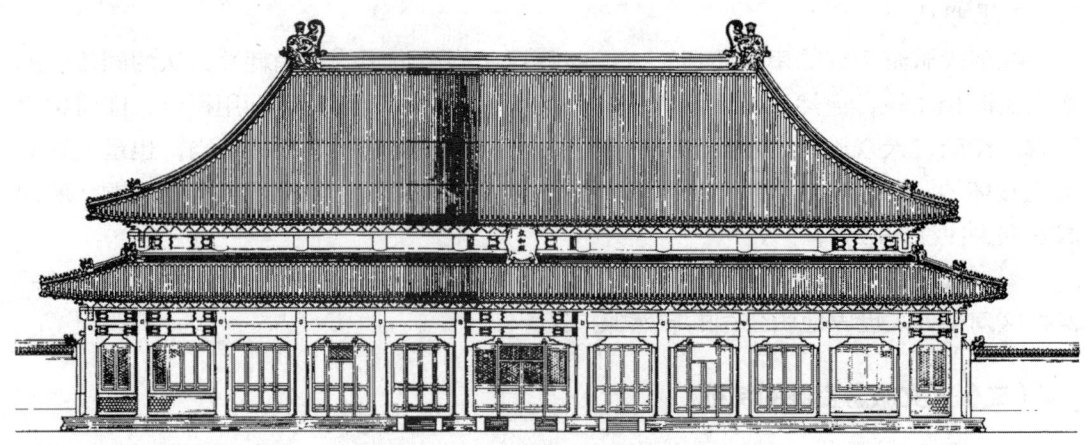

故宫太和殿立面图（引自刘敦桢《中国古代建筑史》）

2. 可创造性

这一特点主要是针对当代人造旅游资源而言的。随着时间的推移，人们的兴趣、需要以及时尚潮流也在发生着变化，这促使人造旅游资源必须随之创新。此外，在传统旅游资源匮乏的地区，为了发展旅游业，也可以凭借经济和技术力量创造旅游资源。如，创立新的节事、创作新的传说故事、塑造新的形象，使其足以成为开发旅游的一种资源。

深圳世界之窗人造景观

大型文化旅游景区——深圳世界之窗，占地48万平方米。她以弘扬世界文化为主题，集世界著名景观、自然风光、民俗风情和民间歌舞于一体，再现了一个美妙的世界。

3. 文化性

人文旅游资源是人类智慧的结晶，是一定时代文化的表征。这种文化性不仅以物质实体的载体出现，如历史建筑、遗迹、饮食、服饰；也体现在一些无形的精神内容方面，如说唱艺术、诗词歌赋、历史传说、节事活动等。一般而言，物质实体和无形的精神内容相结合的景区，对游客的吸引力更强。如岳阳楼以范仲淹的《岳阳楼记》而名垂千古。只有包含丰富的文化内涵，才能使一些人工建筑和遗址显得熠熠生辉。

岳阳楼

予观夫巴陵胜状，在洞庭一湖。衔远山，吞长江，浩浩汤汤，横无际涯，朝晖夕阴，气象万千，此则岳阳楼之大观也。（节选自《岳阳楼记》）

看一看 "恋爱巴黎"这样一种人文旅游资源是怎样被开发出来的？

巴黎旅游局借情人节之际，向全世界情侣推出情侣套餐，活动持续整个2月。此次活动与巴黎的一些酒店、餐厅联手，旨在为情侣们营造出一个充满恋爱氛围的巴黎。这些酒店和餐厅也在节日期间提供特别套餐。酒店方面，从一星到四星级酒店推出最低七折的优惠（含早餐），有的还会为宾客提供一瓶香槟酒；餐厅方面，推出情人节套餐；当然，还有在那些不容错过的景点游览，在游乐场所游玩，在商店购物。

这样就人为地创造了"恋爱巴黎"这样一种新的人文旅游资源。

任务 21
熟知旅游资源的价值

旅游资源既是一种富有审美情趣的事物或现象，又是一种经济财富，它具有多方面的价值和功能。

（一）美学价值

旅游资源一般都具有美学上的观赏性。如古建筑所蕴含的古朴美、石窟和寺庙所体现的艺术美与神秘美、古典园林显现的精巧美、古代陵墓所体现的不同形式美、古城与古镇表现的古典美、民风与民俗展示的生活美、饮食文化所深藏的品位美、传统节日所承袭的传承美以及名山大川所显现的形象美与色彩美等。

1. 形象美

泛指地象、天象之总体形态和空间形式的综合美。可概括为雄、奇、险、秀、幽、奥、旷、野等价值特征。

桂林山水形象美

（1）旅游资源的"雄"美。一般是指相对高度与气势之美，形象高大壮观，气势磅礴。如泰山矗立于齐鲁大地之上，大有通天之势，给人以高大雄浑的视觉意象，素有"天下雄"之美誉。

泰山天下雄

（2）旅游资源的"秀"美。一般指有良好的植被覆盖地表、山水交融、色彩葱茏、生机盎然、形态别致丰满，轮廓线条柔和优美。如享有"天下秀"美誉的峨眉山。

峨眉山天下秀

（3）旅游资源的"旷"美。旅游资源的"旷"美一般是指视野广阔开朗的景观。如辽阔的水域、草原、空旷的田野，以及登高远眺所及的大面积景区。

青海湖天下旷

（4）旅游资源的"幽"美。一般是指以丛山深谷、山间盆地为地形基础，辅以铺天盖地的高大乔木，构成封闭或半封闭的空间环境的景观，清静幽深。如四川的青城山享有"天下幽"的美称。

青城山天下幽

（5）旅游资源的"奇"美。一般是指具有形态光怪陆离的特点，给人千变万化、出人意料之感。如有"天下奇"美誉的黄山，以石奇、松奇、云奇、泉奇而著称。

黄山天下奇

想一想 先读读苏东坡下面这首诗，然后想一想，由于远近、高低、各个侧面、不同角度所观赏到的景观是不同的，那么，应该如何观景才能获得最佳观感呢？

题西林壁

横看成岭侧成峰，远近高低各不同。

不识庐山真面目，只缘身在此山中。

（6）旅游资源的"险"美。一般是指形态陡峭、气势险峻、坡度特别大、山脊高而窄。如华山山势险峻，险境环生，素以"天下险"而闻名。

华山天下险

（7）旅游资源的"奥"美。如神农架的神奇，在于它有炎帝神农氏的传说和野人之谜；在于它地处内陆却有保存完好的原始森林；在于原始森林中活跃着金丝猴、大鲵等众多珍稀动物；在于举世罕见、神秘莫测的佛光圣景；还在于古老的原始森林里透射出的古朴神秘的文化光芒。这些共同构成了神农架耀眼夺目的原始森林生态文化圈，具有令人心驰神往、一睹为快的巨大诱惑力。

神农架的神秘美

（8）旅游资源的"野"美。如河北野三坡碧草青青，山花烂漫。流连于拒马河边，看山岭之上山桃花如雪如火；徜徉于峡谷之内，感岩壁之中野树嫩草生机无限，更有白草畔景区的冰川杜鹃，银白的冰雪世界中，杜鹃花迎风怒放，让人不知身在何处，恍惚疑是天上人间。

野三坡的野之美

2. 色彩美

旅游资源的色彩极其丰富、五彩缤纷。那些由树木花草、江河湖海、烟雾云霞及阳光构成的色彩美，给人带来赏心悦目的美感。

旅游资源的色彩美主要包括山色、水色、天色、石色、植物色等。

秋日八达岭长城的色彩美

（1）山色。山色指山体的混合色、调和色，体现山体的整体色彩。淡云薄雾常给山岳涂上一层调和色，使群山的色彩变得柔和、淡雅和协调。

张家界的山色美

（2）水色。水在不同的地理环境中，由于所含矿物质及洁净程度的不同，或者受天色及周围自然景物的影响而产生丰富的色彩。

长白山天池（中国境内）的水色美

（3）石色。"色"为石之神，五彩缤纷，包容万象。如雨花石是玉石文化中以"色"取胜的"天赐国宝，中华一绝"。它"玉质天章，色不啻玉"，由色、质、形、纹、意构成"天成幻出，思议不及"包罗万象的美丽图案，是"五彩的玉，无言的诗"，是"不败之花，不朽之画"，极具诗情画意和收藏价值。

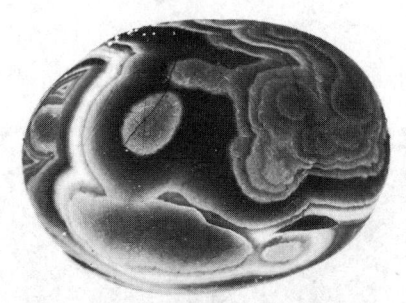

南京雨花石的形意美

（4）植物色。植物色指树木、花草所呈现的色彩，是自然界最丰富多彩，引人注目的色彩。呈现万紫千红的景象。

荷花的素雅美

3. 动态美

动态美能给自然景观增添活力。如流云飞过、泉水涌出、波涛翻滚、轻风扬起等。

4. 听觉美

旅游资源的听觉美包括富有节奏的海浪击岸声、风舞山林的波动声、清脆悦耳的泉水叮咚声、令人陶醉的鸟语虫鸣声、动听的山谷回响声、千年古刹中的浑厚钟声、寺院庙宇中庄重的念经声、某些建筑物中的特殊声响效果（如北京天坛的回音壁）、船桨的划水声和艄公的吆喝声、异地的民歌声、地方风味小吃的制作声（如四川的三大炮）等。

青海祁连山流云的动态美

云南罗平九龙瀑布的听觉美（飞瀑泻下如激扬的交响乐）

（二）科学考察与研究价值

众多风景名胜区，在地质学上往往具有某种典型的特征，使得这类旅游资源普遍具有考察与研究地质地貌、气象气候、生物的价值。如国家地质公园广东丹霞山是以丹霞地貌景观为主的风景区和自然遗产地，对研究丹霞地貌有非常重要的科学价值。

国家地质公园广东丹霞山

石英砂岩岩性坚硬，不易风化，但若夹薄层砂质页岩，垂直节理发育，则易受风化，受流水、重力作用影响，形成独特的砂岩峰林峡谷地貌。以张家界为代表的武陵源风景区，即典型的砂岩峰林地貌。

湖南武陵源砂岩峰林

（三）历史文化价值

文物古迹对于研究历史上的社会、经济、文化、艺术、工程、建筑等都具有重要的价值。如陕西省的秦始皇兵马俑博物馆对于后人研究先秦及秦代的历史、军事文化有重要价值，堪称世界最大的地下军事博物馆。

秦始皇兵马俑坑

（四）经济价值

合理开发利用旅游资源能为所在地区带来巨大的经济效益，旅游业已成为各大城市重要的支柱产业。

以国家统计局 2025 年 2 月发布的《中华人民共和国 2024 年国民经济和社会发展统计公报》（以下简称《公报》）显示，2024 年，我国国内出游 56.2 亿人次，同比增长 14.8%；游客出游总花费 57 543 亿元，同比增长 17.1%。入境游客 13 190 万人次，增长 60.8%；入境游客总花费 942 亿美元，同比增长 77.8%。

2024 年，浙江省、江苏省、江西省、湖南省、河南省等多个省份的旅游收入突破万亿元。从增长率来看，东北地区势头强劲，黑龙江省领先全国。

任务 22
中国旅游资源的分区与特色

很小的时候，我们就被告知，中国是个地大物博的国家。作为世界上国土面积第三大的国家，我国的领土面积差不多同整个欧洲的面积相等。整个国家东西跨经度 60 多度，东西相距约 5000 千米，南北跨纬度约 50 度，南北相距约 5500 千米。在这样广袤的土地上，气候变化万千，旅游资源异彩纷呈。不同地区的旅游资源各具特色，客观上形成了不同的旅游资源区。

（一）东北林海雪原旅游资源区

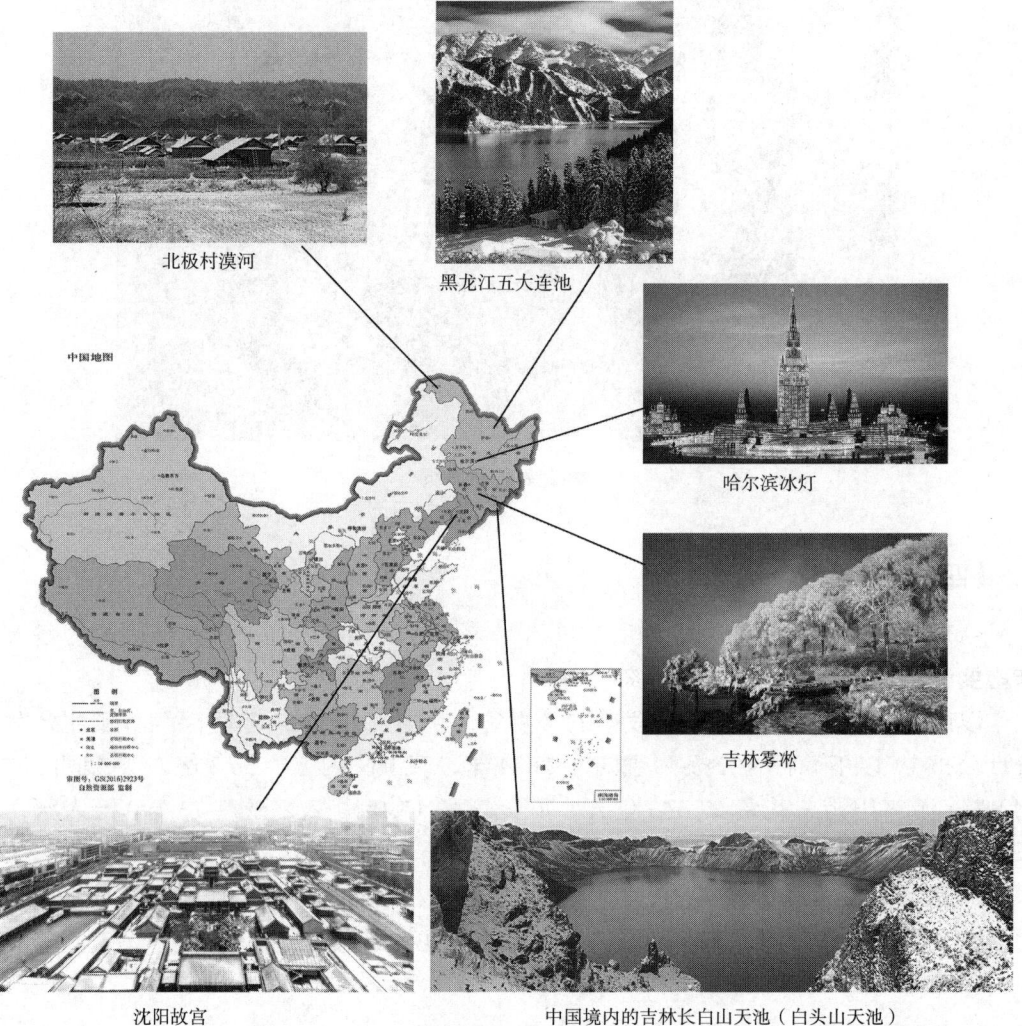

东北林海雪原旅游资源区

1. 独特的北国冰雪风景

本区包括黑龙江省、吉林省和辽宁省，是我国森林面积最大的区域，加上地处东北独特的地理位置，构成典型的林海雪原景观。哈尔滨的冰灯、冰雕，吉林的树挂、雾凇，誉满中外，成为北国特有的景致。

2. 自然奇景众多

（1）独特的北极风光。最北端的漠河镇，素有"北极村"之称，此处出现的极地风情、极昼、极光现象实为罕见。

（2）火山奇景。以五大连池、镜泊湖和长白山（我国境内）为代表。五大连池堪称"火山博物馆"。

（3）动物奇观。有著名的扎龙、向海、莫莫格三个以丹顶鹤为主的自然保护区。

（4）白山黑水。以长白山为代表的众多山脉规整地排列在边缘，以黑龙江为代表的众多河流构成水系，呈现壮丽的山水景观。

3. 疗养避暑胜地众多

受独特的地理环境以及火山活动的影响，使这一地区多温泉，加上较长的海岸线，实为疗养避暑胜地。

4. 灿烂的文化古迹和丰富多彩的民族风情

历史文物，特别是清代前期及满族文化遗存丰富，著名的有沈阳故宫；民族风情，以满族、朝鲜族、蒙古族、鄂伦春族、达斡尔族、赫哲族等为代表的少数民族，均保存着各自的风俗习惯，成为人文旅游资源的重要组成部分。

（二）京、津、冀、豫、陕、晋、鲁古文化旅游资源区

1. 人文旅游资源占有重要地位

本区包括北京市、天津市、河北省、河南省、陕西省、山西省、山东省。

（1）自然与人文旅游资源融为一体。本区自然旅游资源以名山、名泉为主，如华山、嵩山、泰山、恒山、五台山等，均在长期的开发历史中，融进了大量人文景观，使得文化历史遗迹与名山胜水浑然一体。

（2）以人文景观为主体的多种旅游资源分布密集。本区为我国古文化发祥地，以丰富的人文旅游资源著称。这里有首都北京，有古人类文化遗址周口店，我国六大古都有四个位于本区域，"五岳"有四个分布在本区域，三大古代石窟艺术宝库有两个在本区域，还有万里长城和大运河等历史文化瑰宝。同时，本区还是我国古代文化和佛教的重要发源地和传播地。

2. 旅游资源开发历史悠久

本区旅游资源开发的历史普遍久远。如泰山的开发始于两千多年前的秦始皇时期；曲阜的孔林相沿两千多年，历代加以扩建，规模不断扩大。

3. 旅游资源分布相对集中

本区旅游资源数量多，分布广。同时，受历史、文化、政治、经济、交通等因素的影响，形成关中平原、汾河谷地、豫西山地北部和东部山麓、太行山东麓和燕山南麓、山东山地丘陵外围等旅游资源密集带。这些密集带基本上包括了本区最主要的旅游资源。

4. 地域组合优良

本区旅游资源往往以城市为中心呈带状或环状分布，且类型齐全，形成良好的地域组合。如北京市区和周围分布的众多旅游资源类型齐全、组合良好。

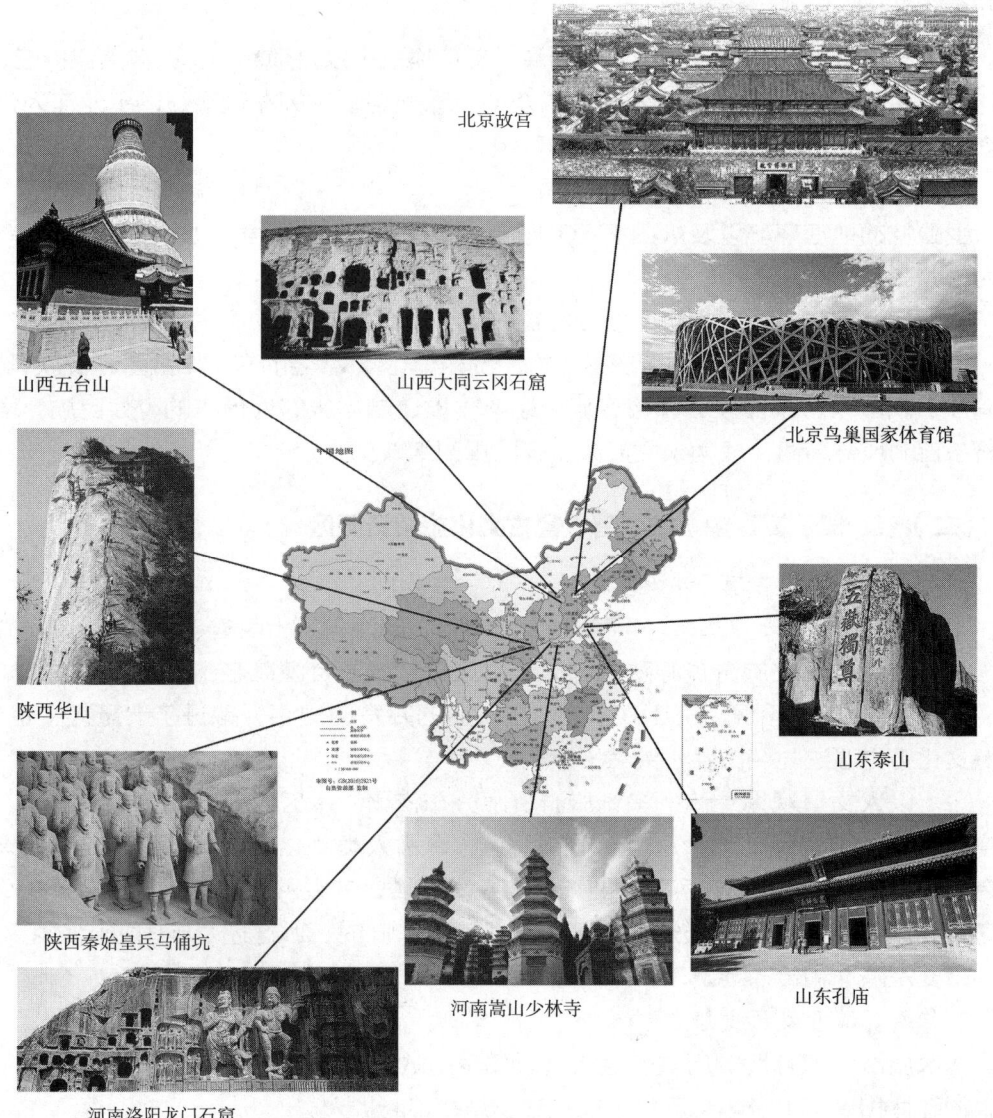

京、津、冀、豫、陕、晋、鲁古文化旅游资源区

（三）沪、苏、浙、皖、赣山水园林旅游资源区

1. 在全国旅游资源体系中占有重要地位

本区包括上海市、江苏省、浙江省、安徽省、江西省。区内旅游资源极为丰富，平均质量甚高，地域分布密度很大。加上其特有的区位优势、经济优势，促使其发展成为旅游资源开发较成熟的区域，在全国的地位与中原区并列，高于其他旅游资源区。

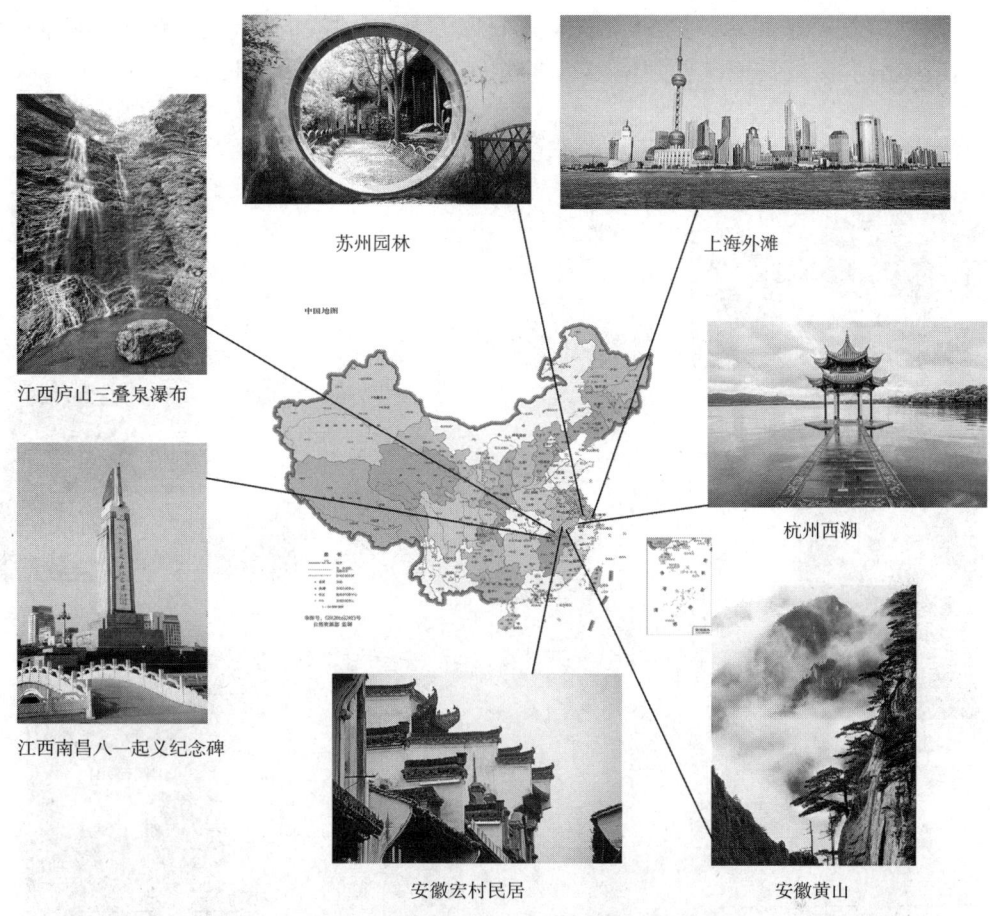

沪、苏、浙、皖、赣山水园林旅游资源区

2. 人文旅游资源以园林、名城和宗教为代表

本区是我国园林最集中的地区。为数众多的江南园林，工艺精巧、结构轻盈、布局紧凑、风格特异。它与北方皇家园林并列，组成我国园林的主干。名城有虎踞龙盘的古城南京，"人间天堂"杭州和苏州，瓷都景德镇，英雄城南昌，还有我国最大的工商业城市上海。普陀山、天台山、九华山、齐云山、龙虎山、茅山等都是全国著名的宗教旅游胜地。

3. 自然旅游资源以名山胜景为支柱

本区是我国名山最多的旅游资源区。以黄山、庐山、雁荡山、天柱山、九华山和普陀山等为主组成的山水风光，旅游价值极高。

（四）川、渝、鄂、湘名山峡谷旅游资源区

1. 自然保护区众多且自然风光秀丽

本区包括四川省、重庆市、湖北省和湖南省。区内生物资源具有南北融汇的过渡

色彩，自然景观丰富多彩，原始情趣自然浓厚。为保护自然环境及珍稀动植物而建立的各类自然保护区遍布全区，主要以九寨沟、卧龙、神农架等为代表。

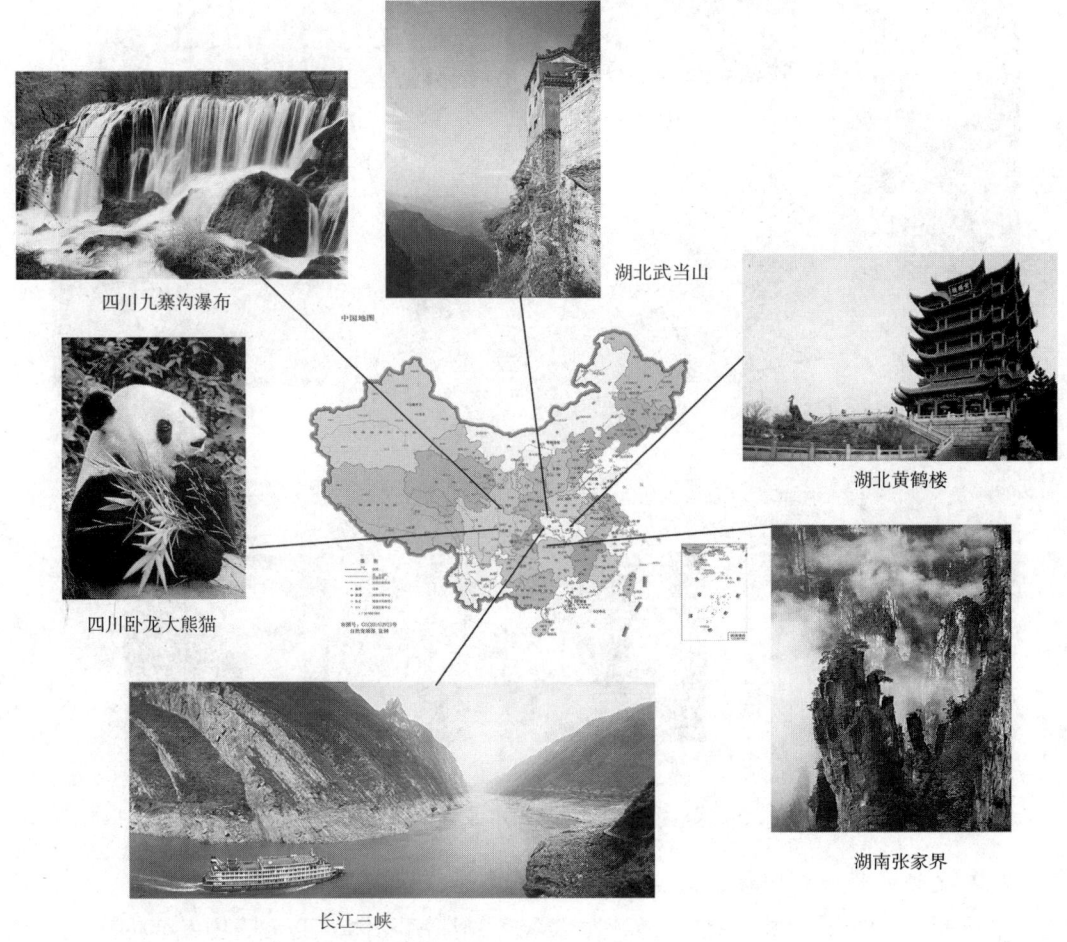

川、渝、鄂、湘名山峡谷旅游资源区

2. 峻岭名山各具风采

复杂的地貌形态、葱郁的森林植被孕育了秀丽多姿的峻岭名山。峨眉山、青城山、张家界、武当山、衡山、缙云山等各显风姿，景色宜人。

3. 三峡风光驰名中外

长江三峡，中国十大风景名胜之一，是瞿塘峡、巫峡和西陵峡三段峡谷的总称。它西起重庆奉节的白帝城，东到湖北宜昌的南津关，长约193公里。这里两岸高峰夹峙，江面狭窄曲折，江中滩礁棋布，水流汹涌湍急。

4. 三国古迹遍布各地

本区为三国时代的中心，留下许多历史遗迹，为三国胜迹游创造了条件。

（五）闽、粤、琼海上丝绸之路旅游资源区

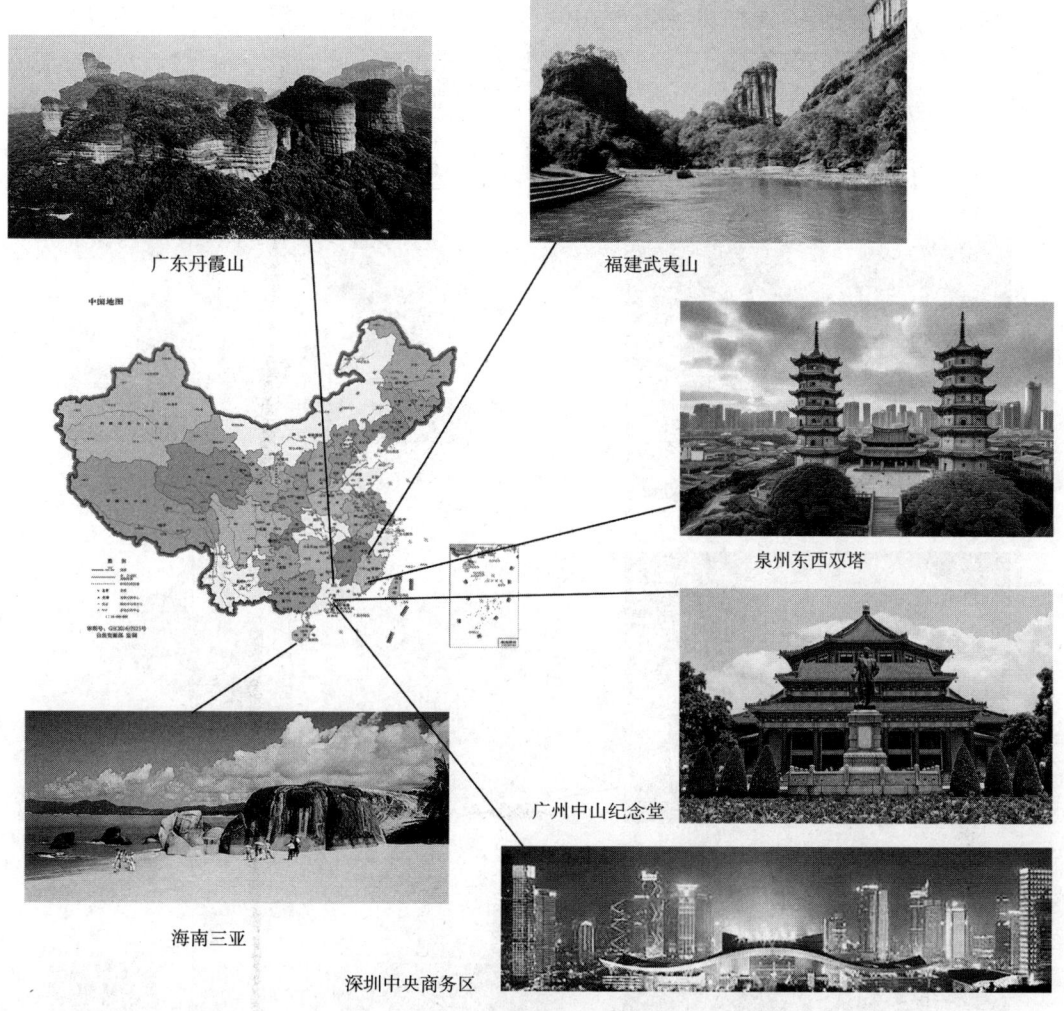

闽、粤、琼海上丝绸之路旅游资源区

1. **海上丝绸之路旅游资源集聚**

本区地处中国东南沿海，对外交流历史悠久，经济外向程度高。广州港在唐代就已发展成为世界上著名的东方大港，泉州在宋元时期就是世界知名商港，海南岛作为海上丝绸之路的重要节点，自古以来就是连接中国与东南亚、印度等地的关键枢纽。如今，海南国际旅游岛建设已上升为国家战略；中国进出口商品交易会（广交会）成为中国对外开放的窗口；泉州也于2021年以"宋元中国的世界海洋商贸中心"名义成功列入《世界遗产名录》，其22处遗产点共同展现了10—14世纪海上丝绸之路的繁荣与多元文化交融。

2. **近现代旅游资源丰富**

在近代史上，该区一直是革命的策源地，留下众多的近现代革命遗址。1978年以

后,改革开放的春风,使这里滋生出一大批现代化旅游资源。

3. 人文旅游资源的风格南北并蓄、中外兼采

本区域人文旅游资源独具特色。如岭南园林,既吸收了北方皇家园林的风格,又吸收了江南私家园林的特色,并注意吸收西南少数民族、外国造园经验,系各家特色完美结合,别具特色。

(六)滇、黔、桂奇山异水风土人情旅游资源区

滇、黔、桂奇山异水风土人情旅游资源区

1. 岩溶景观分布广泛

本区包括云南省、贵州省和广西壮族自治区。区内的岩溶地貌景观,如孤峰、石林、峰林、峰丛、天生桥、溶洞、岩洞瀑布等无所不有,堪称世界上岩溶地貌发育最典型、最完美的自然博物馆,也是闻名于世的岩溶风景游览胜地。

2. 民族风情别具一格

从古至今，本区一直是多民族聚集地，人们在长期的生产与生活中，形成各自的民族习俗，创造出各自富有民族特色的文化，构成独具优势的人文旅游资源，对异地异族的旅游者有很大吸引力。

3. 高山深谷蔚为大观

与我国其他旅游资源区相比，本区自然景观更具"天然未雕饰"之自然美。区内雪山茫茫，山高谷深，湖光水色，奇花异草，珍禽异兽，无所不有。其中，不少自然奇观在我国乃至世界也是独一无二的。

（七）新、宁、甘"丝路"文化旅游资源区

本区包括新疆维吾尔自治区、宁夏回族自治区和甘肃省。

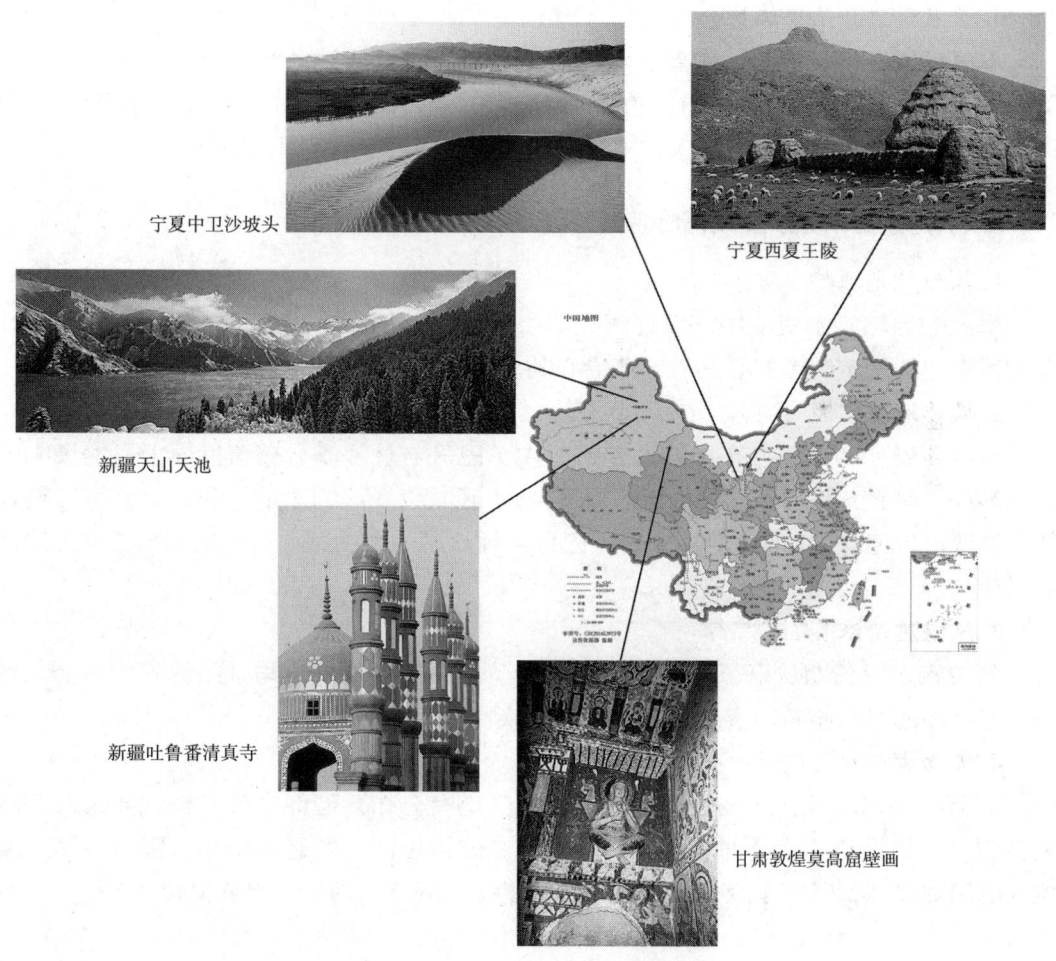

新、宁、甘"丝路"文化旅游资源区

1. 自然景观的特异性
（1）以广阔沙漠戈壁、草原绿洲、雪山森林等构成了富有变化的自然景观。
（2）独特的干旱区风貌，构成了"中国西部"的风光情趣。
（3）自然风景反映出神秘、粗犷、奇异的特点。

2. 丝绸之路旅游资源引人入胜
丝绸之路是一条连接亚、欧、非三大洲的陆上交通线，在这条线上旅行，可以浏览壮丽的高山、大河、沙漠、戈壁，探访引人遐想的长城、古道、城堡、烽燧，还可以欣赏巧夺天工的石窟、文物。

3. 民族风情意趣浓郁
本区地处我国西北内陆，是少数民族聚居区之一，尤其是牧区，食、住、行、游、购、娱，无不体现出强烈的、浓郁的民族风情。

4. 景点集中且呈串珠状分布
本区地域辽阔，高山、戈壁、沙漠广布，受人类经济活动影响小。历史上人类活动较频繁的地域，主要集中在山前或河流沿岸的条带状绿洲上。因此，沿山分布的绿洲带是本区旅游资源（尤其是人文旅游资源）分布最为集中的地域。

（八）内蒙古草原沙漠风情旅游资源区

1. 草原风光独特
本区的自然旅游资源中，以辽阔无垠、水草丰美的大草原最具特色。草原辽阔壮美的景象，能使旅游者舒心荡气，情怡心驰。

2. 风沙地貌广布
本区西部和西南部广布风沙地貌，其中，巴丹吉林沙漠分布着世界上最为集中的高大沙山，最密集的沙漠湖泊，最广阔的鸣沙区域和多样的风蚀地貌，具有不可替代的自然遗产价值。2024年7月26日，巴丹吉林沙漠—沙山湖泊群成功列入《世界遗产名录》。

3. 民族风情浓郁
蒙古族人民长期从事畜牧业生产，形成了传统的游牧文化与草原景观相融合，构成特定区域的特殊旅游内容，具有浓郁的民族特色、地域特色。

4. 文物古迹以元明清时代为主
上至古文化遗址，下及近代文物，在本区均有分布。但保存最完整、数量最多的名胜古迹，首推建于明清时代的喇嘛教召庙。成吉思汗、忽必烈曾在这里写下了威武雄壮的历史篇章，留下了众多的文物古迹。其中，元上都遗址是世界文化遗产。

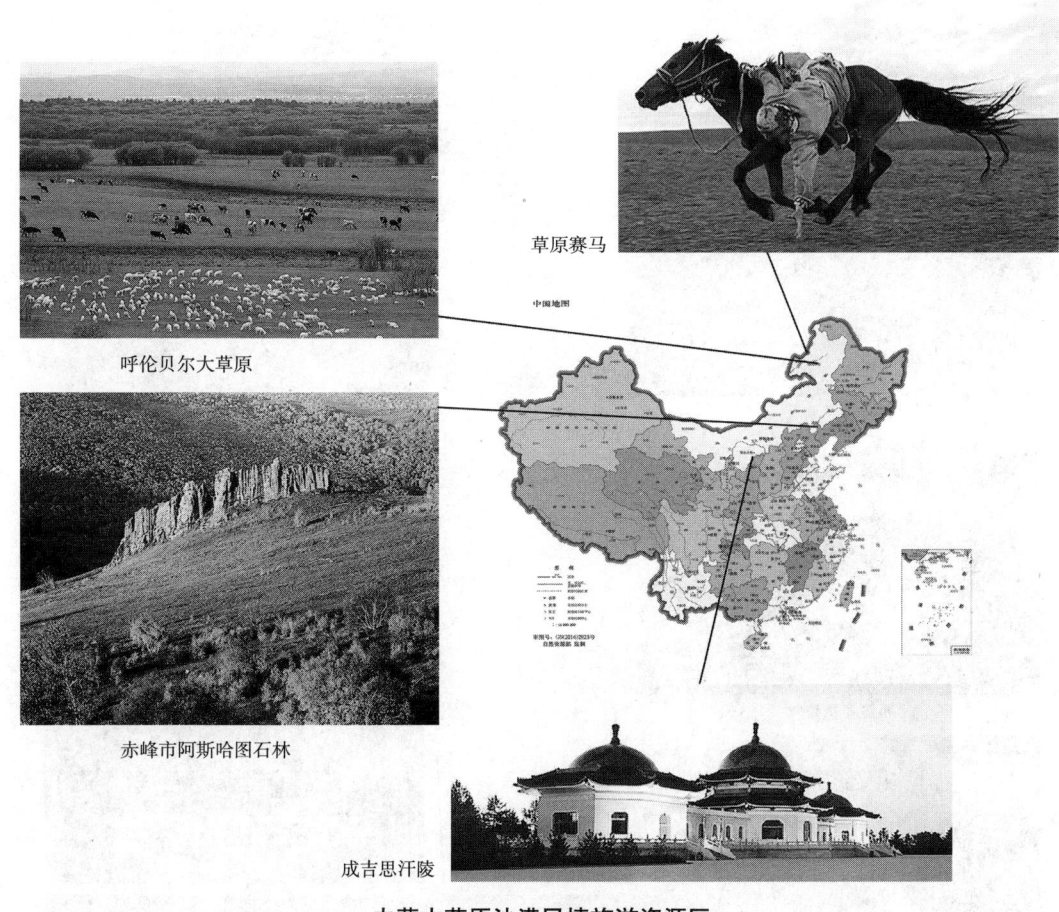

草原赛马

呼伦贝尔大草原

赤峰市阿斯哈图石林

成吉思汗陵

内蒙古草原沙漠风情旅游资源区

（九）青藏高原旅游资源区

1. 冰雪险峰资源丰富

青藏高原包括青海省和西藏自治区，这里地高天寒，高于雪线以上的山峰很多，现代冰川非常发达，且面积广大；许多山峰高耸云天，是世界登山界向往的地方。

2. 宗教文化别具风采

宗教在本区占有重要地位，各种寺庙因而成为青藏地区的象征，它不仅是宗教活动的场所，也是政治、文化、教育集中之地。

3. 民族风情独具特色

由于高原环境相对闭塞，使这里的民风民俗保持了相对的完整性和原始性。以藏族为主的各民族的婚丧嫁娶、宗教节日、歌舞戏曲、绘画雕塑、居住方式，均有浓郁的民族特色。

青海湖鸟岛
西藏布达拉宫
西藏冰川
青海塔尔寺
青海唐古拉山长江源头

青藏高原旅游资源区

(十) 台港澳旅游资源区

1. 热带—亚热带特色自然风光

台湾气候宜人，参天的热带、亚热带林木，美丽的水景海色、多彩的海蚀地貌、罕见的断崖海岸、优良的海滨浴场，构成一派富有特色的南国风光。

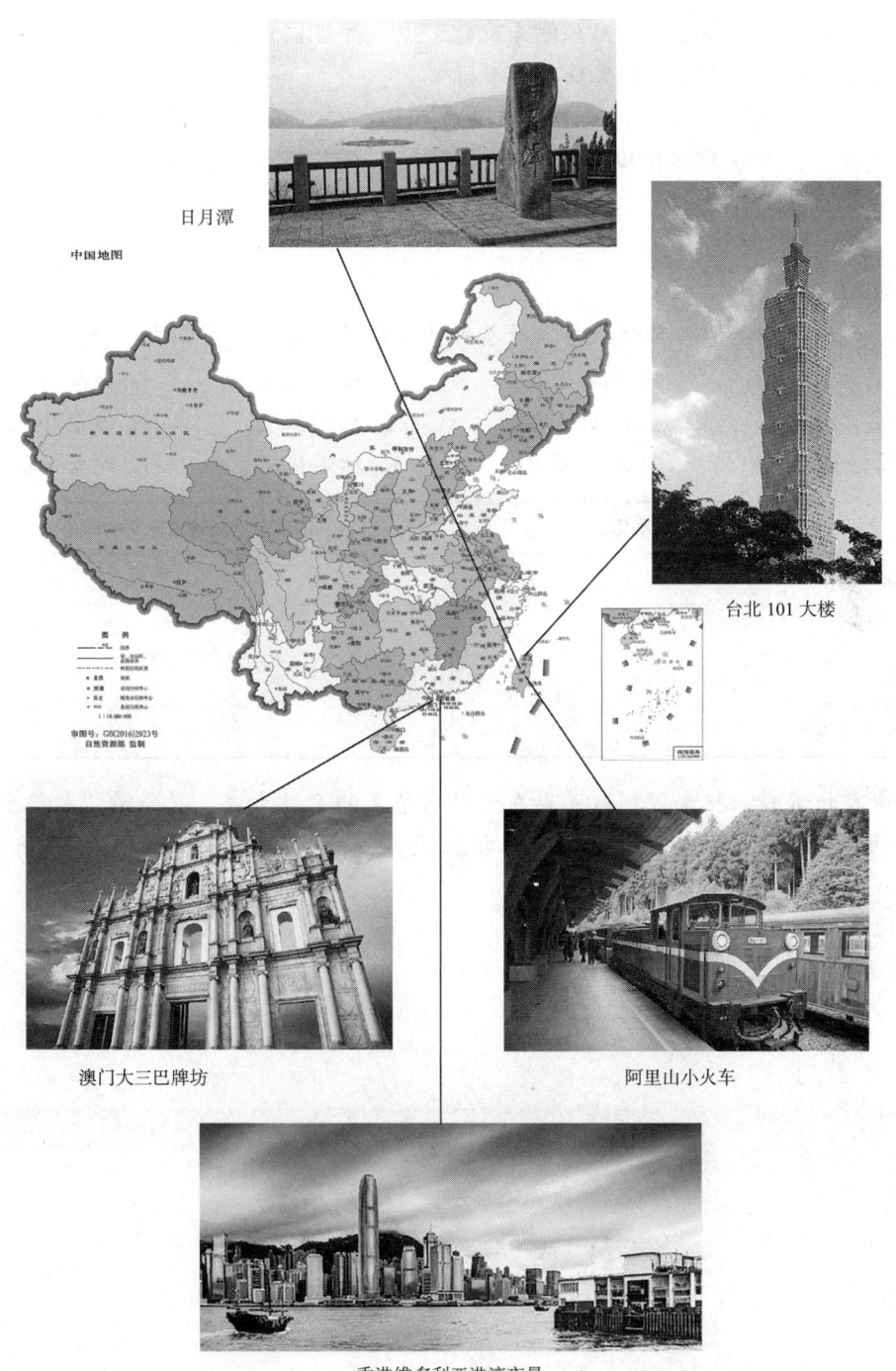

台港澳旅游资源区

2. 中西文化相结合的人文旅游景观

在香港，可以观赏东西合流、新旧对应的城市风光和园林风景，品尝世界各地的美味佳肴，购买旅游商品，欣赏东西方文化艺术，参加各种形式的娱乐活动。

3. 特殊社会背景下形成的特殊旅游资源

澳门对旅游者最具吸引力的当数其博彩活动，有"东方赌城"之称，其地标性建筑有澳门大三巴牌坊和威尼斯人大酒店。此外，这里还有远东最大赛马场等各种娱乐设施。

小练习

1. 下列选项都是形容自然旅游资源各种美的词语，请将它们归类，并填入下表。

A. 高耸入云	B. 雨打芭蕉	C. 晶莹光洁	D. 巍峨雄伟
E. 层峦叠嶂	F. 绚丽斑驳	G. 鸟翔长空	H. 飘忽不定
I. 莺啼婉转	J. 瀑落深潭	K. 林海松涛	L. 姹紫嫣红

自然旅游资源美的类型	描写自然旅游资源美的词语
形象（态）美	
色彩美	
动态美	
听觉美（声音美）	

2. 请查找资料，把我国列入《世界遗产名录》的名胜古迹、联合国"人与生物圈"保护区网和"世界地质公园"的自然保护区的具体位置、特点用表格形式列出来并加以记忆。

项目 8
交相辉映——各具特色的资源类型

高考刚结束,小文便与同学讨论去哪里玩。小文说:"我们十几个人组团去看上海世博会吧,世博会的内容丰富多彩,能看到世界各地的文化建筑、风土人情,机不可失呀。"

"上海世博会?拉倒吧,你没看新闻上说世博馆是人山人海看人头?人多得上个厕所也要排几个小时的队,太折腾了。"小兵摇摇头说,"现在适合看看新闻、欣赏欣赏精美的图片,以后人少一点再实地旅游。"

"要不,我们到香港迪士尼玩玩,还能购物呢。"小文提议。

小桂说:"我觉得去郊区的'好运休闲山庄'也不错,听说可以穿上迷彩服,戴上头盔打野战呢,好刺激哦。"

"干脆去爬湖南衡山,那里自然风光美得很,听说运气好的话,还能看得到佛光,说不定我们能心想事成呢。"

小文感叹道:"唉,都快挑花眼啦,谁让咱们国家的旅游资源这么丰富呢!"

既然旅游资源异彩纷呈,那么,如何对旅游资源进行分类呢?旅游资源分类是根据旅游资源的性状,即现存状况、形态、特性、特征的相似性和差异性进行归并或划分出具有一定从属关系的不同等级类别的工作过程。在所划分的每一种类别中,其属性上彼此有相似之处,不同类别之间则存在着差异。旅游资源分类的对象包括稳定的、客观存在的实体旅游资源以及不稳定的、客观存在的事物和现象。

按照旅游资源的性质、特点、存在形式、状态等属性对其进行分类是目前较为流行的一种分类方法。根据这种方法,一般将旅游资源分为自然旅游资源和人文旅游资源两大类。

任务 23
认识自然旅游资源

自然旅游资源,是指依照自然发展规律天然形成的旅游资源,是可供人类旅游享用的自然景观与自然环境。自然旅游资源是在自然界自然形成的各种自然要素和现象。如地壳运动、地质构造、地貌形成过程所造成的地表形态,星体运转和水热变化所引发的天象景观和气候水文现象，反映不同生物阶段的古生物、现代生物群落等。它寓于自然界的一定空间位置、特定的形成条件和历史演变阶段。

自然旅游资源——黄山飞来石

1.地貌旅游资源

地貌是指一个地区天然景观的外貌。如平原、盆地、高原、山地和丘陵。

（1）登山旅游资源。一般是指海拔在5000米以上的极高山。这些山体峰高坡陡，终年积雪，人迹罕至，特别适合开展登山活动和山地科学考察活动。我国的这类旅游资源主要分布于青藏高原及其周围地区的喜马拉雅山脉、喀喇昆仑山脉、祁连山脉、昆仑山脉等。

青海祁连山

（2）风景名山旅游资源。构成风景名山必须具备"景、僧、史、宝"四特征中的一个或几个。景，是指风景优美，这是构成名山的基础性和决定性因素；僧，是指名山应该是宗教活动中心，所谓"天下名山僧占多"，"山无寺不名"说的就是这个道理；史，是指名山要与重大历史事件和著名历史人物有一定的联系；宝，是说名山中要藏有宝藏或名贵物产。

浙江普陀山盘陀石

（3）岩溶地貌旅游资源。指可溶性的碳酸盐岩类在含有二氧化碳的水的溶蚀、侵蚀作用下形成的各种地形。岩溶地貌的发育程度因气候和岩性条件不同而差异很大。在我国，该类地貌以广西、贵州、云南与湘西、鄂西等少数民族聚居地区发育最完善。以石林、峰林和溶洞三种类型最有观赏价值。

云南路南石林

说一说 请你说一说青海祁连山、浙江普陀山盘陀石、云南路南石林风景区的地貌特点。

（4）火山地貌旅游资源。包括现代火山喷发时的壮丽景观和历史上的火山喷发后留下来的遗迹。在我国，该类地貌主要有位于我国吉林延边朝鲜族自治州与朝鲜边境上的长白山天池，云南腾冲火山群遗迹等。

云南腾冲火山群遗迹

（5）地震遗迹旅游资源。是指地震后留下来的遗迹，具有科学考察价值和奇妙的吸引观赏功能。在我国，该类地貌主要有海南琼州海底村庄、重庆黔江土家族苗族自治县与湖南省湘西土家族苗族自治州咸丰交界处的小南海地震遗址公园。

重庆黔江小南海国家级地震遗址公园

（6）风沙地貌旅游资源。包括风蚀地貌和风沙地貌两种旅游资源。前者包括风蚀柱、风蚀蘑菇、风蚀垄槽、风蚀城堡等，如新疆乌尔禾风蚀"魔鬼城"，罗布泊"雅丹"地貌；后者指风沙堆积作用形成的沙丘和戈壁，如中国敦煌月牙泉的鸣沙山、宁夏中卫的沙坡头等都有鸣沙现象。还有一些"新月形"沙丘、"金字塔形"沙丘等景观也很壮观，如我国塔克拉玛干沙漠和巴丹吉林沙漠均有大量"新月形""金字塔形"沙丘分布。世界上著名的风沙地貌景观有非洲撒哈拉沙漠、美国的"彩色沙漠"等。

新疆乌尔禾风蚀"魔鬼城"

（7）峡谷旅游资源。该类资源是以雄伟险秀、寂静隐蔽、深奥幽静的奇观吸引游人的。在我国，该类地貌主要有湖北省恩施土家族苗族自治州巴东县境内的西陵峡西段、横贯全州的清江上的小三峡，云南境内的虎跳峡等。

云南虎跳峡

2. 水体旅游资源

水具有形、影、声、色、甘、奇六个方面的美学特色，更重要的是，水与山体、水与生物、水与气候、水与建筑物等，能通过相互结合、交融渗透，形成许多奇妙、雅致的胜景。

（1）海洋旅游资源。海洋作为旅游资源，其功能在于疗养治病、海底观光、海岛休闲等，包括海岸景观、海岛景观、海滨山岳景观、海洋生态景观、海底景观、海洋历史文化景观。

海岸景观

（2）江河旅游资源。说到江河旅游资源，不得不提我们的两条母亲河——长江、黄河。长江向来都是我国的"黄金旅游线"，这条旅游线的上段，全部位于少数民族地区的青海、西藏、云南和川西的甘孜藏族自治州、凉山彝族自治州境内。黄河旅游线上的河源探险、高原风光、沙漠风情、草原旅行等地段的旅游资源均在民族地区的青海、甘肃的甘南与临夏两自治州和宁夏、内蒙古境内。广西桂林—阳朔间的漓江也是我国著名的江河风光旅游线。另外，福建武夷山九曲溪，堪称"三三秀水清如玉"，湘西张家界山水的灵魂——金鞭溪，还有大宁河小三峡、福建鸳鸯溪、湖北神农溪等都是著名的江河景观。

（3）湖泊旅游资源。湖泊旅游资源以湖盆的形态、分布状况，湖水的透明度、颜色，以及湖中发生的奇异现象等，对游客产生强烈的吸引力。高原风景湖地势高，湖面开阔，受人类活动影响小，充满高原风光气息；天池处于山地顶峰，水深、质清、环境优美。

桂林漓江

青海湖

（4）泉水类旅游资源。该类资源不仅有造景、育景的独特功能，而且还有疗养、饮用等价值，自古以来都是人们观赏、利用的对象。我国的泉类繁多，分布广泛，各种名泉，矿泉数以千计。中国名泉主要有七大泡茶泉，即镇江中冷泉、无锡惠山泉（天下第二泉）、杭州虎跑泉、上饶陆羽泉、扬州瘦西湖天名泉、庐山招隐泉、怀远白乳泉；具有医疗保健价值的有，云南安宁"天下第一汤"、安徽黄山汤泉、广东从化温泉、陕西临潼华清池、重庆南北温泉、东北五大连池药泉；具有观赏价值的有，济南趵突泉（济南被称为泉城，被乾隆御封"天下第一泉"）、四川广元缩水洞的含羞泉、云南大理的蝴蝶泉等。世界名泉有美国黄石公园的间歇喷泉。

东北五大连池药泉

（5）瀑布旅游资源。瀑布以形、声、色三态之美吸引世人。我国的瀑布主要集中在云贵高原地区、喜马拉雅山一带及江南丘陵地带。贵州黄果树瀑布（岩溶型瀑布）、黄河壶口瀑布（差别侵蚀型瀑布）、黑龙江吊水楼瀑布（火山熔岩瀑布）都很有名。此外还有著名的"飞流直下三千尺"的庐山香炉瀑布（构造性瀑布）、庐山三叠泉瀑布、四川九寨沟瀑布群等。世界著名瀑布景观有非洲莫西奥图尼亚大瀑布、南美洲伊瓜苏大瀑布和北美洲尼亚加拉瀑布等。

黄河壶口瀑布

3. 气象与气候旅游资源

气象与气候旅游资源包括因天气变化形成的各种景色，及不同气候条件下形成的各类旅游胜地。前者被称为气象旅游资源，后者被称为气候旅游资源。

○气象旅游资源

气象是地球外围大气层中经常出现的大气物理现象和物理过程及其状态。它包括冷、热、干、湿、风、云、雨、雪、霜、雾、雷、电、虹、霞、光等。

雾凇

（1）云、雾、雨。薄云、淡雾、细雨，其似轻纱叠加在一切景观上，赋予大自然一种朦胧美。流云、飞雾的变幻莫测、气势磅礴，增添了真切的景观美。

（2）冰、雪、雾凇。这是在寒冷季节才能出现的景观。无论是雄伟壮观，还是婀娜多姿的造型，都给人以磁铁般的吸引力。

（3）日出与日落。以霞光为主要观赏对象，以海滨和山巅观赏地点最佳。如佛光、彩虹等气象景观出现在中、低纬度地区及高山之巅的茫茫云海之中，在与太阳相对方向的云层或雾层上呈现围绕人影的彩色光环，是由光线通过云雾区的小水滴发生的衍射分光现象。

日出

（4）海市蜃楼。为大气中的一种光折射现象，它发生在特殊的地理环境和一定季节的气候条件下。常出现在冬、春的北极地区，夏季的沙漠、大海及江河湖泊上空。

○气候旅游资源

气候是指一定地理环境内长时间的天气状况的综合反映。气候是通过水文、生物、土壤等地理因素，形成一定区域的自然景观。

（1）避暑型。属高山、高原型。一般山区都有避暑旅游功能。

（2）海滨型。如大连、青岛、北戴河等。

（3）高纬度型。如西北欧因为纬度高、气温低而成为避暑胜地。

（4）避寒型。属低纬度地区。如我国海南岛和马来西亚等。

（5）阳光充足型。如地中海、夏威夷等。

想一想 气象旅游资源与气候资源有什么不同？

4. 生物旅游资源

生物旅游资源具有风采美、珍稀美、寓意美、嗅味美、奇特美等欣赏价值和医疗、健身的功效。

（1）植物旅游资源。植物在旅游方面具有很高的观赏功能、优化环境功能和科学研究功能。我国的植物旅游资源主要有在其他地方已经绝迹了的植物"活化石"——鄂西利川的千年大水杉；特有的珍稀植物——银杏；名贵观赏花卉——云南的茶花；人工植物园——云南西双版纳热带植物园。

植物界的大熊猫——银杏

植物"活化石"——水杉

（2）动物旅游资源。在该类旅游资源中，属于珍稀动物的，有四川阿坝藏族羌族自治州境内的大熊猫和金丝猴等；属于观赏动物的，有青海湖鸟岛的鸟和大理"蝴蝶泉"的蝴蝶等；属于动物之谜的，有青藏高原上的"雪人"和新疆喀纳斯湖中的大红鱼等。

大熊猫

金丝猴

（3）自然保护地资源。自然保护地是由各级政府依法划定或确认，对重要的自然生态系统、自然遗迹、自然景观及其所承载的自然资源、生态功能和文化价值实施长期保护的陆域或海域。2019年6月，中共中央办公厅、国务院办公厅印发了《关于建立以国家公园为主体的自然保护地体系的指导意见》，提出到2025年，健全国家公园体制，完成自然保护地整合归并优化，完善自然保护地体系的法律法规、管理和监督制度，提升自然生态空间承载力，初步建成以国家公园为主体的自然保护地体系。到2035年，显著提高自然保护地管理效能和生态产品供给能力，自然保护地规模和管理达到世界先进水平，全面建成中国特色自然保护地体系。自然保护地占陆域国土面积18%以上。

2024年6月，生态环境部发布《中国生态环境状况公报（2023年）》，公报显示2023年首批国家公园总体规划正式发布，三江源、大熊猫、东北虎豹、海南热带雨林、武夷山等5个国家公园规划总面积为23万多平方千米。24个省（区、市）的27个国家公园候选区积极开展创建工作。全国各级各类自然保护地总面积约占陆域国土面积的18%。拥有世界自然遗产14项、世界自然与文化双遗产4项，世界地质公园41处。

自然保护地的类型

按照自然生态系统原真性、整体性、系统性及其内在规律，依据管理目标与效能并借鉴国际经验，我国将自然保护地按生态价值和保护强度高低依次分为3类。

（1）国家公园：是指以保护具有国家代表性的自然生态系统为主要目的，实现自然资源科学保护和合理利用的特定陆域或海域，是我国自然生态系统中最重要、自然景观最独特、自然遗产最精华、生物多样性最富集的部分，保护范围大，生态过程完整，具有全球价值、国家象征，国民认同度高。

（2）自然保护区：是指保护典型的自然生态系统、珍稀濒危野生动植物种的天然集中分布区、有特殊意义的自然遗迹的区域。具有较大面积，确保主要保护对象安全，维持和恢复珍稀濒危野生动植物种群数量及赖以生存的栖息环境。

（3）自然公园：是指保护重要的自然生态系统、自然遗迹和自然景观，具有生态、观赏、文化和科学价值，可持续利用的区域。确保森林、海洋、湿地、水域、冰川、草原、生物等珍贵自然资源，以及所承载的景观、地质地貌和文化多样性得到有效保护。包括森林公园、地质公园、海洋公园、湿地公园等各类自然公园。

任务 24
认识人文旅游资源

所谓人文旅游资源，是指在人类历史发展和社会进程中，由人类社会行为促使形成的具有人类社会文化属性的各种人与事物。其形成和分布不仅受历史、民族和意识形态等因素的制约，而且还受自然环境的深刻影响。人文旅游资源是古今人类活动留下的，是人工创造出来的，是人类社会活动的产物，显示了不同时期的文化成就、艺术结晶和科技成果，能为游客提供艺术美与社会美的审美情趣。

京剧脸谱剪纸

太原晋祠

1. 历史文物古迹

历史文物古迹指不同时代遗留的历史建筑、文明遗址，主要有：

（1）古都名城。如北京、西安、开封、洛阳、南京、杭州、安阳等。

（2）古代工程。如军事工程（长城）、水利工程（京杭大运河、都江堰）、桥梁工程（赵州桥、卢沟桥）、古代建筑（宫殿建筑、帝王陵墓、古典园林）等。

江南园林——扬州瘦西湖

我国是一个有着五千多年历史的文明古国,有着光辉灿烂的民族文化。在这些宝贵的历史遗产中,有很多都已成为世界旅游资源中的佼佼者。截至 2025 年 3 月,中国已有 59 项世界文化和自然遗产被列入《世界遗产名录》,其中,世界文化遗产 40 项、世界文化景观遗产 5 项、世界自然遗产 15 项、世界文化与自然双遗产 4 项、世界自然遗产 15 项。全国共有 29 个省(自治区、直辖市和特别行政区)拥有世界遗产,尚没有世界遗产的行政区有上海、黑龙江、海南和香港特别行政区。

2. 民族文化及有关载体

民族文化及有关载体主要指民族历史、民族艺术、民族工艺、风俗习惯以及节日庆典活动等。民族文化的独特性往往成为旅游者产生好奇和兴趣的所在,特别是可供旅游者亲自参与的节日庆典活动,以及可让其亲身体验的民族生活方式和传统的民俗活动,往往对旅游者有更大的吸引力。

内蒙古那达慕大会上的摔跤者

3. 有影响的国际性体育和文化盛事

有影响的国际性体育和文化盛事也称重大节事活动。如主办国际奥林匹克运动会、世界杯足球赛、世界博览会、洲际运动会以及国际性的音乐节、戏剧节、电影节等。

这类重大国际盛会往往能短时间引来大量的国际游客，同时也是主办国扩大旅游宣传的极好时机。

上海·世博会园区

4. 宗教文化资源

宗教文化资源主要指宗教建筑艺术，如坛、庙、寺、观，装饰、雕塑、壁画、楹联、碑刻等。现代旅游者中也有大量专为求神拜佛而光顾宗教寺庙道观的。

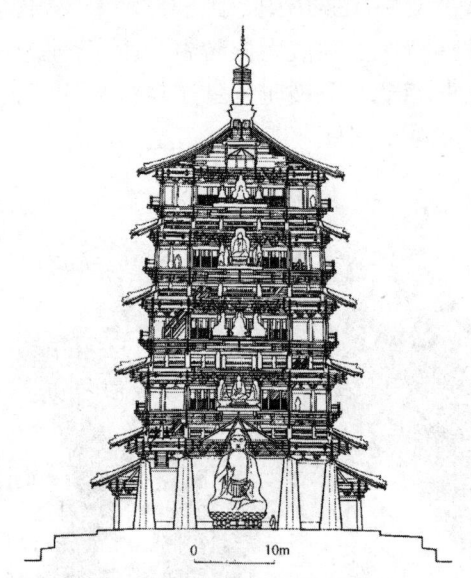

建于1056年的山西应县木塔剖面图（引自刘敦桢《中国古代建筑史》）

5. 城乡风貌

城乡风貌指具有视觉形象的历史文化名城，独具特色的现代都市风光，具有一定规模、某种特殊意义和影响力的大型工程及文化设施，具有清新质朴的田园风光、古镇村落等。

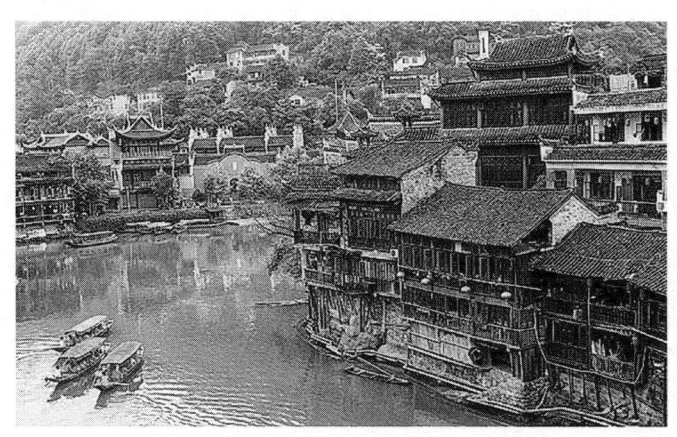

凤凰古城

6. 红色旅游资源

红色旅游资源主要是指中国共产党成立至新中国成立期间（1921—1949年）以革命战争时期重要纪念地、遗址文物及其承载的革命精神为核心的历史资源，地域上集中于井冈山、瑞金、遵义、延安、西柏坡等革命老区及长征沿线，其内涵以物质载体（如旧址、文物）和非物质精神（如革命传统、英雄事迹）为主。根据国家规划，部分近现代历史遗存（如1840年以来的抗争史迹）也被纳入红色旅游范畴，以强化爱国主义教育功能。这类资源兼具教育、经济与文化多重价值：通过实地参观传承红色基因，依托"红色＋文旅"模式推动革命老区经济发展，并作为中华文明的重要标识，彰显民族精神与时代价值。

这100条线路，织就了中华大地上的"红色版图"

为庆祝中国共产党成立100周年，文化和旅游部联合中央宣传部、中央党史和文献研究院、国家发展改革委共同推出"建党百年红色旅游百条精品线路"。这些线路如"伟大征程·历史见证""红色陕西·圣地延安""小岗精神·改革序幕""两山理念·振兴之路"等，生动串联起中国共产党领导人民在革命、建设、改革历程中取得辉煌成就的足迹，共同织就了遍布中华大地的壮丽"红色版图"。

重温光辉历程：百条线路中，"重温红色历史、传承奋斗精神"主题线路共52条，引领游客回顾党的百年奋斗史，重点展现各个历史时期的重要标识，深刻铭记党"为中国人民谋幸福、为中华民族谋复兴"的初心使命。

感悟伟大精神：百条线路中，着重呈现了党在不同历史时期淬炼形成的系列伟大精神。这些跨越时空的精神财富，集中体现了党的坚定信念、根本宗旨和优良作风，旨在通过寓教于游的方式，激发公众爱国热情，引导干部群众铭记历史，凝聚起奋进新征程、建功新时代的强大精神动力。

体验时代成就：百条线路中，另两大主题线路聚焦当下中国的发展成果。"走近大国重器、感受中国力量"主题（20条）囊括了广为人知的新时代科技与建设成就，让游客亲身感受"国之重器"带来的自信与自豪;"体验脱贫成就、助力乡村振兴"主题(28条)则重点展示我国在脱贫攻坚、乡村振兴、生态文明建设等领域的重大成果,让游客切身感受幸福生活的变迁。

这百条精品线路,不仅是一次旅行,更是一次深刻的历史教育、精神洗礼和成就体验之旅。

(资料来源:新华社,作者:余俊杰、周文冲、陈爱平,有改编)

做一做 请向旅游者推荐一项世界遗产,并说明理由。

任务 25
了解旅游资源的其他分类

除了将旅游资源分为自然旅游资源和人文旅游资源外,还有很多旅游资源的分类方法。

1. 按照旅游资源的成因分

按照基本原因、形成过程分类,可将旅游资源分为自然赋予形成的旅游资源、人类历史形成的旅游资源、天然与人工相结合的旅游资源和人工创造的旅游资源等四种类型。

自然赋予形成的旅游资源——甘肃七彩丹霞山

自然赋予形成的旅游资源多为自然生成物,一般具有长期的发育演变过程,其类型特征和存在状况符合自然发展规律,通常不以人的意志而转变,如黄山、丹霞山、长江三峡等。

人工创造的旅游资源是后天生成物,反映出人类的意识,因而形成时间较短,一般才存在几千年,如长城、兵马俑坑、敦煌石窟等。个别的属于例外。如古人类文化遗址有几万年或上百万年,也不全属人工创造物,如山顶洞人遗址、半坡文化遗址等。

人工创造的旅游资源——浙江普陀宗乘之庙大红台(引自刘敦桢《中国古代建筑史》)

2. 按照旅游资源的功能分

按照功能分类,可将旅游资源分为观光游览型旅游资源、文化知识型旅游资源、参与体验型旅游资源、购物型旅游资源、情感型和康乐疗养型旅游资源。

(1)观光游览型旅游资源以优美的自然风光、著名古代建筑、遗址及园林、现代城镇景观、山水田园以及以祈福为目的的宗教寺庙等为主。

(2)文化知识型旅游资源以文物古迹、博物展览、科学技术、自然奇观、精湛的文学艺术作品等为主。

(3)参与体验型旅游资源以民风民俗、社会时尚、节庆活动、风味饮食、宗教仪式等为主。

(4)购物型旅游资源包括企业的产品、专门设计的纪念品、购物环境等。特色化的旅游产品为旅游者提供了丰富的旅游体验,满足了旅游者求知、参与的旅游需求。购物也在很大程度上成为旅游者出行的主要目的。在购物天堂香港就有很多这样的旅游资源。目前,海南省,也实行离岛免税购物政策,这大大刺激了海南岛的购物型旅游资源的开发。

(5)情感型和康乐疗养型旅游资源以文体活动、度假疗养、康复保健、人造乐园等为主。这些旅游资源能满足人们不同的旅游需求。

3. 按照旅游资源的利用程度分

(1)现实旅游资源。现实旅游资源是指已经客观存在的,其配套的基础设施和服务设施已经比较完善,已经成为当地旅游业发展的载体的旅游资源。那些已经通过可行性论证、对其开发价值取得认可,被列入规划即将开发的旅游资源也可称为现实旅游资源。

(2)潜在旅游资源。潜在旅游资源是指那些本身具有一定的游览、观赏价值,但由于不具备交通及其他接待条件,或者是由于缺乏宣传还不为外人所知,目前还没有吸引大量游客前来的、尚未被开发的旅游资源。

作为一种资源形态，旅游资源主要存在于一种潜在的待开发状态中。其中也包括尚未充分挖掘其价值的旅游资源。

4. 按照开发过程中旅游资源的循环方式分

（1）消耗型旅游资源。消耗型旅游资源是指那些因开发而迅速或缓慢改变其形态、成分、结构的资源，包括大部分自然和人文旅游资源类型。

（2）永续型旅游资源。永续型旅游资源主要指人类重复创造或自然力不断塑造的资源类型，如某些人文和生物景观、旅游商品。

（3）再生型旅游资源。再生型旅游资源主要指人工再造的旅游资源。如供人们游览、冲浪、滑冰的自然旅游资源，可以持续地或循环地利用，它们的被利用时间是无限的。但这个无限，也必须是以合理利用作为前提。对其过度开发与利用，有可能导致其质量的降低乃至毁坏，不能再维持原有的优良的质量或者不能持续地被利用。

5. 按照旅游资源的价值和管理级别分

在中国，旅游资源分别归口不同的国家主管部门以及地方政府部门管理，已形成了比较完整的管理体系。根据旅游资源价值的大小和品位的高低，并经国际、国家有关部门严格考察的基础上审批，我国的旅游资源又可被分为世界级旅游资源、国家级旅游资源、省级旅游资源和市（县）级旅游资源。

（1）世界级旅游资源。主要包括经联合国教科文组织批准列入《世界遗产名录》的名胜古迹、世界级地质公园，列入联合国"人与生物圈"计划的自然保护区等旅游资源，列入联合国教科文组织批准的世界地质公园。它们具有全球性的艺术观赏、历史文化以及科学研究价值，是世界上品位和知名度最高的旅游资源。

（2）国家级旅游资源。主要包括由国务院审定公布的国家风景名胜区、国家历史文化名城和全国重点文物保护单位，以及国家级自然保护区和国家森林公园。此外，文化和旅游部的前身国家旅游局历年评选出的中国优秀旅游城市等，也可视为国家级旅游资源。

（3）省级旅游资源。主要包括省级风景名胜区、省级历史文化名城、省级文物保护单位、省级自然保护区、省级森林公园以及部分省评选出的历史文化名镇。它们具有较为重要的艺术欣赏、历史文化和科学研究价值以及浓郁的地方特色，在省内外均有较大的影响。

（4）市（县）级旅游资源。主要包括市（县）级风景名胜区和市（县）级文物保护单位。它们具有一定的艺术欣赏、历史文化和科学研究的价值，是邻近地区或本地游客主要的游览对象。

6. 国家标准分类

国家标准《旅游资源分类、调查与评价》（GB/T 18972—2017），将旅游资源分为主类、亚类、基本类型三类。其中，主类包括地文景观、水域景观、生物景观、天象与气候景观、建筑与设施、历史遗迹、旅游商品、人文活动8个，亚类23个，基本类型110个。其中，地文景观、水域景观、生物景观、天象与气候景观属自然旅游资源类；建筑与设施、历史遗迹、旅游商品、人文活动属人文旅游资源类。

旅游资源分类表

主类	亚类	基本类型	简要说明
A 地文景观	AA 自然景观综合体	AAA 山丘型景观	山地丘陵内可供观光游览的整体景观或个别景观
		AAB 台地型景观	山地边缘或山间台状可供观光游览的整体景观或个别景观
		AAC 沟谷型景观	沟谷内可供观光游览的整体景观或个体景观
		AAD 滩地型景观	缓平滩地内可供观光游览的整体景观或个别景观
	AB 地质与构造形迹造	ABA 断层景观	地层断裂在地表形成的景观
		ABB 褶曲景观	地层在各种内力作用下形成的扭曲变形
		ABC 地层剖面	地层中具有科学意义的典型剖面
		ABD 生物化石点	保存在地层中的地质时期的生物遗体、遗骸及活动遗迹的发掘地点
	AC 地表形态	ACA 台丘状地景	台地和丘陵形状的地貌景观
		ACB 峰柱状地景	在山地、丘陵或平地上突起的峰状石体
		ACC 垄岗状地景	构造形迹的控制下长期受溶蚀作用形成的岩溶地貌
		ACD 沟壑与洞穴	由内营力塑造或外营力侵蚀形成的沟谷、劣地，以及位于基岩内和岩石表面的天然洞穴
		ACE 奇特与象形山石	形状奇异、拟人状物的山体或石体
		ACF 岩土圈灾变遗迹	岩石圈自然灾害变动所留下的表面痕迹
	AD 自然标记与自然现象	ADA 奇异自然现象	发生在地表一般还没有合理解释的自然界奇特现象
		ADB 自然标志地	标志特殊地理、自然区域的地点
		ADC 垂直自然地带	山地自然景观及其自然要素（主要是地貌、气候、植被、土壤）随海拔呈递变规律的现象

续表

主类	亚类	基本类型	简要说明
B 水域景观	BA 河系	BAA 游憩河段	可供观光游览的河流段落
		BAB 瀑布	河水在流经断层、凹陷等地区时垂直从高空跌落的跌水
		BAC 古河道段落	已经消失的历史河道现存段落
	BB 湖沼	BBA 游憩湖区	湖泊水体的观光游览区与段落
		BBB 潭池	四周有岸的小片水域
		BBC 湿地	天然或人工形成的沼泽地等带有静止或流动水体的成片浅水区
	BC 地下水	BCA 泉	地下水的天然露头
		BCB 埋藏水体	埋藏于地下的温度适宜、具有矿物元素的地下热水、热汽
	BD 冰雪地	BDA 积雪地	长时间不融化的降雪堆积面
		BDB 现代冰川	现代冰川存留区域
	BE 海面	BEA 游憩海域	可供观光游憩的海上区域
		BEB 涌潮与击浪现象	海水大潮时潮水涌进景象,以及海浪推进时的击岸现象
		BEC 小型岛礁	出现在江海中的小型明礁或暗礁
C 生物景观	CA 植被景观	CAA 林地	生长在一起的大片树木组成的植物群体
		CAB 独树与丛树	单株或生长在一起的小片树林组成的植物群体
		CAC 草地	以多年生草本植物或小半灌木组成的植物群落构成的地区
		CAD 花卉地	一种或多种花卉组成的群体
	CB 野生动物栖息地	CBA 水生动物栖息地	一种或多种水生动物常年或季节性栖息的地方
		CBB 陆地动物栖息地	一种或多种陆地野生哺乳动物、两栖动物、爬行动物等常年或季节性栖息的地方
		CBC 鸟类栖息地	一种或多种鸟类常年或季节性栖息的地方
		CBD 蝶类栖息地	一种或多种蝶类常年或季节性栖息的地方

续表

主类	亚类	基本类型	简要说明
D 天象与气候景观	DA 天象景观	DAA 太空景象观赏地	观察各种日、月、星辰、极光等太空现象的地方
		DAB 地表光现象	发生在地面上的天然或人工光现象
	DB 天气与气候现象	DBA 云雾多发区	云雾及雾凇、雨凇出现频率较高的地方
		DBB 极端与特殊气候显示地	易出现极端与特殊气候的地区或地点，如风区、雨区、热区、寒区、旱区等典型地点
		DBC 物候景象	各种植物的发芽、展叶、开花、结实、叶变色、落叶等季变现象
E 建筑与设施	EA 人文景观综合体	EAA 社会与商贸活动场所	进行社会交往活动、商业贸易活动的场所
		EAB 军事遗址与古战场	古时用于战事的场所、建筑物和设施遗存
		EAC 教学科研实验场所	各类学校和教育单位、开展科学研究的机构和从事工程技术试验场所的观光、研究、实习的地方
		EAD 建设工程与生产地	经济开发工程和实体单位，如工厂、矿区、农田、牧场、林场、茶园、养殖场、加工企业以及各类生产部门的生产区域和生产线
		EAE 文化活动场所	进行文化活动、展览、科学技术普及的场所
		EAF 康体游乐休闲度假地	具有康乐、健身、休闲、疗养、度假条件的地方
		EAG 宗教与祭祀活动场所	进行宗教、祭祀、礼仪活动场所的地方
		EAH 交通运输场站	用于运输通行的地面场站等
		EAI 纪念地与纪念活动场所	为纪念故人或开展各种宗教祭祀、礼仪活动的馆室或场地
	EB 实用建筑与核心设施	EBA 特色街区	反映某一时代建筑风貌，或经营专门特色商品和商业服务的街道
		EBB 特性屋舍	具有观赏游览功能的房屋
		EBC 独立厅、室、馆	具有观赏游览功能的景观建筑
		EBD 独立场、所	具有观赏游览功能的文化、体育场馆等空间场所
		EBE 桥梁	跨越河流、山谷、障碍物或其他交通线而修建的架空通道
		EBF 渠道、运河段落	正在运行的人工开凿的水道段落

续表

主类	亚类	基本类型	简要说明
E 建筑与设施	EB 实用建筑与核心设施	EBG 堤坝段落	防水、挡水的构筑物段落
		EBH 港口、渡口与码头	位于江、河、湖、海沿岸进行航运、过渡、商贸、渔业活动的地方
		EBI 洞窟	由水的溶蚀、侵蚀和风蚀作用形成的可进入的地下空洞
		EBJ 陵墓	帝王、诸侯陵寝及领袖先烈的坟墓
		EBK 景观农田	具有一定观赏游览功能的农田
		EBL 景观牧场	具有一定观赏游览功能的牧场
		EBM 景观林场	具有一定观赏游览功能的林场
		EBN 景观养殖场	具有一定观赏游览功能的养殖场
		EBO 特色店铺	具有一定观赏游览功能的店铺
		EBP 特色市场	具有一定观赏游览功能的市场
	EC 景观与小品建筑	ECA 形象标志物	能反映某处旅游形象的标志物
		ECB 观景点	用于景观观赏的场所
		ECC 亭、台、楼、阁	供游客休息、乘凉或观景用的建筑
		ECD 书画作	具有一定知名度的书画作品
		ECE 雕塑	用于美化或纪念而雕刻塑造，具有一定寓意、象征或象形的观赏物和纪念物
		ECF 碑碣、碑林、经幢	雕刻记录文字、经文的群体刻石或多角形石柱
		ECG 牌坊牌楼、影壁	为表彰功勋、科第、德政以及忠孝节义所立的建筑物，以及中国传统建筑中用于遮挡视线的墙壁
		ECH 门廊、廊道	门头廊形装饰物，不同于两侧基质的狭长地带
		ECI 塔形建筑	具有纪念、镇物、标明风水和某些实用目的的直立建筑物
		ECJ 景观步道、甬路	用于观光游览行走而砌成的小路
		ECK 花草坪	天然或人造的种满花草的地面
		ECL 水井	用于生活、灌溉用的取水设施
		ECM 喷泉	人造的由地下喷射水至地面的喷水设备
		ECN 堆石	由石头堆砌或填筑形成的景观

续表

主类	亚类	基本类型	简要说明
F 历史遗迹	FA 物质类文化遗存	FAA 建筑遗迹	具有地方风格和历史色彩的历史建筑遗存
		FAB 可移动文物	历史上各时代重要实物、艺术品、文献、手稿、图书资料、代表性实物等，分为珍贵文物和一般文物
	FB 非物质类文化遗存	FBA 民间文学艺术	民间对社会生活进行形象概括而创作的文学艺术作品
		FBB 地方习俗	社会文化中长期形成的风尚、礼节、习惯及禁忌等
		FBC 传统服饰装饰	具有地方和民族特色的衣饰
		FBD 传统演艺	民间各种传统表演方式
		FBE 传统医药	当地传统留存的医药制品和治疗方式
		FBF 传统体育赛事	当地定期举行的体育比赛活动
G 旅游商品	GA 农业产品	GAA 种植业产品与制品	具有跨地区声望的当地生产的种植业产品及制品
		GAB 林业产品与制品	具有跨地区声望的当地生产的林业产品及制品
		GAC 畜牧业产品与制品	具有跨地区声望的当地生产的畜牧产品及制品
		GAD 水产品与制品	具有跨地区声望的当地生产的水产品及制品
		GAE 养殖业产品与制品	具有跨地区声望的养殖业产品及制品
	GB 工业产品	GBA 日用工业品	具有跨地区声望的当地生产的日用工业品
		GBB 旅游装备产品	具有跨地区声望的当地生产的户外旅游装备和物品
	GC 手工工艺品	GCA 文房用品	文房书斋的主要文具
		GCB 织品、染织	纺织及用染色印花织物
		GCC 家具	生活、工作或社会实践中供人们坐、卧或支撑与贮存物品的器具
		GCD 陶瓷	由瓷石、高岭土、石英石、莫来石等烧制而成，外表施有玻璃质釉或彩绘的物器
		GCE 金石雕刻、雕塑制品	用金属、石料或木头等材料雕刻的工艺品
		GCF 金石器	用金属、石料制成的具有观赏价值的器物
		GCG 纸艺与灯艺	以纸材质和灯饰材料为主要材料制成的平面或立体的艺术品
		GCH 画作	具有一定观赏价值的手工画成的作品

续表

主类	亚类	基本类型	简要说明
H 人文活动	HA 人事活动记录	HAA 地方人物	当地历史名人和现代名人
		HAB 地方事件	当地发生过的历史和现代事件
	HB 岁时节令	HBA 宗教活动与庙会	宗教信徒举办的礼仪活动，以及节日或规定日子里在寺庙附近或既定地点举行的聚会
		HBB 农时节日	当地与农业生产息息相关的传统节日
		HBC 现代节庆	当地定期或不定期的文化、商贸、体育活动等

7. 其他分类

（1）按照旅游资源的结构分，可将旅游资源分为旅游景观资源和旅游经营资源。

（2）按旅游资源的产生形态分，可将旅游资源分为原生性旅游资源和萌生性旅游资源。

（3）按照旅游资源的形成时间分，可将旅游资源分为古代旅游资源和现代旅游资源。

（4）按照景体布局结构分，可将旅游资源分为单一型旅游资源和组合型旅游资源。它们可以是单一的自然旅游资源，或是单一的人文旅游资源；也可以是组合的自然旅游资源，或是组合的人文旅游资源；还可以是组合的自然旅游资源和人文旅游资源，形式多样而富于变化。

说一说 如果去探险、游乐或疗养，你会选择哪一类旅游资源？举例说明。

五岳

东岳泰山，位于山东泰安市。西岳华山，位于陕西华阴市。南岳衡山，位于湖南衡阳市县。北岳恒山，位于山西浑源县。中岳嵩山，位于河南登封市。

东岳泰山之雄，西岳华山之险，北岳恒山之幽，中岳嵩山之峻，南岳衡山之秀，早已闻名于世界。人们常说五岳归来不看山，也有"恒山如行，泰山如坐，华山如立，嵩山如卧，唯有南岳独如飞"的说法。

做一做 请以当地为出发点，从"五岳"中选一座名山为主要游览点，设计一条既经济又经典的旅游路线，并说明理由。

项目 9
动静相宜
——旅游资源调查

小 Q 的爸爸在旅游研究所工作，受单位委托，他计划对本省旅游资源进行一项大型调查，为政府下一步出台旅游强省的规划提供基础信息。他按照自然资源、人文资源、工业观光资源、农业观光资源、其他资源五大部分，给参加课题研究的小组成员分区域进行了分工。

小 Q 很不明白："爸爸，什么是工业观光？"

爸爸答道："工业观光，就是组织游客到我们平时不容易接触的信息产业园、啤酒厂、钢铁生产厂、刺绣厂、宣纸制造厂、蜡染厂等现代工业和传统手工业生产地去观光，看看和我们生活息息相关的这些东西是怎么被制造出来的。"

"那其他资源指什么呢？"小 Q 继续问。

"指潜在的旅游资源，如著名大学游、精品服务游等。"爸爸耐心地说。

"也就是说，我们身边的很多东西都能变成旅游资源喽！"小 Q 像是自言自语。

为了满足不同人群的旅游要求，旅游资源的范围正日益扩大。自然界和人类社会凡能对旅游者产生吸引力，可以为旅游业开发利用，并可产生经济效益、社会效益和环境效益的各种事物和因素都是旅游资源。也就是说，几乎所有的社会资源都是旅游资源。

作为未来旅游行业从业人员中的一员，或者说，作为家乡旅游资源开发的受益者，我们应该思考的一个问题是：我们周围有哪些资源可以吸引旅游者？我们将要从事的旅游业应该怎样开发与利用旅游资源才最合适？要回答这个问题，先得弄清楚什么是旅游资源调查。

任务 26
知道旅游资源调查的概念

旅游资源调查（investigation of tourism resources），就是按照旅游资源分类标准，充分利用与旅游资源有关的各种资料和研究成果，完成统计、填表和编写调查文件等项工作，对旅游资源单体进行研究和记录。调查方式以收集、分析、转化、利用这些资料和研究成果为主，并逐个对旅游资源单体进行现场调查核实，包括访问、实地观察、测试、记录、绘图、摄影，必要时进行采样和室内分析。

旅游资源单体，是指可作为独立观赏或利用的旅游资源基本类型的单独个体，包括"独立型旅游资源单体"和由同一类型的独立单体结合在一起的"集合型旅游资源单体"。

旅游资源调查分为"旅游资源详查"和"旅游资源概查"两个档次，其调查方式和精度要求不同。

任务 27
熟悉旅游资源的调查内容

旅游资源调查的主要内容是：了解旅游资源形成、存在的背景和旅游资源开发的环境条件，掌握旅游资源现状，把握旅游市场变化动态等。

1. 旅游资源的形成条件

（1）自然环境的调查。自然环境的调查包括调查区域自然概况、气候气象要素、水文要素、地质地貌要素、土壤要素和动植物要素的数量、质量、存在形态及组合情况，并对自然环境做出综合评价。

（2）人文环境的调查。人文环境的调查包括调查该地的历史沿革、政区、体制、文化程度、人口、宗教信仰、经济发展状况、人均收入水平、居民消费结构、传统土特产、能源及资源状况、企业情况、制度措施、法治环境、交通、邮电通信、供水、文化医疗卫生等基础条件，同时还应调查当地的旅游业发展水平和当地居民对发展旅游业的态度。

（3）环境质量的调查。环境质量的调查包括调查当地环境保护情况，如工矿企业生产、生活、服务等人为因素造成的大气、水体、土壤、噪声污染状况和治理程度，以及自然灾害、传染病、放射性物质、易燃易爆物质等状况，重点调查环境对旅游资源开发的不利影响及应采取的对策。

中国被列入世界文化遗产的旅游资源的独特性和垄断性[①]

序号	文化遗产	旅游资源的独特性和垄断性
1	长城	人类历史上最伟大的军事工程，中华民族的象征
2	敦煌莫高窟	佛教艺术的宝库
3	北京、沈阳明清皇宫	古代帝王宫殿建筑的瑰宝
4	秦始皇陵及兵马俑坑	豪华的地下宫殿

---

① 截至2025年3月，中国已有59项世界文化和自然遗产被列入《世界遗产名录》，其中，世界文化遗产40项、世界自然遗产15项、世界文化与自然双重遗产4项。

续表

序号	文化遗产	旅游资源的独特性和垄断性
5	周口店北京人遗址	北京猿人之家
6	武当山古建筑群	道教建筑与自然风光的完美结合
7	布达拉宫历史建筑群	世界屋脊上的明珠
8	承德避暑山庄及其周围寺庙	中国皇家园林艺术的典范
9	曲阜孔庙、孔府、孔林	千年礼乐归东鲁，万古衣冠拜素王
10	平遥古城	明清建筑艺术的历史博物馆
11	苏州古典园林	万里湖山入名园
12	丽江古城	神仙遗忘在人间的城郭
13	北京皇家园林——颐和园	皇家园林艺术博物馆
14	北京皇家祭坛——天坛	中国最精美的皇家坛庙建筑群
15	大足石刻	集"三教"造像之大成的石刻之乡
16	皖南古村落——西递、宏村	中国画里乡村，桃花源人家
17	明清皇家陵寝	中国皇家丧葬艺术的杰作
18	青城山—都江堰	幽甲天下的道教洞天与镇川之宝、富蜀之源
19	龙门石窟	辉煌的洞窟艺术
20	云冈石窟	石刻艺术的杰出代表
21	高句丽王城、王陵及贵族墓葬	浮出历史长河的灿烂文明经典
22	澳门历史城区	东西方文化交融的建筑艺术
23	殷墟	中国早期文化、工艺和科学的黄金时代
24	开平碉楼与村落	集防卫、居住和中西建筑艺术于一体的多层塔楼式中国乡土建筑
25	福建土楼	遵循了"天人合一"东方哲学理念的大型民居建筑
26	登封"天地之中"历史建筑群	时代跨度最长、建筑种类最多、文化内涵最丰富的中国古代建筑群
27	元上都遗址	中原农耕文化与草原游牧文化奇妙结合的产物
28	中国大运河	世界上开凿最早、规模最大的运河
29	丝绸之路：长安—天山廊道路网	东西方文明交流对话之路
30	中国土司遗址	典型的多族群文化复合区域
31	鼓浪屿：历史国际社区	中外多元文化在多领域广泛深入交流的物证
32	良渚古城遗址	中国最大的史前城址

续表

序号	文化遗产	旅游资源的独特性和垄断性
33	北京中轴线	中国理想都城的杰作
34	普洱景迈山古茶林文化景观	中国农耕文明的智慧结晶和人与自然良性互动的典范
35	泉州	宋元中国的世界海洋商贸中心
36	左江花山岩画文化景观	战国至东汉时期壮族先民骆越人巫术活动遗留下来的遗迹
37	红河哈尼梯田文化景观	闻名于世的农业文化遗产
38	杭州西湖文化景观	东方造园艺术集大成者
39	庐山国家公园	中国山水文化的杰出代表
40	五台山	世间罕见的佛教建筑群和文化艺术瑰宝

2.旅游资源本身的调查

旅游资源本身的调查包括对旅游资源的类型、数量、结构、特征、成因、级别、规模、分布和组合结构等基本情况进行调查，特别应注意对有关的重大历史事件、名人活动、文化作品、神话传说等情况进行调查，并提供调查区旅游资源的文字资料、分布图、照片、录像及其他有关资料。

3.旅游资源开发的调查

旅游资源开发的调查包括旅游活动的食、住、行、游、购、娱六大要素的现状、存在问题的调查，特别要注重对与旅游业发展息息相关的交通、饭店、餐饮、游览、购物、娱乐等软硬件的调查。

（1）客源市场调查。包括调查旅游地和周围客源地居民的消费水平和出游率，分析现有以及潜在的客源状况；对邻近资源及区域间资源的相互联系进行调查分析，找出它们所产生的积极和消极的影响，以及区域内旅游资源在不同层次的旅游区域中的地位。

（2）邻近资源调查。邻近资源调查包括自然与人文旅游资源的结合与互补情况，各要素的组合及协调性，景观的集聚程度等。重点调查分析邻近区域与本区域内资源的相互联系、所产生的积极和消极因素，以及区域内旅游资源在不同层次旅游区域中的地位。

任务 28
按表格要求做一个旅游资源单体调查

1. 熟悉旅游资源单体调查表的各项内容

旅游资源单体调查表

基本类型：　　　　　　　　　　　　　单体名称：

代　　号	；其他代号：①　　　　　；②
行政位置	
地理位置	东经　°　′　″，北纬　°　′　″
性质与特征（单体性质、形态、结构、组成成分的外在表现和内在因素，以及单体生成过程、演化历史、人事影响等主要环境因素）：	
旅游区域及进出条件［单体所在地区的具体部位、进出交通、与周边旅游集散地和主要旅游区（点）间的关系］：	
保护与开发现状（单体保存现状、保护措施、开发情况）：	
共有因子评价问题（你认为本单体属于下列评价项目中的哪个档次，应该得多少分，在最后的一项内写上分数）：	

评价项目	档次	规定得分	你认为应得分
单体为游客提供的观赏价值，或游憩价值，或使用价值	全部或其中一项具有极高的观赏价值、游憩价值、使用价值	30~22	
	全部或其中一项具有很高的观赏价值、游憩价值、使用价值	21~13	
	全部或其中一项具有较高的观赏价值、游憩价值、使用价值	12~6	
	全部或其中一项具有一般观赏价值、游憩价值、使用价值	5~1	

单元2　旅游途中有看头——精彩纷呈的旅游资源

续表

评价项目	档次	规定得分	你认为应得分
单体蕴含的历史价值，或文化价值，或科学价值，或艺术价值	同时或其中一项具有世界意义的历史价值、文化价值、科学价值、艺术价值	25~20	
	同时或其中一项具有全国意义的历史价值、文化价值、科学价值、艺术价值	19~13	
	同时或其中一项具有省级意义的历史价值、文化价值、科学价值、艺术价值	12~6	
	历史价值，或文化价值，或科学价值，或艺术价值具有地区意义	5~1	
物种珍稀性，景观奇特性，此现象在各地的常见性	有大量珍稀物种，或景观异常奇特，或此类现象在其他地区罕见	15~13	
	有较多珍稀物种，或景观奇特，或此类现象在其他地区很少见	12~9	
	有少量珍稀物种，或景观突出，或此类现象在其他地区少见	8~4	
	有个别珍稀物种，或景观较突出，或此类现象在其他地区较多见	3~1	
个体规模大小，群体结构丰满性和疏密度，现象常见性	独立型单体规模、体量巨大；组合型旅游资源单体结构完美、疏密度优良级；自然景象和人文活动周期性发生或频率极高	10~8	
	独立型单体规模、体量较大；组合型旅游资源单体结构很和谐、疏密度良好；自然景象和人文活动周期性发生或频率很高	7~5	
	独立型单体规模、体量中等；组合型旅游资源单体结构和谐、疏密度较好；自然景象和人文活动周期性发生或频率较高	4~3	
	独立型单体规模、体量较小；组合型旅游资源单体结构较和谐、疏密度一般；自然景象和人文活动周期性发生或频率较小	2~1	
自然或人为干扰和破坏情况，保存完整情况	保持原来形态与结构	5~4	
	形态与结构有少量变化，但不明显	3	
	形态与结构有明显变化	2	
	形态与结构有重大变化	1	
知名度和品牌度	在世界范围内知名，或构成世界承认的名牌	10~8	
	在全国范围内知名，或构成全国性的名牌	7~5	
	在本省范围内知名，或构成省内的名牌	4~3	
	在本地区范围内知名，或构成本地区名牌	2~1	

续表

评价项目	档次	规定得分	你认为应得分
适游时间或服务游客情况	适宜游览的日期每年超过300天，或适宜于所有游客使用和参与	5~4	
	适宜游览的日期每年超过250天，或适宜于80%左右游客使用和参与	3	
	适宜游览的日期超过150天，或适宜于60%左右游客使用和参与	2	
	适宜游览的日期每年超过100天，或适宜于40%左右游客使用参与	1	
受污染情况，环境条件及保护措施	已受到严重污染，或存在严重安全隐患	-5	
	已受到中度污染，或存在明显安全隐患	-4	
	已受到轻度污染，或存在一定安全隐患	-3	
	已有工程保护措施，环境安全得到保证	3	
本单体得分	本单体可能的等级	级	填表人	调查日期	年 月 日

2. 三大价值的评估

三大价值，指风景资源历史文化价值、艺术观赏价值和科学考察价值。

（1）历史文化价值。属于人文旅游资源范畴。评价历史古迹，要看它的类型、年代、规模和保存状况及其在历史上的地位。例如河北省赵州桥，外观很平常，但它是我国现存最古的石拱桥，也是我国古代四大名桥之一，在世界桥梁史上占有重要的地位，因而有较大的历史文物价值。类似这种例子的评价在我国还很多。如五岳名山、四大佛教圣地、四大石窟、江南三大古楼，以及我国"三大古建筑群"（北京故宫、承德避暑山庄、曲阜孔庙）等。

除了这些在全国占重要地位的历史文化古迹外，许多风景名胜区还有不少题记、匾额、楹联、诗画、碑刻等，它们既是观赏的内容，也是珍贵的历史文化艺术。如岳阳楼，只因宋代范仲淹写了一篇有哲理、有意义的《岳阳楼记》后，使这座江南古楼名扬四海，无人不晓。

我国公布的国家级、省级、地区级、县级重点文物保护单位，就是根据它们的历史意义、文化艺术价值确定的。一般来说，越古老、越稀少，就越珍贵；越出于名家之手，其历史意义就越大。

（2）艺术观赏价值。主要指客体景象艺术特征、地位和意义。自然风景的景象属性和作用各不相同。其种类愈多，构成的景象也愈加丰富多彩。主景、副景的组合，格调和季相的变化，对景象艺术影响极大。若景象中具有奇、绝、古、名等某一特征或数种特征并存，则旅游资源的景象艺术水平就高，反之则低。例如华山以险为绝，泰山以雄为奇，峨眉山有三大自然景色（日出、云海、宝光），雁荡山有四大奇观（峰、瀑、洞、石）和"三绝"（灵峰、灵岩、大龙湫瀑布），莫干山有三胜（竹胜、云胜、泉胜），泰山有四大奇观（旭日东升、晚霞夕照、黄河金带、云海玉盘）……此外，各地还有八景、十景、十二景、二十八景之说。这些奇、绝、名、胜都是对风景旅游资源艺术景象的高度评价。

评价时有三种比较方法值得注意：第一是地方色彩的浓郁程度，即个性的强弱程度；第二是历史感的深浅；第三是艺术性的高低。

（3）科学考察价值。指景物的某种研究功能，在自然科学、社会科学和教学上各有什么特点，为科教工作者、科学探索者和追求者提供现场研究场所。我国有许多旅游资源在世界和国内具有高度的科学技术水平，获得了中外科学界的赞誉。如北京在旅游资源方面，不仅数量居全国各大城市首位，而且许多是全世界、全国最富科学价值的文物古迹。据统计，北京居世界第一位的旅游资源有7项，属全国重点文物保护单位的135处。这些旅游资源的科技价值涉及数十个专业，可供国家从事不同专业的科教工作者作为研究考察的对象。由于这一原因，国内外许多名家对北京有高度评价，如称其为"中国历史文化名城之首"，"北京是我国旅游资源荟萃之都，是中国古文化的一部百科全书，是一座中外难得的历史文化宝库，是世界任何大城市无与伦比的"。

3. 三大效益的评估

三大效益指经济效益、社会效益和环境效益。经济效益主要包括风景资源利用后可能带来的经济收入。这种评估必须实事求是，不能夸大和缩小。因为它是风景区开发可行性的重要条件。社会效益指对人类智力开发、知识储备、思想教育等方面的功能。它可以给游人哪些知识、赋予何种美德，这些都需要进行科学的评价。环境效益指风景资源的开发，是否会对环境、资源造成破坏。

4. 六大条件的评估

旅游资源的开发，必须建立在一定的可行性的条件基础上。这些条件最重要的是六个方面，即：景区的地理位置和交通条件；景物或景类的地域组合条件；景区旅游容量条件；施工难易条件；投资能力条件；旅游客源市场条件。

5. 旅游资源单体调查表举要

旅游资源单体调查表（部分）

单体序号　　1　　　单体名称　千年银杏树　　基本类型　　　　　

行政位置	××市×××镇×××村
地理位置	东经　°　′　″，北纬　°　′　″
单体代号	421302118208—CAC—1

续表

性质与特征	千年古银杏位于古寺下院前,传说是建寺院时和尚栽种的。树高近35米,树干粗围9.3米,直径3.1米,冠幅荫笼半亩余,六人才能环抱树腰。此树真可谓根深须广、枝繁叶茂,每逢金秋时节,千年古银杏一片金黄,极为壮观,似一尊顶天立地的金身大佛,耸立云霄。这棵千年古银杏是雄枝,不结果实,它历经沧桑,是古寺的历史见证。传说此树能镇住妖魔,如果砍掉此树,树下深洞中的千年妖魔就会出来祸害人间,故千百年来无人敢动它一根"毫毛"
旅游区域与进出条件	千年古银杏位于镇旁小村,古寺游览区中心。景区内循环道路直达该景点。每日有客运专车从这里通过,交通十分方便。附近有古寺、瀑布、溪水等景点
保护与开发现状	当地政府对千年古银杏树进行了合理规划,对千年古银杏采取培土、围栏保护、立碑介绍说明,并立法对古树进行保护

微课　旅游资源
价值评估

项目 ⑩
推陈出新——旅游资源的保护与开发

临近春节,驴友小 Q 发愁了:"怎么过个有意思的春节呢?范范,你快说说。"小 Q 和范范都是旅游爱好者,他们特别喜欢到人迹罕至、荒无人烟的地方,美其名曰:"探索、发现。"

的确,走了大半个中国,他们有很多发现,有好的,也有坏的。就拿去年到珠穆朗玛峰大本营来说吧,虽然没有登顶,但洁白的雪山、淳朴的藏族同胞、热气腾腾的奶茶至今让他们难以忘怀。当然,难以忘怀的还有沿路上那些被登山爱好者丢弃的垃圾……想起这些,小 Q 和范范就心痛得难以呼吸,想想看,人类有时能够征服地理意义上的高峰,但难以征服道德上的高峰。

旅游资源是旅游业存在和发展的根本基础。从理论上讲,旅游资源作为一个国家或地区旅游业的基本资产,如果开发和利用得当,可以用之不尽,造福于子孙万代。但人们在旅游资源的开发、利用和管理等工作过程中,往往存在着这样或那样的问题,从而很容易使旅游资源遭受破坏或损坏。这种破坏,轻者会造成旅游质量的下降,从而影响其原有的吸引力;重者则有可能导致这些旅游资源遭到损毁,从而危及该地旅游业的存在基础。

任务 29
分析旅游资源衰败和遭破坏的原因

旅游资源衰败和破坏的原因可以归纳为自然衰败和人为破坏两个方面。

1. 自然衰败

旅游资源,无论自然形成的还是人工创造的都是处于大自然之中。大自然的发展、变化都会影响旅游资源的变化,使之衰败。如,地震、洪水、泥石流、风化、动物的破坏;风吹雨淋的侵蚀;与空气中的水分、氧气等发生各种化学反应造成一定的损害等。侵蚀与损害随着时间的积累,对旅游资源本身会造成毁灭性的破坏。距离现在时间越久,它的破坏力越大。根据破坏的速度,可将自然因素造成的破坏分为灾变性破坏和缓慢性风化两种。

(1)灾变性破坏。自然界中突然发生的变化如地震、火山喷发、海啸等自然灾害的出现，会直接改变一个地区的面貌，毁掉部分或全部旅游资源，这种现象称为旅游资源灾变性破坏。如2025年3月28日，缅甸发生7.9级强震，世界文化遗产曼德勒皇宫遭到不可逆的毁坏。

（2）缓慢性风化。在自然状况下，寒暑变化、风吹雨淋，导致缓慢地改变旅游资源的形态和性质，这种现象称为旅游资源的缓慢性风化。任何名胜古迹都时时刻刻受到自然风化的危害。如埃及的基奥普斯大金字塔，近一千多年来风化产生的碎屑体积达5万立方米，平均每年损耗约50立方米，即整个金字塔表层每年损耗约3毫米。有些更古老的台阶式金字塔风化得更为厉害，很多大石块几乎完全损坏，或者只剩下很小的近似球形的团石，台阶上则堆积着很厚的碎屑。又如，我国山西大同的云冈石窟，其岩石性质属于砂岩，这种岩石易于雕刻，但也易于风化，目前，石窟的风化现象十分严重。

2. 人为破坏

设施建设的病态膨胀、过度开发甚至掠夺性开发以及一些政治原因是人为破坏旅游资源的主要原因。

（1）建设性破坏。建设性破坏指工农业生产、市镇建设和旅游资源开发建设中规划不当导致旅游资源的破坏。其破坏方式主要是直接拆毁、占用文物古迹，工程建设对景区环境的破坏，工业对旅游区的污染，旅游资源开发规划不当造成的破坏等。

（2）管理性破坏。管理性破坏主要指对旅游资源管理不善所造成的破坏。具体表现在下述几个方面：旅游活动加速了对石刻、雕塑、壁画古迹的损坏，游客破坏，旅游活动对旅游区生态环境的污染等。大肆砍伐景区树木或在旅游景区内兴建酒店等接待设施，致使旅游接待区与旅游观赏区紧密相连，酒店产生的废水、废气及游客产生的生活垃圾都在一定程度上破坏了当地的旅游资源。

（3）战争性破坏。战争破坏是人类破坏旅游资源最具有毁灭性的一种行为。战争可以在极短的时间内使文物古迹化作一堆瓦砾。如北京圆明园在1860年被英法联军纵火烧毁，园中珍宝被洗劫一空，至今仍有大量文物流失在国外。

（4）政治性破坏。如2020年6月，因为日益严重的种族矛盾和国内政治问题，被称为美国国父的首任总统乔治·华盛顿的雕像被推倒。

由于旅游市场的巨大需求，相当一部分世界遗产地在旅游线路、客流管理上失控，有些旅游景点经常人满为患。旅游景区带来的商业化、城镇化、人工化使世界文化遗产的真实性和完整性遭到破坏。世界上很多国家都将遗产作为公益性、非营利性事业来经营，制定了严格的保护管理措施。如韩国考虑到国家公园环境资源的承载力实行轮休制度，防止游客过于集中；在夏、秋旺季，开展预约制度，避免了游客过多给遗产地带来损坏。

想一想 国外在旅游资源的保护上有哪些值得我们学习的地方。我们每个人该如何做，才不会让世界遗产变成世界遗憾？

任务 30
旅游资源的开发

微课 旅游资源的开发

旅游资源的开发主要包括对潜在旅游资源的开发利用；对已有旅游资源的深层次开发；应市场需求，创造性地设计旅游项目，以满足旅游者多样化的旅游需求。

（1）寓民族共性于地方个性之中。有悠久历史的文明古国是我们的民族共性，各地旅游资源的特点是其地方个性。如，风景如画的漓江和雄伟壮观的万里长城都有它们各自的个性。开发旅游资源必须使其具有独特的观赏价值。

（2）古老文明、现代文明和自然风景协调发展。开发旅游资源，进行旅游设施的建设，要注意不破坏自然景观，不破坏原来环境的格调。如，兴建登山缆车时不应破坏原山景色的秀丽和雄伟；不要将高层的现代化建筑建在古色古香的民族风格建筑物区域内。

（3）旅游资源开发要与自然环境相适应，着重环境保护和生态平衡。旅游业被称为"无烟工业"，指的是它不产生工业"三废"，但旅游业同样会产生污染。现代旅游业中，酒店排放的生活污水是不容忽视的污染源，餐厅产生的废气和噪声成了居民的投诉热点，海滨旅游区的无度开发会破坏水生生物的生态平衡……这些都是旅游业发展给环境造成的危害。

材料一：拉斯汉科拉布海滩是埃及南部红海海岸的一处原始点，这里拥有清澈透明的海水和平坦的白色沙滩，然而，这个海龟、珊瑚礁、海草和无数鱼类赖以生存的脆弱生态系统正在受到威胁。众所周知，旅游业是埃及最重要的经济支柱之一，2024年，埃及旅游收入约141亿美元，是苏伊士运河收入的两倍有余，过去十年里，法律的修改允许埃及国家公园内的景点用于商业项目，商业开发的项目从2016年的10个激增到2024年的150个，收入增长了1900%。然而，正是这种旅游资源的爆发式开发正在摧毁拉斯汉科拉布这片红海原始海滩。

材料二：泰国芭堤雅海滨度假地规定，40个床位以上的旅馆要有污水处理设施，以保证海湾水域卫生。

材料三：土耳其禁止在沙滩上插太阳伞以防埋在沙里的海龟蛋受损，禁止在沙滩上开汽车及用强烈照明灯以免吓跑大海龟。

做一做 根据上面的三段材料，制作有关资源开发与保护的PPT，分组演示，选出优秀作品进行课堂展示。

（4）注意兼顾经济效益、生态效益和社会效益。开发旅游资源要以尽量小的投资开发更多的项目，令其更有吸引力，以收到更大的经济效益。但一定要防止只顾经济效益而滥加开发，和破坏自然环境的"杀鸡取卵"的错误做法。

任务 31
旅游资源的保护

现代旅游业是一个资源产业，旅游资源的可持续利用和环境保护已成为当今旅游开发者关注的焦点。

1. 杜绝或减少人为破坏旅游资源的措施

（1）提高旅游资源保护的意识。通过传媒的正面引导与反面教育、导游员的讲解、派发宣传资料等方式，向当地居民、旅游者、政府管理部门、破坏旅游资源者等宣传旅游资源与人类的关系、旅游资源保护法律法规等，让大众认识到，如果旅游资源遭到破坏，会给当地带来什么样的影响，让人们认识到人类所处的环境和每个人的经济利益有密切的联系，提高旅游资源的保护意识。

（2）重视旅游资源保护人才的培养。随着旅游业的迅猛发展，旅游业人才培养的现状是，旅游业开发人才、管理人才受重视程度仍然不够，旅游业保护人才的培养仍然不很理想。

（3）进一步建立健全法律保障体系。通过发布行政命令、决定、通知等，关、停、并、转旅游资源周边污染企业，专项和综合治理旅游市场，征收旅游资源税或旅游管理税，限制一些排污不达标单位到银行贷款，发挥政府的行政干预和调节作用，进行旅游资源管理。

（4）严格执行国家的有关法律法规。我国先后颁布了《中华人民共和国文物保护法》《风景名胜区条例》等，将旅游资源保护问题提到了法律的高度。但是，在这些法律法规颁布后，由于宣传普及不深入、不广泛和执法不严，旅游资源还在受到人为破坏。如何严格执法，考验着当地政府的执政能力。

（5）大力开展旅游资源保护的研究。旅游资源类型多、分布广，遭受破坏的原因也多种多样，对旅游资源的保护因而涉及多学科和多种技术。如旅游资源保护方法、旅游资源保护政策、旅游资源保护工程等问题，有待系统的保护理论和技术措施的不断充实和完善。

（6）景区景点的预控与跟进。对由于旅游者的原因造成的破坏，可以采取相应措施：如提高价格，限制旅游者人数；架设隔离装置；用告示禁止乱画乱刻乱写，禁止到处乱扔垃圾。对于其他人为因素造成的破坏，如污染、乱砍滥伐树木、偷猎野生动物等，则必须用法律武器予以解决。

2. 旅游资源保护的挽救性措施

（1）修旧如旧。文物古迹都是历史的遗迹、遗存和见证，对其进行抢救性修复可以在一定程度上还原历史、重现历史的本来面貌。对一些文物古迹应该以修复为主、重建为辅。所谓修旧如旧，即保持现状或恢复原状。在修复的过程中，如果现在仅存的部分依然具有历史价值，就要保持其现状，在现状的基础上依据史料记载，把文物古迹已经被毁掉的部分进行补充。也就是要在保持现状的基础上恢复原状，二者要紧密结合。不要为了恢复原状的完整性而把现存的部分也拆除。当然，如果现存的部分已经没有修复的可能，则可以拆掉。这里的恢复原状并不代表一定要恢复到其原来修建时的状况。有一些景观经过历代的修缮，已经和原来的建造格局不同了，那么最好恢复到其鼎盛时期的规模就可以了。

（2）重建。对一些历史上著名的建筑，由于人为或自然原因已经在地面上消失的，但具有较高旅游价值的，经法定程序审批后，可以考虑进行重建。重建时，要保持建筑物原来的形制、结构，保存原来的材料、工艺。保持原来的形制，就是指保持原来的平面布局、造型和艺术风格。保持原来的建筑结构非常重要，因为各个时期的建筑结构都有其各自的特点，都代表着当时的文化水平，所以在修复时要注意不能破坏。保存原来的材料、工艺是为了和原有的材料、工艺相配套。如木材、砖头、琉璃、金属等，在维修中一定要用原来的建筑材料，表现古代建筑的本来面貌。在原有的建筑材料不能够起作用时，可使用水泥、钢筋等，但只能用在建筑的隐蔽处或非关键部位，外表切忌用现代建筑材料。

（3）减缓珍贵文物的自然风化。无论是处于地下还是地上的文物古迹，都受到大气中的氧气、二氧化碳、水蒸气及外界光线的影响。风化作用对旅游资源本身的破坏是缓慢的，但后果是相当严重的。减缓珍贵文物自然风化的对策是防潮湿和雨淋、防风吹、防日晒。常见的方法是在它的表面覆盖一层保护设施，当然要以不破坏文物本身为前提。如四川乐山大佛曾建有十三层的楼阁（唐代名为大像阁，宋代名为天宁阁）覆盖其上，对乐山大佛起到了很好的保护作用。

（4）生态建设。由于工农业和交通的发展，植被遭破坏，影响了许多旅游景区（点）旅游资源的质量。如我国第二深水湖泊云南抚仙湖，水质良好，达到饮水标准，但美中不足的是山不清，成为景色的一大缺陷。为改善其景观结构，首要任务是治山、种树、搞生态建设，使山绿起来。旅游景点（区）山体的生态建设，不仅要考虑固水、固土的生态效益，还要考虑观赏的旅游效益及一定的经济效益。

东方小巴黎

哈尔滨素有"东方小巴黎"之称，历史上曾为通商口岸，在哈尔滨的建筑中，一部分属西方建筑，一部分融西方建筑和东方建筑为一体，可以说是西方各国建筑风格的汇集之所。但很长时间没有人对这些破旧的建筑感兴趣，认为毫无价值，任意拆毁。导致现存的建筑主要集中于中央大街，而且是很少的一部分。如果原来的建筑能够很好保存下来，哈尔滨无疑是一所"建筑博物馆"。

任务 32
如何保护不同类型的旅游资源

1. 世界文化和自然遗产的保护措施

世界遗产是指被联合国教科文组织世界遗产委员会确认的人类罕见的、目前无法替代的财富，是全人类公认的具有突出意义和普遍价值的文物古迹及自然景观。狭义的世界遗产包括世界文化遗产、世界自然遗产、世界文化与自然双遗产、文化景观四类。广义的世界遗产分为文化遗产、自然遗产、文化和自然双重遗产、记忆遗产、人类口头和非物质遗产（简称非物质文化遗产）、文化景观遗产。

之所以叫"世界遗产"，是因为这些人类罕见的、目前无法替代的财富，是全人类在过去、现在及将来共有的财富，它不专属于某个国家，更不专属于遗产所在地。对这些人类共同财富的保护与合理开发，是当地政府和全人类的共同职责。

根据联合国《保护世界文化和自然遗产公约》，文化遗产，是指从历史、艺术或科学角度看，具有突出的普遍价值的建筑物、碑雕和碑画，具有考古性质的成分或构造物、铭文、窟洞以及景观的联合体，在建筑式样、分布均匀或与环境景色结合方面具有突出的普遍价值的单立或连接的建筑群，以及从历史、审美、人种学或人类学角度看具有突出的普遍价值的人类工程或自然与人的联合工程以及包括有考古地址的区域。

根据联合国《保护世界文化和自然遗产公约》，自然遗产，是指从审美或科学角度看具有突出的普遍价值的由物质和生物结构或这类结构群组成的自然景观；从科学或保护角度看具有突出的普遍价值的地质和地文结构以及明确划为受到威胁的动物和植物生境区；从科学、保存或自然美角度看具有突出的普遍价值的天然名胜或明确划分的自然区域。

保护世界遗产，一要靠法律手段，二要靠政府行政手段，三要靠每一个人的自觉行动。

（1）制定旨在使文化和自然遗产在社会生活中起一定作用并把遗产保护列入全面规划的总政策。

（2）建立负责文化和自然遗产的保护、保存和展出的机构。

（3）开展科学和技术研究，并制定能够抵抗威胁本国自然遗产的危险的实际方法。

（4）采取为确定、保护、保存、展出和恢复这类遗产所需的适当法律、科学、技术、行政和财政措施。

（5）促进建立或发展有关保护、保存和展出文化和自然遗产的国家或地区培训中心，并鼓励这方面的科学研究。

2. 风景名胜区的保护措施

风景名胜区，是指具有观赏、文化或者科学价值，自然景观、人文景观比较集中，环境优美，可供人们游览或者进行科学、文化活动的区域。

2006年9月国务院公布的《风景名胜区条例》规定：

第一，国家对风景名胜区实行科学规划、统一管理、严格保护、永续利用的原则。

第二，风景名胜区所在地县级以上地方人民政府设置的风景名胜区管理机构，负责风景名胜区的保护、利用和统一管理工作。

第三，国务院建设主管部门负责全国风景名胜区的监督管理工作。国务院其他有关部门按照国务院规定的职责分工，负责风景名胜区的有关监督管理工作。

第四，省、自治区人民政府建设主管部门和直辖市人民政府风景名胜区主管部门，负责本行政区域内风景名胜区的监督管理工作。省、自治区、直辖市人民政府其他有关部门按照规定的职责分工，负责风景名胜区的有关监督管理工作。

第五，任何单位和个人都有保护风景名胜资源的义务，并有权制止、检举破坏风景名胜资源的行为。

现行的具体保护措施有：

（1）设一级绝对保护区。是指具有较高的观赏价值、历史价值和科学价值与不可再生性特点，属于旅游点（区）内核心景观的旅游资源所在区域。

第一，在开发中必须保护其原有风貌、风格和环境，有效地预防自然和人为破坏，保持文物古迹和自然景观的真实性和完整性，严禁随意开发建设。

第二，建筑物体量、布局合理，色彩、风格一致，与周边景观格调协调。建筑物墙面整齐，无污垢。游览场所无污水、污物，无乱建、乱堆、乱放现象。

第三，在其周围划出一定范围，此范围内不得建设任何影响景观视角完整和美感的一切建筑，不得在此范围内摆摊设点。

第四，区内造型地貌众多，在建设施工及开展旅游活动的过程中应特别加以保护，以免造成永久性破坏。

（2）二级严格保护区。要保护该区域内的一切景点和植物。除观赏建筑物外，也可建与自然风景融为一体的小型服务设施。

（3）三级环境保护区。该区内可搞生活设施建筑，但要保护好视野空间环境，确保景观的完整度。

（4）防护地带。在该地带内，为保护景观特色，维护景点（区）内生态平衡，专门辟出大面积区域进行绿化，以保持水土；不得兴办污染工厂，并控制农药化肥的使用量；搞好居民点的规划。

3. 历史文化名城的保护措施

历史文化名城，是指历史文化遗产较多、价值较高的城市。历史文化名城是我国重要人文旅游资源聚集的地方。按其价值的高低可划分为国家级和省级两个管理级别。与风景名胜区一样，管理级别与保护级别是成正比的。

（1）保护古建筑的视廊。为了保证古建筑物在一定范围内空间构图完整和周围园林借景的需要，在视线范围内要控制现代建筑物的高度，而且其体量、形式、色调均须与古建筑的环境风貌相协调。

（2）仿古重修需要特批。纪念物、古建筑等文物已全部毁坏的，不得重新修建。因特殊需要必须在另地复建或者在原址重建的，应当根据文物保护单位的级别，报原核定机关批准。

（3）文物的修缮应保护原来的特色。修缮计划和施工方案须由国家文物局审定批准，并进行竣工验收。

4. 森林公园的保护措施

根据国家标准《中国森林公园风景资源质量等级评定》（GB/T 18005—1999），森林公园，是指具有一定规模和质量的森林风景资源和环境条件，可以开展森林旅游，并按法定程序申报批准的森林地域。

（1）必须绝对保护林木、野生动植物和公园内的名胜古迹。

（2）保护工作的重点放在防火、防治病虫害、防污染和禁止毁林开荒、开矿、采石等一系列具体工作上。

（3）为保障保护措施落到实处，推广有利于环境保护的技术措施和资金投入保障措施。

坚持山水林田湖草沙一体化保护和系统治理

在自然生态系统里，山水林田湖草沙是紧密相连的生命共同体，各要素相互依存、协同促进。而人作为自然界的一份子，与这些自然要素同样构成了生命共同体。《中共中央国务院关于全面推进美丽中国建设的意见》明确提出，要实施山水林田湖草沙一体化保护和系统治理。想要实现美丽中国的目标，就必须坚守山水林田湖草沙生命共同体这一理念，坚持开展一体化保护和系统治理工作，以此推动实现人与自然和谐共生的中国式现代化，为中华民族伟大复兴筑牢生态根基。

马克思主义指出，世间万物都是相互联系、相互依存的，只有运用普遍联系、全面系统、发展变化的视角去观察事物，才能真正掌握事物发展的规律。习近平总书记也着重强调："如果种树的只管种树、治水的只管治水、护田的单纯护田，很容易顾此失彼，最终造成生态的系统性破坏"，"要坚持山水林田湖草沙一体化保护和系统治理，构建从山顶到海洋的保护治理大格局"。坚持山水林田湖草沙一体化保护和系统治理，树立生态治理的大局观与全局观，对自然生态进行一体化保护和系统修复，让美丽中国展现出多元之美与系统之美，这不仅是运用马克思主义基本原理指导新时代美丽中国建设的必然举措，也是丰富和发展马克思主义普遍联系与全面系统观点的实践创新，更是全面推进美丽中国建设不可或缺的重要内容。

（资料来源：《光明日报》，作者：孔凡斌、徐彩瑶，有改编）

单元 2 练习题

单元 3

旅游途中有保障
——环环相扣的旅游业

俗话说得好,"在家千日好,出门时时难"。常有人抱怨,旅游是花钱买罪受的活儿,如果没想好、没安排好,就千万别去遭那份罪。

那么,到底有没有一种既方便省事,又能保证质量,让人感觉物有所值的出行方式,能让我们的旅途处处有保障呢?这就引出了本单元要探讨的问题——环环相扣的旅游业:旅行社、旅游交通、旅游饭店、旅游景区、旅游娱乐、旅游商场。

国民旅游休闲纲要

中华人民共和国旅游法

项目 ⑪ 巧结纽带——旅行社

春节长假前,小孙去超市购物,碰到好朋友小李,两人一拍即合准备结伴去旅游。

"不过,春节出游的人很多,交通拥挤、住宿紧张,老人、小孩难照顾。"小李有点儿犹豫。

"这有什么难的,容易!我们自己组团,再找家信誉度高的旅行社,他们安排住宿与订票,其余我们自己安排,一定可以玩得尽兴。"小陈拍着胸脯说。

"好嘞,我回去跟家人商量商量,尽快答复你。你找家旅行社搞定价格吧。"

这段对话中提到的安排住宿与订票的旅行社,是旅游产业链中最重要的一环。在项目3"近代旅游业的发展"中,我们已经提到,旅行社它最早出现于19世纪40年代,由英国人托马斯·库克创办,现已发展为旅游业的三大支柱产业之一,并业已成为旅游供给系统中的基础企业。

旅行社条例　　旅行社服务对象满意度调查表　　旅游投诉处理办法

任务 33
了解什么是旅行社

1. 旅行社的定义

根据《旅行社条例》第二条规定,旅行社是指"从事招徕、组织、接待旅游者等活动,为旅游者提供相关旅游服务,开展国内旅游业务、入境旅游业务或者出境旅游业务的企业法人"。其主要业务包括代办签证,招徕、接待旅游者,为旅游者安排食宿等有偿服务的经营活动。所以,凡是满足上述条件的从事旅游业务的营利性企业,不管其名称是旅游公司,还是旅行服务公司,都可以列为旅行社企业的范畴。

中国第一家旅行社

100多年前，上海商业储蓄银行的创始人陈光甫先生决定创办中国人自己的旅行社。1923年，上海商业储蓄银行的旅行部正式成立，后又在各地设立了分部。陈光甫以服务社会为宗旨，确立了发扬国光、服务行旅、阐扬名胜、改进食宿、致力货运、推进文化等方针，开创了中国旅行社的先河。这体现了近代中国民族企业家"实业救国"的精神，也展现了中国旅游业从无到有的奋斗历程。

1927年6月1日，旅行部自立门户，改名为"中国旅行社"。1929年开始，中国旅行社便开始为旅客代订机票，又先后与英、美等多国著名旅行社订立互惠合作协议。组织团体旅游是中国旅行社的主要业务之一，为此又设立了游览部，加强对旅游业务的指导。中国旅行社以它热情的态度及周到的服务招揽了很多业务，赢得了市场。

2. 旅行社的作用

（1）纽带作用。旅行社在旅游业中发挥着核心的纽带作用，它不仅是旅游产品的精心组合者，更是这些产品面向旅游者的主要销售渠道。尽管旅游业内的各个部门也会直接向旅游者推销其产品，但大多数情况下，这些产品还是借助旅行社这一平台，顺畅地抵达消费者手中。以美国为例，国内机票销售中，超过半数是通过旅游代理商完成的；而在国际机票市场，这一比例更是高达三分之二。至于团体包价旅游，则几乎全部依赖于旅游代理商来完成相关旅游产品的购买。由此可见，旅行社作为旅游者与旅游产品之间的纽带，其重要性不言而喻。

（2）组织作用。旅行社的主要职能就是负责旅游者外出旅游时的组织安排工作。当旅游者购买了旅行社的旅游产品后，旅行社就要按照旅游计划组织旅游者进行参观游览，安排食宿、交通、娱乐、购物等相关事宜，这些原本看似分散的部门在旅行社的合理安排和组织下显得井然有序。旅行社在为游客创造愉悦的审美感受的同时也为相关部门带来了利益。

（3）信息枢纽作用。旅游者远离其居住地前往异地旅游，会或多或少地受到语言障碍、文化差异、地理环境、民俗禁忌等问题的困扰，因此出行前的信息咨询显得尤为重要。由于旅行社长期从事各项旅游业务的经营活动，与旅游业的各相关部门保持着密切联系，最了解旅游者和供应市场的情况，所以，旅行社提供的旅游信息更具有指导性、专业性和直接性。旅行社这种职能的发挥对旅游者的决策起到了很好的参考作用。

想一想 旅行社的英文名称是"Travel Agent"，其中"Agent"是代理的意思，但在旅游公司的名称中或在旅游经营场所的标志中总写着"Travel Service"，翻译成中文就是旅游服务。请想一想，它给我们提示了旅行社的最本质的作用是什么？

任务 34
给旅行社分类

1. 欧美国家的旅行社业

欧美国家按经营业务不同，将旅行社分为以下三种：

（1）旅游批发商。即从事以批发旅游产品为主要业务的旅行社。其业务主要是根据实际情况批量地购买住宿、餐饮、交通、旅游景点等相关旅游企业的产品和服务，并将这些单项旅游产品组合成为若干个各具特色的旅游产品，然后通过旅游代理商或旅游零售商出售给旅游者。它们一般不直接向公众出售自己的旅游产品。批发商的利润主要来自佣金和在各组成部分净成本基础上的加价。

（2）旅游经营商。此类旅行社既组织和批发包价旅游，又兼营旅游产品的零售业务。它一般有自己的零售网络，既通过旅游代理商和零售商出售旅游产品，也可通过自己的零售网点直接出售旅游产品。由于旅游经营商大批量购买旅游服务，所以能获得各种优惠，因此，其包价商品的成本和售价一般较低，从而使旅游者和经营商都能从中受益。

（3）旅游零售商。也叫旅行代理商，它在旅游需求者与旅游供应商之间扮演着双重角色，既代表顾客向旅游批发经营商及有关食、宿、行、游、购、娱方面的旅游企业购买其产品，又代表这些旅游企业向旅游者销售其产品。其利润主要来自被代理的旅游批发、经营商所支付的佣金。旅游零售商一般规模较小，数量较多。

2. 日本的旅行社业

根据日本的《旅行业法》规定，旅行社可分为三类，即一般旅行业、国内旅行业和旅行业代理店。

一般旅行业招徕外国人来日本旅行观光，组织日本国民去海外旅行观光，组织国民及外国人去日本国内旅行观光。

国内旅行业组织日本国民和外国人在日本国内旅行观光。

旅行业代理店主要作为其他旅行社（如一般旅行业或国内旅行业）的代理店，依照注册登记所批准的业务范围，从事与委托旅行社相同的业务。它们不直接设计或组合旅游产品，而是通过代理销售旅游产品来获取佣金和奖励。

3. 我国的国际旅行社

我国的国际旅行社是指在业务范围上涵盖了入境旅游、出境旅游和国内旅游业务的旅行社。以下是对我国国际旅行社的业务介绍：

（1）招徕外国旅游者来中国，招徕华侨与香港、澳门、台湾同胞归国及回内地（大陆）旅游，为其安排交通、游览、住宿、饮食、购物、娱乐及提供导游等相关服务。

（2）招徕我国旅游者在国内旅游，为其安排交通、游览、住宿、饮食、购物、娱乐及提供导游等相关服务。

（3）经批准，招徕、组织中华人民共和国境内居民到外国和香港、澳门、台湾地区旅游，为其安排领队及委托接待服务。

（4）经批准，招徕、组织中华人民共和国境内居民到规定的与我国接壤国家的边境地区旅游，为其安排领队及委托接待服务。

（5）经批准，接受旅游者委托，为旅游者代办入境、出境及签证手续。

（6）为旅游者代购、代订国内外交通客票，提供行李服务。

（7）其他经旅游行政主管部门的旅游业务。

未经旅游行政主管部门批准，任何旅行社不得经营中华人民共和国境内居民出境旅游业务和边境旅游业务（出入境代办签证、代购车船票等）。

4. 我国的国内旅行社

我国的国内旅行社众多，它们为游客提供了丰富多样的旅游服务和产品。以下是对我国国内旅行社的业务介绍：

（1）招徕我国旅游者在国内旅游，为其安排交通、游览、住宿、饮食、购物、娱乐及提供导游等相关服务。

（2）为我国旅游者代购、代订国内交通客票，提供行李服务。

（3）其他经旅游行政主管部门规定的与国内旅游有关的业务（境内游、代购国内车船票）。

任务35
熟悉旅行社的业务

（1）销售业务。像所有企业一样，旅行社也有自己的产品，但旅行社的产品是无形的，其产品形态主要表现为旅游线路。旅游线路的品质决定了旅游者的选择方向，所以，旅游线路的开发设计和销售成了旅行社的主要工作。

（2）采购业务。旅行社的采购业务主要表现为旅游活动的信息提供、调查研究、计划编排、统计分析等工作，以及为实现旅游计划而进行的统筹安排、组织协调、业务签约、监督检查、上下联络等工作。旅行社的采购范围既包括组成产品内容的交通服务、住宿服务、餐饮服务、景点服务、娱乐服务、购物服务等旅游产品的各项组成服务，也涉及沿途各地的接待服务，全方位满足旅客的出行需求。

（3）接待业务。主要表现为接待人员在实施旅游接待中的沟通和协调工作，特别是导游人员的接待工作，是旅行社接待工作的重心。导游人员必须严格遵照旅游接待计划，保质保量地完成任务。

（4）财会业务。旅行社的流动资金大，其财务工作也是不容忽视的。旅行社财务部门应在了解资金运作的情况下,做好相关资金的核算,并编制好会计报表。

说一说 根据《世界旅游晴雨表》杂志的报道,2023 年,中国取代美国成为最大境外旅游消费国。中国游客在 2023 年的海外旅行消费达到了 1965 亿美元,位居世界第一。同时,中国为亚洲最大的出境旅游客源国和世界第三大入境旅游接待国,并正在形成世界上最大的国内旅游市场。世界旅游及旅行理事会十分看好中国旅游业的发展前景,他们预测中国最终将成为世界第一大旅游目的地国家,作为六大新兴消费点行业之一的旅游行业,在今后几年,将存在广阔的发展空间。请说一说你所在地有哪些旅行社。

任务 36
了解旅行社组织安排旅游活动的方式

(1)全包价旅游。全包价旅游是指旅游者通过旅行社组织,按旅行社推出的某条旅游线路的价格一次性支付货币,就可以参加旅行团进行整个旅游行程活动。包价范围主要包括综合服务费、房费、城市间交通费及专项附加费等四个部分。

特点:省心、安全、旅游费用相对较低。旅游者在外出旅游时,一切旅游活动均由旅行社安排,旅游者不用自己操心。

(2)小包价旅游。小包价旅游是由非选择部分和可选择部分共同构成的旅游方式。非选择部分通常包括接送服务、住房、早餐、国内城市间交通费和手续费,费用由旅游者在旅游前预付;而可选择部分则涵盖导游服务、风味餐、节目欣赏和参观游览等,旅游者可根据个人时间、兴趣和经济状况自由选择,费用既可预付也可现付。

特点:为旅游者提供了较大的自由度,尤其是在行程安排和活动选择上,旅游者可以根据自己的喜好和需求定制旅游计划,不必受限于固定的行程安排。虽然小包价旅游在费用上可能略高于某些传统的跟团游,但由于旅游者可以根据自己的需求选择服务项目,因此可以避免浪费,从而在总体上实现更加经济的旅游消费。

(3)散客包价旅游。散客包价旅游是指由 9 名以下旅游者组成的旅游团体,采取一次性预付旅费的方式,有组织地按预订行程计划进行的旅游方式。

特点:旅游团体的规模小,通常在 9 人以下。预订期相对较短,旅游者可以根据个人时间安排,迅速组织出行。相比团体包价旅游,散客包价旅游在行程安排和活动选择上具有更高的自由度。

(4)零包价旅游。是一种特殊的旅游形式,零包价旅游是指旅游者必须随旅游团前往和离开旅游目的地,但在旅游目的地的活动是完全自由的出游方式。旅游者通过参加零包价旅游,可以享受到团体机票的优惠价格和由旅行社统一代办旅游签证手续的便利。

特点:旅游者在旅游目的地的活动是完全自由的,只受到行程期限的限制,行程内容自己安排。

做一做 "本土旅行社服务创新与家国情怀"调研实践。

随着旅游业的发展,旅行社不仅是商业机构,更是文化传播、社会服务的窗口。本次调研旨在引导学生关注本土旅行社在服务模式创新、文化传承、社会责任等方面的实践,思考旅游行业如何与国家发展、民生需求相结合,培养职业使命感和家国情怀。

调研任务与要求如下:

1. 调研对象

选择本地 1~2 家具有代表性的旅行社(如老字号国营旅行社、新兴在线旅游平台、乡村振兴特色旅行社等)。

2. 调研内容

围绕以下方向展开(任选 1 项):

➢ 红色旅游与爱国主义教育

调查旅行社是否设计红色旅游线路(如革命圣地游、党史学习游),分析其如何通过旅游传播红色文化。

➢ 乡村振兴与旅游扶贫

了解旅行社是否开发乡村旅游产品(如农家乐、非遗体验),如何帮助农民增收,推动共同富裕。

➢ 绿色旅游与可持续发展

调研旅行社在低碳出行(如新能源车接送)、环保住宿(如绿色酒店)等方面的实践。

➢ 老年友好型服务

观察旅行社是否提供适老化服务(如慢节奏行程、无障碍设施),体现社会关怀。

3. 调研形式

➢ 实地走访:采访旅行社负责人或导游,记录典型案例。

➢ 线上问卷:设计简短问卷,调查游客对旅行社社会责任的评价(如"您是否愿意为环保型旅游产品支付更高费用?")。

➢ 数据分析:对比不同旅行社在服务创新上的差异(如传统旅行社 vs OTA 平台)。

任务 37
了解移动互联网对中国旅行社业的影响

微课 移动互联网对中国旅行社业的影响

为在线旅游领域提供服务的经济实体,被统称为在线旅游服务商(OTS,即 Online Travel Service),抑或被称为电子旅行社(ETS,即 Electronic Travel Service),以及在线旅游预订商,这些称谓均指代同一类提供在线旅游相关服务的机构。

从旅行社行业的角度看,在线旅游服务商实质上是在线旅游中介服务商,我们称之为"在线旅行社"（OTA，Online Travel Agent）。该经济实体应符合以下三个基本特征：

第一，是旅游中介服务商，即通常意义上的旅行社，国外称之为"Travel Agency"的企业，它通过招揽、组织旅游消费者，获取相应的中介费用或旅游供应商的佣金。

第二，是应用互联网技术等提供在线实时服务，例如在线咨询、在线预订、在线支付、在线评论、在线投诉、在线会员管理等。

第三，"在线旅游"的本质是服务。

在线旅游服务新业态的出现将原来传统旅行社的销售模式放到了网络平台上，互动式的交流更方便客人咨询和订购。

中国互联网络信息中心（CNNIC）发布第55次《中国互联网络发展状况统计报告》。报告显示，截至2024年12月，我国网民规模达11.08亿，在线旅行预订用户规模达到5.48亿，较2023年12月增加3935万人，占网民整体的49.5%。

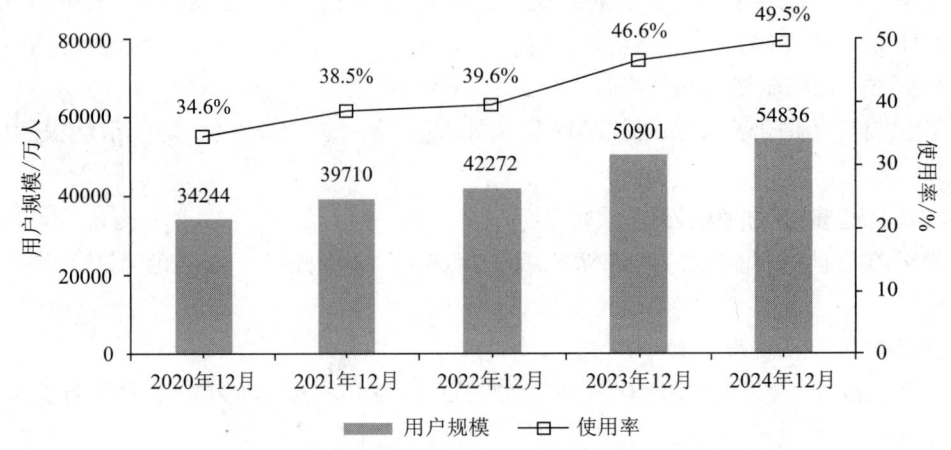

2020.12—2024.12 在线旅行预订用户规模及使用率

[资料来源：（CNNIC）中国互联网络发展状况统计调查]

移动互联网对中国旅行社业产生了深远的影响，这些影响既带来了机遇，也带来了挑战。以下是具体的影响分析：

1. 机遇

（1）市场拓展与用户增长。移动互联网使得旅游信息更加透明和便捷，消费者可以随时随地通过手机或平板电脑获取各种旅游信息，包括景点介绍、交通信息、酒店预订等。这种便利性大大提高了旅游者的出行效率，并有助于他们做出更加明智的决策。同时，也为旅行社提供了更广阔的市场空间和更多的潜在客户。

（2）个性化定制与满意度提升。移动互联网为旅游业提供了更多个性化定制的机会。旅游者可以根据自己的兴趣、需求和预算，灵活选择出行日期、旅游路线、交通方式等。这种个性化定制大大提高了旅游者的满意度和忠诚度，也为旅行社提供了更多创新旅游产品的机会。

（3）商业模式创新。移动互联网促进了旅游企业商业模式的创新。在线旅游平台、民宿预订平台等平台层出不穷，为旅行社带来了更多商机。同时，移动支付、在线导游等服务也得到了广泛的应用，这些商业模式的创新和拓展促进了旅行社的发展和繁荣。

（4）技术赋能与智慧旅游。移动互联网技术的发展，如大数据、人工智能、云计算等，为旅行社提供了强大的技术支持。这些技术可以帮助旅行社更好地了解用户需求和行为习惯，优化产品设计和服务流程，提升服务质量。例如，通过大数据分析进行精准营销和个性化推荐，通过人工智能提供智能客服和智能导览服务。

2. 挑战

（1）市场竞争加剧。移动互联网使得旅游市场上的信息更加透明和便捷，消费者可以更方便地比较不同旅行社的产品和服务。这加剧了市场上的竞争，使得旅行社不断提升自身的产品和服务质量，以吸引和留住客户。

（2）资源整合难度加大。移动互联网使得旅游产业链各环节更加紧密地联系在一起，但同时也加大了旅行社整合各种资源的难度。旅行社需要与酒店、景区、交通等多方进行协调和合作，以确保旅游产品的顺利运营。这种复杂性对旅行社的资源整合能力提出了更高的要求。

（3）信息安全与隐私保护日益迫切。移动互联网的发展也带来了信息安全和隐私保护的问题。旅行社在收集、存储和使用用户数据时，需要严格遵守相关法律法规和隐私政策，确保用户数据的安全和保密。否则，一旦发生数据泄露或滥用事件，将对旅行社的声誉和业务发展造成严重影响。

（4）消费者行为变化。移动互联网使得消费者可以更方便地获取旅游信息和进行比较，这也导致了消费者行为的变化。消费者对旅游产品的需求变得更加多样化和个性化，对服务质量的要求也更高。旅行社需要密切关注消费者行为的变化，及时调整产品和服务策略以满足市场需求。

在线旅行社（OTA）的蓬勃发展彰显我国数字经济的领先实力。面对技术红利，旅游企业需坚守"以人为本"的初心：一方面通过大数据优化服务，践行惠民便民理念；另一方面强化数据安全防护，筑牢国家安全屏障。引导学生理解：科技创新必须服务于人民美好生活需求，企业成长需与国家网络安全战略同向同行。

项目⑫ 天马行空——旅游交通

从超市购物回家后，小孙便把春节假期外出旅游的想法告诉了家人。这个提议得到了一致通过。小孙弟弟提出："我们搞自驾游吧，不受约束，自由自在。"

"算了吧，自驾游只适合在附近游，现在我们出了省，一天开七八个小时的车，太辛苦了。再说，爸妈年纪也不轻了，经不起折腾，安全、舒服最重要。"小孙说。

小孙爸爸说："还是大儿子考虑周全，我们七老八十的，老骨头经不起折腾了。想当年，我和你妈妈常常徒步去玩，相当于现在的流行说法——'驴友'。"

"得了吧，老头子，那是我们穷，没钱。常常说开 11 路车出去玩，那还不是两条腿走路？后来好不容易买了自行车，骑自行车出去倒是在周边玩了好几个地方。"

小孙说："那你们当年节能减排做得好呀，管住了自己的嘴，迈开了自己的腿，身体硬朗啊。这次我们坐飞机，给您二老享受享受吧。"

既然要远行，就得找到合适的代步工具，交通业的发展为旅游业的繁荣奠定了坚实基础，同时，旅游交通的蓬勃发展也在一定程度上促进了交通事业的进步。

任务 38 了解旅游交通的含义

旅游交通，是指旅游者为了实现旅游活动而借助某种交通工具，实现从一个空间到另一个空间的转移过程，它既包括旅游者从常住地到旅游目的地之间的转移过程，也包括从旅游目的地一个景点到另一个景点的空间转移过程。

长江航线

目前，世界上最长的内河旅游航线——长江航线，号称黄金水道，全长 2399 公里，以重庆为起点、上海为终点，途经湖北、湖南、江西、安徽、江苏五个省，沿途有 300 多个著名景点，如天坑地缝、长江三峡、昭君故里、神农架、黄山等著名景区景点及武汉、南京等历史文化名城。

长江航线

任务 39
了解旅游交通在旅游业中的作用

1. 旅游交通是旅游者实现旅游活动的先决条件

旅游者外出旅游，必然要进行空间的转移，交通工具是旅游者实现空间转移最为快速也最为有效的手段。随着现代旅游业的发展，人们出行的距离越来越远，没有完善的交通体系，旅游者的旅游愿望就无法得以实现。所以，发达的交通系统，充足的交通运力，不仅可以解决旅游者从常住地到目的地的空间转移问题，而且高效便捷的交通服务还可以帮助旅游者节省时间，更好地安排旅游行程。正是因为交通工具的不断发展和完善，才使得洲际旅游和环球旅游成为可能。在未来，随着新型交通工具的出现，人们实现太空旅游的梦想将不再遥远。

2. 旅游交通是旅游业创收的重要来源

交通作为旅游产品的必要组成部分，贯穿游客从客源地到目的地、再到景区内部的全过程。机票、火车票、汽车票、船票等交通费用往往占据旅游者消费总支出的很大一部分。在远距离旅游中，交通费用甚至可能超过住宿和餐饮费用，成为旅游支出的最大部分。

交通基础设施建设（如公路、高铁、机场）不仅直接创收，还能带动住宿、餐饮、零售等关联产业，形成就业机会和经济增长点。同时，交通条件的改善还可以显著提高旅游目的地的游客流量和消费规模。便捷的交通能节省游客时间、提升舒适度，从而间接促使游客延长停留时间、增加消费。未来，随着交通技术的创新与"交旅融合"的深化，旅游交通的经济贡献将进一步凸显。

3. 旅游交通也是旅游活动的一种重要形式

选择合适的交通工具不仅能使旅游活动变得舒适快捷，也能为漫长的旅游增添不少乐趣。如到四川峨眉山旅游，旅游者不仅可以乘坐景区观光巴士、观光索道实现轻松出行，还可以选择景区内极具地方特色的滑竿服务，使整个旅游活动变得更加惬意。另外，我国目前开展的乘船畅游长江三峡、自驾车旅游、骑骆驼穿越沙漠等都因交通工具的多样性而变得丰富多彩。

我国出境游客倾向于前往 2 座境外城市，参观 3~5 个旅游景点，火车和飞机是出境游客选择的主要交通工具。

想一想 在你所在的地区，有没有因为旅游交通不顺畅而成为旅游业发展障碍的例子？想想应该怎样解决这样的问题？

任务 40
了解主要的交通方式

微课 旅游交通的主要方式

目前，世界旅游交通业基本上形成了以汽车、飞机、火车、轮船四大主流交通工具有机结合的综合性产业。汽车交通已步入时速达 120 千米的高速公路时代，飞机已进入时速达 900 千米的喷气机时代，铁路交通已步入时速约达 300 千米以上的高速铁路时代，水运交通已跨入豪华邮轮时代。

旅游方式不同，人们对交通工具的选择也有所不同。

1. 公路运输服务

汽车运输是目前发展最快、应用最广的一种交通方式。人类的公路建设历史悠久，以汽车为主要交通工具的运输活动始于 19 世纪末汽车问世以后。由于汽车运行的限制条件少，具有经营成本低、方便灵活、可进入范围广、点到点服务等优点，使得汽车的运行范围非常广泛，深受广大短途旅游者的喜爱。1939 年，仅英国就有 3700 万人次参加了长途汽车旅游。

便捷的公路运输

随着居民收入水平的提高,汽车价格日渐降低,私家车拥有量逐渐提高。自驾车旅游已成为目前流行的一种旅游方式。自己驾车旅游,灵活方便,行止自由,沿途还可以观赏美景,旅游景点选择的自主性大,费用相对低廉,因而受到大部分汽车拥有者的青睐。在欧美,自驾车旅游者占旅游者总数的60%~90%,我国目前也大有上升趋势。

汽车旅游的发展也不可避免地带来了一些问题,一是速度慢,不适合长途旅行;二是车内空间小,人的活动受限,舒适度降低;三是汽车排放的尾气对环境污染大;四是汽车安全系数低,事故发生率高。在所有交通事故中,汽车事故发生率最高,然后依次是轮船、火车、飞机。

2. 铁路运输服务

铁路客运具有很多优点,主要表现为运载量大、价格低、安全且环境污染小等,沿途还可以观赏风景,增加了旅途的乐趣,这对旅游者有一定的吸引力。在我国,乘坐火车仍是大多数居民外出旅游的主要交通方式。

火车自诞生以来直到"二战"结束,曾一度成为旅客运输的主要形式,但在20世纪中叶后,火车作为客运交通工具,其营业量已大大减少。由于铺设路轨的限制,铁路很难形成较细的线路网络,而且速度慢、舒适度不够、服务质量较低。此外,航空运输系统的发展大大缩减了旅途时间,对铁路也造成了一定的冲击。

面对冲击和挑战,各国紧张有序地兴建了高速铁路,时速高达300千米以上,相信在不远的将来,高铁技术日益完善后,必将对中途飞机航线的运营构成一定的竞争力,人们的出行也将更加快捷和方便。

高效的铁路运输

<u>做一做</u> 铁路运输具有很多优势,如运量大、费用低、耗能少、经济实惠,且受季节和气候的影响较小等。但面对迅速发展的国际和国内旅游,我国铁路交通也有很多不足的地方,试对你所在地区的铁路客运状况做一个简要调查,看看铁路运输主要存在什么问题?

青藏铁路

青藏铁路是世界上海拔最高、线路最长的高原铁路。它创造了世界高原铁路的建设奇迹,是实施西部大开发战略的标志性工程,是中国新世纪四大工程之一。该铁路线东起青海西宁,西至西藏拉萨,全长 1956 公里。其中,西宁至格尔木段 814 公里已于 1979 年铺通,1984 年投入运营。格尔木至拉萨段,北起青海省格尔木市,经纳赤台、五道梁、沱沱河、雁石坪,翻越唐古拉山,再经西藏自治区安多、那曲、当雄、羊八井,至拉萨,全长 1142 公里。

青藏铁路采用了我国研制的世界首列高原高寒动车,车上设施齐全,设计安全、舒适、环保,可在高寒、缺氧的环境下正常运行。列车配有高原供氧系统,采用整仓加氧,该系统可根据车内空气中氧气的含量自动控制制氧机的运作,使得空气中氧气的浓度始终保持在人体感到舒适的水平上,克服旅客的高原反应。

为保护青藏高原脆弱的生态环境,该车设有真空集便装置和污水、污物箱,所有废水、污物均统一收集,统一排放。进气系统为全新结构,可防止风雪风沙的进入,非电器件均采取了防紫外线措施。该车还加装了先进的故障诊断、检测系统、GPS 电子地图、摄像、影视系统、路轨情况检测装置等。

3. 航空运输服务

飞机是目前远程旅游的主要交通工具。20 世纪 60 年代以来,随着科学技术的进步和大型宽体客机的广泛运用,民航在国际交通运输中的作用大大提高,目前,世界各国航空公司所拥有的中大型喷气客机飞行时速可达 700~900 千米,如波音 747 为 915 千米,波音 757 为 956 千米,为火车的 8~10 倍、水运的 25~30 倍。快速、舒适、准时,是飞机最大的优点。

远距离的航空运输

另外,飞机的安全系数也较高。据国际运输安全机构统计,30 座以上的民航班机中每 10 万架次的故障仅为 0.013 次,而在各种空难中,65% 以上的事故是在起降时在地面或接近地面时发生的，乘客仍有脱险的可能。正因为飞机的这些优点，使得飞机成为目前最昂贵也最普遍的交通方式。

但是，飞机的运载量小、噪声大，受天气、地理环境影响大，不适合短途旅游等，也使航空运输服务受到了一些限制。

4. 特种旅游交通

景区缆车

特种旅游交通主要是指在旅游景区或景点设置的渡船、索道、缆车、轿子、马匹等形式的旅游交通方式。它的优点是方便游客通过一些难行路段，可以辅助老人或体弱的人完成旅游，有些特种旅游交通方式本身就带有娱乐性，比如滑竿，可以提高旅游价值，能够招徕游客。这种交通形式的不足之处是，有些特种旅游交通工具如索道、缆车等，与风景名胜区不协调，甚至会对风景区的自然景观造成破坏。

说一说 结合所学知识和常识，说一说各种旅游交通方式的利弊。

5. 水路运输服务

产业革命不仅将蒸汽机动力技术运用于陆地火车，也推广到了船舶。1800年前后出现了用蒸汽引擎转动的船只，这使得远洋运输成为可能。当科技进步促成了船尾螺旋桨的安装后，船身两侧或尾部转动笨重叶轮的蒸汽帆船被淘汰。当今的船舶主要用柴油引擎，远洋轮船一直垄断了欧美大陆的旅游长达百年之久。

远程水运旅游到20世纪60年代末陷入衰竭期。由于民航事业的快速发展，特别是20世纪70年代后快速大型喷气机的广泛使用，将世界上几乎所有远距离的（洲际）旅游客源拉走。另外，经营客轮的费用太高也是重要的原因之一。现在所说的邮轮，实际上是指在海洋中航行的旅游客轮。现代邮轮和原来的邮轮的区别不在于船体大小，而在于两者的定位根本不同。原来的邮轮是海上客运工具，它的定位是把旅客运送到大洋彼岸；而现代邮轮本身就可以看作旅游目的地，其生活娱乐设施是海上旅游的一个重要组成部分，靠岸只是为了观光或完成海上旅游的一部分行程。

邮轮

我国游船的发展历史悠久,最早可追溯到春秋时期,吴王阖闾就曾船行江上,观赏江景,举行宴饮。自隋炀帝开创集交通工具和旅游、娱乐于一体的"周游"新篇章后,各朝各代的游船相继发展,到明清时期已十分兴旺,而且式样很多,有的还配有食宿、文娱,与当代游船有许多相似之处。

我国的游船多为中小型游船和游艇,在其造型、规格、大小、风格上体现了地方特色。近年来,我国相继在长江、珠江、黄浦江、漓江、淮河、黑龙江、松花江及一些著名湖泊发展水上旅游,受到了游客的喜爱。

碧波之上的东方明珠:爱达·魔都号邮轮

在浩瀚的东海之滨,一艘承载着东方气韵与现代文明的巨轮正破浪前行——这便是中国首艘自主建造的豪华邮轮"爱达·魔都号"。它不仅是一艘船,更是一座移动的海上城市,以13.55万吨的磅礴之躯,托起五千余名旅客的星辰大海之梦,向世界宣告中国高端制造与文旅融合的璀璨篇章。

丝路遗韵,绘就海上艺术长廊

魔都号的设计,是一场跨越时空的文化对话。船体如流动的画卷,以"丝绸之路"为灵感,京剧脸谱的浓墨重彩与敦煌飞天的飘逸灵动在浪花间翩然共舞。步入舱内,意大利设计师以东方美学为魂,打造出令人屏息的"水晶宫殿"中庭:剔透的玻璃穹顶倾泻天光,青铜纹饰与水墨屏风交相辉映,每一步都仿佛踏入艺术馆的回廊。16层甲板上,敦煌壁画主题的艺术展、京剧脸谱工坊,让历史在涛声中苏醒,成就了"海上博物馆"的雅号。

舌尖寰宇,纵享云端饕餮之旅

在这座漂浮的美食之都,10余间餐厅如同打开万国食匣:宫廷秘制的佛跳墙氤氲着千年烟火气,意大利主厨现场抛甩的比萨裹挟地中海阳光,日式寿司吧台前金枪鱼泛着珍珠光泽，而沸腾的川味火锅则让海风染上麻辣鲜香。

绿色方舟，驶向未来的航迹

这艘"中国智造"的旗舰，以科技诠释对海洋的敬畏。智能引擎如巨鲸优雅劈波，环保系统让每一滴废水重获新生，岸电接入技术使靠港时悄然"零排放"。AI客控系统只需轻声一语，窗帘便随晨曦徐启，将朝霞送入智能套房的全景阳台。

从上海母港启程，魔都号串联起东海明珠：福冈的樱花隧道、济州岛的火山奇观、东南亚的翡翠群岛……无论是4天3晚的短途漫游，还是穿越季风的深度航线，它始终承载着这样的承诺：让每位登船者，在碧海蓝天间，遇见中国的匠心，拥抱世界的辽阔。

想一想　我国的邮轮为什么多为中小型，而且只在内河内江上航行？

经过一番精心准备，小孙和小李拖家带口，乘坐飞机，终于来到了向往已久的旅游目的地——海南三亚。

按照小李事先跟旅行社商定的行程安排，旅行社早早就给他们预订了一家靠海的酒店。接下来，他们就要尽情地享受美好时光喽！

任务 41
知道旅游饭店的概念

旅游饭店有广义和狭义之分。广义的旅游饭店，英文名叫 hospitality，意即以慷慨热情、周到良好的服务来接待或款待一切宾客和来访者，也就是向旅游者和公众提供以旅游服务为中心的旅游产品和服务的经营型企业，其不仅包括酒店和餐馆，还包括其他各种与旅游活动相关的旅游服务。

狭义的旅游饭店，即通常所说的旅馆（hotel），主要指为旅游者和公众提供住宿和餐饮服务的建筑设施和相应机构，即标准的旅游饭店。

国家标准《旅游饭店星级的划分与评定》（GB/T 14308—2023）对旅游饭店的定义是：以间（套）夜为单位出租客房，以住宿服务为主，并提供餐饮、商务、会议、休闲、度假等相应服务的住宿设施。

从旅游饭店的发展历史和趋势看，现代旅游饭店不论是 hospitality，还是 hotel，都在向提供综合性旅游服务方向发展。即不仅为旅游者和公众提供住宿、餐饮等基本的旅游产品和服务，而且还提供相应的娱乐、交通、购物、商务等多样性综合服务。因此，hospitality 和 hotel 在现代旅游饭店管理中，已具有相同的含义和内容。

旅游饭店有效经营的基本条件概括起来主要是三方面：一是旅游饭店必须有由一个或一群建筑物所组成的服务设施，它们是构成旅游饭店产品的实物部分，在旅游饭店经营中起着促进销售、提供服务条件的基础性作用；二是旅游饭店要有能够提供以住宿、餐饮、娱乐等为主的综合性服务体系，其构成旅游饭店产品的主体部分，在旅游饭店经营中起着主导性的关键作用；三是旅游饭店要确立追求经济利益为目的的经营目标，具有自主经营、自负盈亏的能力，能够通过有偿提供各种综合性服务，促进旅游饭店的自我积累和发展。

任务 42
给旅游饭店分类

现代旅游饭店具有各种各样的规模和外形,采取多种多样的经营方式,提供各种各样的产品和服务。按照不同的标准可以对旅游饭店进行不同的分类。

1. 按规模大小分类

在饭店行业中,一般按饭店的客房数量来确定饭店的规模。按照饭店的规模大小,可将旅游饭店划分为小型饭店、中型饭店、大型饭店和超大型饭店。分类标准如下表:

按规模大小划分的饭店类型

规模	住宿客房的数量/间
小型	1~150
中型	151~400
大型	401~1500
超大型	1501 以上

2. 按地理位置分类

按地理位置划分,一般将饭店分为城市中心饭店、郊区饭店、机场饭店、公路饭店和风景区饭店。

(1)城市中心饭店。一般位于城市中心或商业区,地理位置优势适宜于发展以商务为主的旅游饭店。

(2)郊区饭店。一般位于城市郊区交通方便之处,如车站、码头、交叉路口处等。郊区饭店主要以经济性饭店、汽车饭店为主。

(3)机场饭店。通常位于机场附近,主要为乘坐飞机出行的乘客提供住宿、餐饮及各种服务。

(4)公路饭店。位于公路沿线,主要是为适应汽车旅游需要而设置的各种经济、方便、舒适的饭店。以汽车饭店为主。

(5)风景区饭店。一般位于风景区、海滨、林地、湖岸等处,以度假酒店为主。

3. 按饭店等级分类

不少国家对饭店按一定的标准进行分级,并用某种标志表示出来。我国对饭店的星级评定工作始于 1988 年,通过对饭店的"硬件"(建筑、装潢、设备、设施条件和维修保养状况)和"软件"(服务质量)以及顾客满意程度等方面进行全面考核后,给饭店评定不同的星级和档次。

新版国家标准《旅游饭店星级的划分与评定》(GB/T 14308—2023)于 2024 年 3 月 1 日起开始实施。按照新标准饭店有一星级、二星级、三星级、四星级、五星级。

星级标志由长城与五角星图案构成，用一颗五角星表示一星级，两颗五角星表示二星级，三颗五角星表示三星级，四颗五角星表示四星级，五颗五角星表示五星级。最低为一星级，最高为五星级。星级越高，表示旅游饭店的档次越高。

五星饭店：是旅游饭店的最高等级。设备十分豪华，设施更加完善，服务设施齐全。各种各样的餐厅、较大规模的宴会厅、会议厅及综合服务比较齐全，是社交、会议、娱乐、购物、消遣、保健等活动中心。

四星饭店：设备豪华，综合服务设施完善，服务项目多，服务质量优良，室内环境讲究艺术性。客人不仅能够得到高级的物质享受，也能得到很好的精神享受。

三星饭店：设备齐全，不仅提供食宿，还有会议室、游艺厅、酒吧间、咖啡厅、美容室等综合服务设施。这种属于中等水平的饭店在国际上最受欢迎，数量较多。

二星饭店：设备一般，除有客房、餐厅等基本设施外，还有卖品部、邮电、理发等综合服务设施，服务质量较好，属于一般旅行等级。

一星饭店：设备简单，具备食、宿两个最基本功能，能满足客人最简单的旅行需要。

任何饭店以"准×星""超×星"或者"相当于×星"等作为宣传手段的均属违法行为。经评定达到相应星级标准的饭店，由全国旅游饭店星级评定机构颁发相应的星级证书和标志牌。星级标志的有效期为3年。旅游饭店应将星级标志置于饭店前厅最明显位置，接受公众监督。

想一想 一位游客去住酒店，问前台是几星级，服务员告诉游客是★★★★，游客办理了住宿才看见墙上挂着★★★的牌，于是又问服务员，服务员说我们虽然挂着★★★的牌，但是我们的设施、设备比★★★★酒店还好，你放心住吧，不会让你吃亏的。请问服务员的回答正确吗？

4. 按饭店经营特色分类

按经营特色，一般把饭店分为商务饭店、度假饭店、公寓饭店、会议饭店和汽车饭店。

（1）商务饭店。是指为从事商贸活动的旅游者提供住宿、餐饮及商务活动条件的饭店。大多位于城市中心区或商业区，客人以商务旅游者为主。

（2）度假饭店。主要以接待休闲、度假及游乐的旅游者为主，大多位于海滨、温泉、森林、湖岸等地。

（3）公寓饭店。主要为旅游者提供长住或经常性居住的服务，多采取公寓式布局。

（4）会议饭店。主要是为开展各种展销会、大型博览会、国际会议、经贸洽谈会等的客户提供会议室、住宿及餐饮等综合服务的饭店。

（5）汽车饭店。主要是适应陆地交通发展而出现的旅游住宿设施，通常设在城市边缘和公路干线旁边，一般提供停车、住宿和餐饮服务，能满足过往旅行者的基本需求。

任务 43
了解旅游饭店的地位

旅游饭店业、旅行社业和旅游交通业通常被称为现代旅游业的"三大支柱",尤其是旅游饭店业,无论是在资产规模、就业人数方面,还是在经营绩效等方面,都在旅游业中占有举足轻重的地位。旅游业的发展在很大程度上取决于旅游饭店的建设和发展;取决于旅游饭店的经营规模和结构;取决于旅游饭店的服务质量和管理水平。

旅游饭店

1. 旅游饭店是旅游者进行旅游活动的基地

旅游者的旅游活动中,通常都包括食、住、行、游、购、娱等基本环节。其中,食和住是最基本、最重要的内容。旅游饭店不仅为旅游者提供最基本的住宿、餐饮服务,而且还尽可能为旅游者提供交通、娱乐、商务、电信、金融汇兑等各项服务。旅游者在目的地的旅游活动基本上是以旅游饭店为基础进行的,因而人们称旅游饭店是旅游者的"家外之家"。

2. 旅游饭店是创造旅游业收入(尤其是外汇收入)的重要行业

旅游饭店在旅游业中扮演着至关重要的角色,因而也是创造旅游收入的重要源泉,国内外的统计资料显示,旅游饭店的收入一般要占到旅游业总收入的一半以上。尤其是国外旅游者,他们在旅游饭店住宿、吃饭、娱乐和购物,可以用外币支付,这样,旅游饭店就成为重要的创汇行业。

3. 旅游饭店的发展水平是国民经济发展状况的重要标志

现代旅游业是一个国际化的经济产业,旅游饭店则成为一国对外开放的"前沿"。旅游饭店越高端,则对外开放度越强,从而有利于促进一国对外的国际交流,扩大对外的影响。另外,富有特色的旅游饭店本身就是具有吸引力的旅游景观。

4. 旅游饭店是社会就业机会的重要提供者

旅游饭店是以提供服务为主的行业,是一种劳动密集型行业。随着旅游饭店的发展,必然为社会提供大量的就业岗位,吸纳大量的劳动力。据国外研究表明,近几年来,在每年新增的劳动就业人口中,每25个人中就有1人是就职于旅游饭店的。旅游饭店还会带动如通信、水电、旅游用品、旅游商品等相关行业的发展,从而又间接提供了大量的就业机会。

任务 44
看看旅游饭店的发展趋势

旅游饭店经过漫长的发展,至今已具有一定规模。目前,随着全球经济的蓬勃发展,人们的可支配收入和闲暇时间的不断增加,对旅游的需求日益增长,世界各地的旅游都在迅速发展壮大。旅游饭店作为旅游业的三大支柱之一,其发展必然要适应旅游业不断发展的现状,满足旅游者的多样化需要。

(1)旅游饭店集团化趋势更加明显,现代饭店联合体的风景会更壮观。世界高档名牌饭店将越来越多地出现在各个国家。在潜力巨大的新兴市场中,新名牌也会脱颖而出。

(2)品牌酒店加速全球化。随着全球化的发展,饭店集团正在加紧其在全球范围的扩张。整个世界正成为一个巨大的村落,不论走到哪儿,在15个小时之内就能到达目的地。经济在跨国界融合过程中,为跨国旅客提供了更多的方便条件。

(3)"数据库一族"亮相。对饭店业主而言,饭店越是有高科技支持,就越有可能为客人提供更加细微的个性服务,更容易发现客人的喜好。随着这一新趋势的发展,饭店服务人员将出现"数据库一族",其工作职责就是"比任何人都要了解常客,同时在电脑系统中要保存并跟踪他们的信息"。

(4)跨产业合作成为新景象。在饭店公司、集团之间的联手收购交易不断增多的同时,饭店业和其他产业实体的合作案例也越来越多,并已经形成全球范围的新景象,比如饭店业与娱乐、交通和教育行业合作越来越多。

(5)个性化服务不再是虚言。科技已经足以让饭店跟踪了解顾客的爱好,然后根据不同情况量体裁衣,投其所好。未来饭店的发展趋势,是为客人提供跟踪式服务,在接待安排上更加个性化,有针对性。

(6)市场细分新概念层出不穷。饭店业在不断细化市场,提供特色服务的过程中,将出现更多的市场分割,新思维、新概念将会层出不穷。

(7)酒店内部越来越像家。未来不论饭店如何更新其硬件设施,改进服务,关键是饭店要更像个家,更具有家庭的特点和温馨的环境。

中国饭店业在集团化、全球化进程中，需立足"中华待客之道"，打造具有东方美学的高品质服务品牌。科技赋能的同时，更应坚守"以人为本"理念——通过个性化服务满足人民美好生活需求，通过适老化改造、无障碍设施等体现社会关怀，让饭店成为展示中国服务温度与文化自信的窗口，服务国家文旅强国战略。

盥洗空间　　睡眠空间　起居空间　　储存空间　　书写空间

旅游饭店客房功能分区

世界第一座七星级酒店

迪拜是阿拉伯联合酋长国的第二大城市。20世纪50年代，它还是阿拉伯湾一个朴素的海滨小镇，90年代以后，迪拜发生了脱胎换骨的变化，鳞次栉比的摩天大楼在霍尔河畔奇迹般地崛起，让人以为自己仿佛到了纽约。像其他中东城市一样，迪拜因石油而富庶。但对一个雄心勃勃想在新世纪大展身手的新兴城市来说，石油当然不是全部。它打开了大门，大力发展旅游业。

由于拥有高素质的环境以及丰富多彩的文化（80%的人口是外国人的缘故），到迪拜的旅游者以模特、艺术家、商人等高收入阶层居多。酒店的豪华程度令人叹为观止，评论家们都不知道该给它们定为几星才合适。

迪拜七星级阿拉伯塔酒店

迪拜的 Burj Al Arab 酒店（burj 音译泊瓷，又称阿拉伯塔），是一个帆船形的塔状建筑。它建在海滨的一个人工岛上，一共有 56 层，321 米高，有 202 套复式客房，200 米高的可以俯瞰迪拜全城的餐厅以及世界上最高的中庭。到过这里，你才能真正体会到什么是金碧辉煌。它的中庭是金灿灿的，它的最豪华的 780 平方米的总统套房也是金灿灿的。客房面积从 170~780 平方米不等，最低房价也要 900 美元/间·夜，最高的总统套房则要 18 000 美元/间·夜。总统套房在第 25 层，设有一个电影院，两间卧室，两间起居室，一个餐厅，出入有专用电梯。酒店内部更是极尽奢华，触目皆金，连门把、厕所的水管，甚至是一张便条纸，都"爬"满黄金。虽然是镀金，但要所有细节都优雅不俗地以金装饰，则是对设计师品位与功力的考验。

任务 45
了解中国酒店业三大发展趋势

1. 超级化发展趋势

通过不断扩大规模经济和范围经济，来打造跨地区、跨行业、跨体制的超级产业集团，这个过程就是超级化。经济学强调两个理论及两个观点，一个范围经济、一个规模经济。通过扩大工艺产品、服务的生产，或者产业的规模而产生劳动效率的递增和成本的递减，这就是规模经济。还有一个范围经济，通过同时生产或者经营多种产品或服务产生平均成本的降低和劳动效益的递增，在集团化和超级化中是充分体现出来的。

目前从超级化发展的模式来讲，国内外不外乎三种模式，第一种模式是中国特色，基本是靠行政纽带。上海锦江是老牌子，跟新亚合并后成为中国规模最大的综合性旅游企业集团之一。第二种模式是通过资本纽带，收购兼并酒店的管理权（不是所有权）来扩张。第三种模式是品牌纽带，其中国际上较为成功的案例是"最佳西方"（Best Western）。该模式的特点在于，品牌方既不进行直接投资，也不承担委托管理，而是通过品牌授权的方式，提供管理系统、在线订房系统以及服务质量培训等服务，助力合作酒店快速发展，从而实现品牌的快速扩张。在国内市场中，开元酒店集团是这一模式的佼佼者，凭借其出色的表现，已成功跻身国内酒店行业的前三强行列。

2. 信息化发展趋势

互联网特别是移动互联网的迅速发展，给旅游饭店业带来深刻影响。以网上支付为例，第 55 次《全国互联网发展统计报告》显示，截至 2024 年 12 月，我国网络支付用户规模达 10.29 亿人，较 2023 年 12 月增长 7505 万人，占网民整体的 92.8%。

伴随着手机预订酒店、机票、火车票或旅行度假产品的用户规模不断扩大，一些饭店适时推出了微信结账、手机办理入住手续等业务，客史档案管理亦从静态的收集信息转变为根据移动终端客户消费习惯来及时更新信息的动态管理。

新冠疫情也推动了酒店服务业变革创新,数字化应用提升服务品质,借助人工智能技术,使无接触服务得到广泛应用。如在华住集团旗下酒店、首旅如家等,客人不仅可以自助完成续住、退房等手续,酒店还提供机器人递送服务。

中国饭店业要想进一步发展,必须关注新媒体、新技术的发展趋势,从信息化层面探讨未来饭店业的发展格局。

3. 国际化发展趋势

有了超级化、信息化的基础,加上国际化的人才,我国饭店业的国际化将呼之而出。国际化有三步可以走,第一步是国内发展,先边缘后中心,农村包围城市。第二步是向周边国家和地区发展,尤其是向东南亚地区发展。第三步是在周边国家与地区发展有了基础之后,再向欧美国家进军。

想一想 你知道"青年旅馆"吗?请你查一查相关资料,"青年旅馆"有什么特点?适合哪类旅游者入住?

做一做 请你查一查相关资料,给下列酒店分分类。

酒店名称	规模大小	地理位置	星级标准
王府井希尔顿大酒店			
上海88新天地			
南宁香格里拉大酒店			
丽江丽王大酒店			
南京索菲特银河大酒店			

项目 14

心灵驿站
——旅游景区（点）

小杨是个崇尚自然、热爱自然的"绿族"，他一直向往云南的蓝天白云、丰富多彩的少数民族风情。假期快到了，他准备邀上同事小王，结伴做"背包客"，走遍云南。

"太夸张了吧，小杨，七天的假期能走遍云南？你了解云南有多少景区吗？"小王惊奇地问道。

"当然知道了，有四季如春的昆明、古城丽江、《五朵金花》里的蝴蝶泉、大热天需要穿棉袄的玉龙雪山、热带雨林气候的西双版纳，多着呢……"小杨如数家珍。

"服你了，小杨。不过，既然我们是'背包客'，没有跟旅行社，时间较紧，我们还是挑选有代表性、有特色的景区吧。"小王建议道。

"你说得也有道理。听你的，我声明，西双版纳是肯定要去的。"

"行，我们一起看看吧！"

云南腾冲热海国家级重点风景名胜区——大滚锅

大滚锅池宽约 10 平方米，深约 1.5 米，水温最高可达 98℃。池底处处喷水冒花，中有一巨型泉眼，涌水如柱，跃出水面后悠然滑落，形成硕大水花，时开时谢，煞是好看。由于水温极高，附近村民时常将土鸡蛋用稻草扎起来，和新鲜苞谷、土豆等放在旁边，等着自然熟化，味道可不是一般的好！

旅游景区质量等级划分

旅游景区质量等级管理办法

任务 46
知晓旅游景区（点）的概念

《旅游景区质量等级划分》（GB/T 17775—2024）将旅游景区定义为：以旅游资源为依托，具有明确的空间边界、必要的旅游服务设施和统一的经营管理机构，以提供游览服务为主要功能的场所或区域。包括但不限于风景名胜区、文博院馆、旅游度假区、自然保护区、主题公园、森林公园、地质公园等。

在旅游景区（点），游客可以通过景区（点）经营单位提供的一揽子服务，便利、舒适地欣赏各类旅游资源，达到愉悦身心、放松休闲的目的。

想一想 旅游景区与旅游资源有什么区别？

1. 旅游景区（点）应具备的条件

（1）具有供游客参观游览的吸引物。供游客参观游览的吸引物一般分为自然旅游资源和人文旅游资源两大类。

景区游览导游图　　景点介绍

（2）完善的旅游交通服务设施。是指具有通往旅游景区的交通道路、具有停车（船）场，具有可供游人参观游览的通道或航道。

单元3　旅游途中有保障——环环相扣的旅游业 | 175

（3）游览服务设施齐备。是指具有明显的各种指示标志，如入口游览导游图、景点介绍等，能提供导游服务。

（4）旅游安全保障完善。是指消防、防盗、救护设备齐全，功能完好，管理机制健全。

（5）良好的环境卫生和完善的公共设施。是指景区环境优美、卫生干净，有健全的环卫管理机制。各种卫生设施、公用电话等设备齐全、标志明显。

景区景点游览指示牌

2. 旅游景点的特点

（1）专用性。旅游景点是专门用来供游客参观、游览或开展娱乐、休闲活动的场所。这种专用性如果发生改变，则不再属于旅游景点。例如，工厂、学校、乡村和部队军营也可以供旅游者参观或游览，但它们都不属于真正意义上的旅游景点，因为它们的设置目的和用途都不是专供游客参观的。换言之，只有那些设置目的是专供游客参观、游览或开展其他休闲活动的场所才属于旅游景点。

（2）长久性。旅游景点必须有长期固定的场所。例如临时在某个场地举办的展览、流动演出及民间盛会等就不能称其为旅游景点。由于这类暂时性的旅游吸引物有其不同的组织和营销方式，并且没有长期专用的固定场址，因而不属于旅游景点的范围。

（3）可控性。旅游景点必须有组织管理，必须能够对游客出入行使有效的控制。否则，从旅游管理的意义上讲，便不属于真正的旅游景点，而只是一般的开放性公共区域。但这并非意味着旅游景点一定要对游人实行收费准入制，这里要强调的是必须有人组织和管理。

任务 47
了解旅游景区（点）的分类

想一想 划分旅游景区（点）对旅游促销有何作用？

旅游景区（点）的分类很多，人们对其类别的划分也不尽相同，一般而言，可将旅游景点划分为以下几大类：

1. 按设立性质或设立目的分类

（1）商业性旅游景点。商业性旅游景点是指投资者完全是出于营利目的而建造和经营的旅游景点，因而这类旅游景点属于企业性质。

（2）公益性旅游景点。公益性旅游景点指政府或团体出于国民或社会公益目的而建造或经营的旅游景点，这类旅游景点有的免费参观，也有采用收费准入的管理方法，但收费的目的不是营利，而是维持旅游景点的经营。

2. 按主要旅游资源的类型分类

（1）自然类旅游景区。

（2）人文类旅游景区。

（3）复合类旅游景区。

（4）主题公园类旅游景区。

（5）社会类旅游景区。

想一想 如果你有充裕的时间和经费，你会首选国内哪一处风景名胜去旅游？

3. 按景区的主导功能分类

（1）观光类旅游景区。

（2）度假类旅游景区。

（3）科考类旅游景区。

（4）游乐类旅游景区。

4. 按等级分类

按旅游区（点）质量等级划分，可将旅游景区（点）分为五级，从高到低依次为AAAAA、AAAA、AAA、AA、A级旅游区（点）。

任务 48
认识旅游景区在旅游业中的地位和作用

1. 地位

景点产品对旅游者的来访起着一种激发和吸引的作用，它在目的地旅游业整体产品构成中居于中心地位。旅游资源是构成当地旅游景区（点）的基础。在很多情况下，旅游区（点）往往是展现当地旅游资源精华的场所。因此，旅游景区（点）在目的地旅游业中的地位同旅游资源的地位是同样的。简言之，在旅游业中，人们对交通运输和饭店需求基本是派生性需求。因为在一般情况下，几乎没有哪一个旅游者是为了乘坐某种交通工具或住某个饭店而进行旅游的，所以，交通运输产品和饭店产品对旅游者的来访起着一种支持或保证的作用。

相比之下，旅游景区（点）对旅游者出行则起着一种刺激或吸引的作用。旅游者之所以去某个地方访问，根本上是受该地旅游资源的吸引。作为旅游资源的重要组成部分和典型体现，人们对旅游景区（点）的需求也就构成了基本性需求。正是在这个意义上，同旅游行业中其他服务产品相比，作为旅游资源的代表，旅游区（点）在目的地旅游业总体产品中居于中心地位。

2. 作用

（1）基础性作用：旅游资源是旅游业发展的根基，景区是资源价值的集中体现。

（2）创新驱动作用：通过智慧旅游、绿色低碳等新要求，推动行业高质量发展。

（3）经济带动作用：高等级景区（如5A级）可显著提升当地就业、消费及品牌影响力。

任务 49
知道旅游区（点）质量等级是如何确定的

微课　旅游景区质量等级认定

人们根据以下内容给旅游景区（点）确定质量等级。

1. 前提条件
- 开放满 1 年且无重大安全事故或负面舆情。
- 公布最大承载量并实施动态管理。
- 诚信经营，倡导文明旅游与绿色消费。

2. 等级划分依据
- 核心指标：资源价值、旅游交通、游览设施、旅游安全、智慧服务。
- 附加指标：文旅融合、资源保护、综合管理、游客满意度。

3. 具体条件
- 5A级：需满足"世界级资源"+"年接待60万人次"+"I类厕所占比≥40%"+"移动信号全覆盖"等条件。
- 4A级：需满足"国家级资源"+"年接待50万人次"+"I类厕所占比≥30%"等条件。

小练习

1. 下表中的旅游景区属于什么类型的旅游景区？

旅游景区（点）	属于什么类型的旅游景区
五岳（泰山、华山、嵩山、恒山、衡山）	
法国卢浮宫	
北京紫禁城	
八达岭	
故宫、颐和园	
美国黄石地质公园	
云南迪庆明永冰川	
厦门鼓浪屿	
峨眉山	

2. 你了解布达拉宫吗？它属于哪类景点？有什么特点？

3. 迪士尼乐园属于哪类景点，如果有机会你会去吗？它的什么特征吸引你？

项目 15 分享美好——旅游商场

小杨和小王从云南旅游回来,作为背包客,着实累得够呛,不过,他们零距离感受了云南美丽的自然风光和令人沉醉的少数民族风情,可以说是满载而归。

"收获挺大嘛,带什么好东西回来了,给我们看看?"同事们在旁边凑热闹。

小杨马上打开电脑,点出了许多图片:"看,这就是我们的成果。拍摄水平怎么样?"

"不错,业余发烧友快成专业户了。没别的了?"大家七嘴八舌地议论着。

"别的?哦,想起来了,有,有,看我这记性。我们买了云南的特产,请大家尝尝。""还有普洱茶……"小王也拿出了在茶农家里买的茶叶。

"嗯,不错,旅游就够累了,还替大家带东西,让我们也感受到了云南的气息,谢谢。找个时间大家一起坐坐,聊聊你们的云南之行。"

任务 50 了解旅游商品的概念

旅游购物是旅游活动的重要组成部分,更是旅游经济六大要素中最活跃的因素。我国具有丰富的旅游商品资源,科学有效地开发旅游商品、发展旅游购物,对提升旅游业的经济效益和社会效益具有十分重要的现实意义。

据统计,旅游购物业的收入占世界旅游业总收入的25%左右。被誉为"购物天堂"的香港,旅游购物业收入占旅游业总收入的60%左右,日本、美国、西欧、东南亚地区一般都占40%以上。

从2011年起,我国在海南省试点离境退税政策。2014年8月,国务院发布《关于促进旅游业改革发展的若干意见》,提出研究完善境外旅客购物离境退税政策。从2015年7月1日起,经财政部、税务总局、海关总署批准,北京率先实施境外旅客购物离境退税政策。根据政策,在我国境内连续居住不超过183天的外国人和港澳台同胞,同一人同一日在同一退税商店购买的退税物品金额达到500元人民币,即可申请退税,退税率为11%,离境日距退税物品购买日须不超过90天。

国家税务总局于2025年4月8日发布《关于推广境外旅客购物离境退税"即买即退"服务措施的公告》,宣布在全国范围内推广离境退税"即买即退"服务。离境退税

"即买即退"政策的全国推广，是我国政府为提升服务质量、促进消费升级推出的重要举措。它不仅让境外旅客享受到实实在在的便利，也为国内旅游业和零售业打开了新的增长窗口。

1. 什么是旅游商品

小杨和小王从云南带回来的特产，就是我们要说的旅游商品。所谓旅游商品，是指旅游者为实现其旅游目的或在旅游活动过程中所购买的以物质形态存在的商品物品。它包含两个要素：其一必须是旅游者所购买，其二必须是有形的商品。只有同时具备这两个要素的商品，才能称之为旅游商品。当旅游者结束旅游活动，其购物行为与旅游无关时，其所购商品就不再是旅游商品了。

旅游商品，是指旅游者在旅游活动中购买的富有当地特色，具有地方性、民族性、文化性、实用性、工艺性、观赏性、独创性、收藏性、礼仪性和纪念意义的以物质形态存在的旅游纪念品、旅游工艺品、旅游纺织品、旅游个人装备用品、旅游电子产品、旅游食品、旅游茶品等。旅游商品的内涵和种类一般会随着旅游业的发展而不断丰富和完善。

2014年，《国务院关于促进旅游业改革发展的若干意见》（国发〔2014〕31号）提出了扩大旅游购物消费的要求，为旅游商品的发展提供了政策基础。2015年8月，《关于进一步促进旅游投资和消费的若干意见》（国办发〔2015〕62号）进一步细化了实施旅游消费促进计划的具体措施，包括培育新的消费热点，间接促进了旅游商品的创新与发展。2021年，文化和旅游部办公厅《关于推进旅游商品创意提升工作的通知》（办资源发〔2021〕124号）该文件明确提出了积极开展形式多样的旅游商品创意提升推进活动，引导推动旅游商品品牌塑造和提质升级等具体要求。

旅游商品也可称作旅游购物品，它与旅游者的吃、住、行、游、购、娱等要素有着紧密联系。旅游商品的开发是与旅游业的繁荣相伴而生的。旅游商品是旅游业的重要组成部分。

旅游商品承载了满足旅游者购物需求和传播旅游地文化的双重价值。一件精美的旅游商品能激发旅游者美好的回忆，记载旅游者的生活经历，可使旅游者长期保存或乐于赠送亲友，乐于向周围社会介绍，对旅游地形象的传播是一个很好的渠道，有助于扩大旅游地的知名度。

想一想　在旅游途中，什么因素能激发你购买旅游商品的欲望？

2. 旅游商品的特性

旅游商品是旅游者购买的可满足各种物质或精神需求并可带走的商品，因此它具有一般商品的属性，又具有旅游商品特有的特征。

（1）纪念性。旅游者在旅游过程中购买商品，一个主要的动机是为了让自己的旅游经历能够通过旅游商品进行物化。通常，旅游者所选择的商品大多是与特定文化环境气氛相一致的，具有明显的纪念性，能显示旅游所在地的某种特点，而在时过境迁之后又能够引起旅游者美好的回忆。比如，到广西桂林的旅游者，一般喜欢买以桂林山水为内容的山水画、工艺扇和文化衫等；到云南的旅游者，多会买些三七、天麻等药材，还会买些玉石制品；到西藏的旅游者，会购买具有藏族文化特色的饰品；到福建旅游的旅游者，会买些安溪的铁观音茶、福州的寿山石；到苏州的旅游者多会购买苏绣制品。旅游者购买这些商品的原因，就在于它具有旅游途中的纪念意义。

（2）民族性。旅游者在异域他乡旅游时，总希望买些该地区富有民族性的商品。如，到中国的旅游者会购买丝绸、古董、瓷器等商品；去新疆的旅游者会选择购买维吾尔族的小花帽和佩刀等；去苏格兰的旅游者，首选的是苏格兰短裙、风笛、苏格兰威士忌酒；去墨西哥的旅游者，会购买宽边草帽、披风、特基拉酒等；去南非的旅游者首选的商品是钻石首饰。

（3）实用性。即是指旅游商品的使用价值。这一特性对于一般旅游者来说也是很重要的。许多旅游者购买的旅游商品作为玩赏、馈赠、纪念之用，还有一些旅游者购买旅游商品实用性很强，如手杖、帽子、钱包、雨伞、鞋、扇子、衣物、食品等，都是日常生活用品。

（4）艺术性。艺术性是旅游商品所具有的独特创意和典型美观的特性。旅游者旅游的目的之一就是为了获得美的感受。具有美感的旅游商品自然成为购买的首选对象。旅游商品越具有艺术性，感染力就越强。如云南的缅甸玉雕、"四大名砚"——广东端溪的端砚、安徽歙县的歙砚、甘肃南部的洮砚和河南洛阳的澄泥砚。这些玉石、砚台刻上麟凤龟龙、山水人物、梅兰竹菊等精美的图案，就是可供陈列欣赏的艺术珍品，具有一定的收藏价值，甚至成为无价之宝。

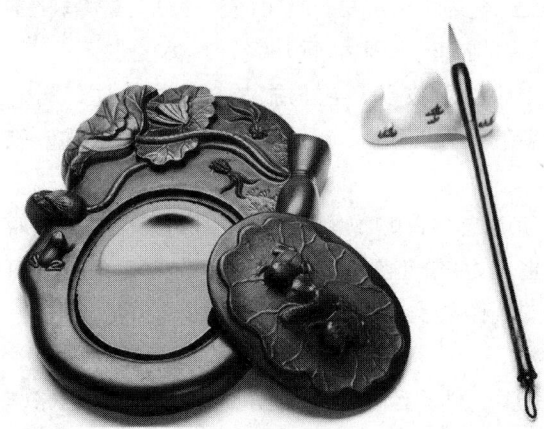

砚台、毛笔、笔架

（5）地方性。旅游者在选购具有民族风格商品的同时，也会选择具有突出反映地方文化特点的商品，如云南大理的扎染、贵州安顺的蜡染、甘肃酒泉的夜光杯、潍坊的风筝、天津的泥人等。

云南扎染　　　　　　　　　　　　贵州蜡染

想一想 看看图中云南扎染与贵州蜡染的区别在哪里。

旅游商品的五个特性不是独立存在的而是相互联系、相互渗透的,从而形成旅游商品的一个整体。

任务 51
区分旅游商品的类型

根据我国旅游商品的特色和旅游者购买的实际情况,大致可把旅游购物品分为旅游消费品、旅游日用品和旅游纪念品三类。

1. 旅游消费品

旅游消费品是旅游者在旅游过程中购买的日常生活中具有实际用途的商品。一般是指一次性消费的物品,包括旅游者在旅游活动中购买的富有方便旅行特色的面包、饮料、罐头、快餐以及口香糖、巧克力等食品。

北京全聚德烤鸭

主料:鸭、荷叶饼、空心芝麻烧饼。

调料:甜面酱、葱、黄瓜、糖、蒜泥。

质量标准:枣红色,咸鲜,酱香味浓,皮酥肉嫩。

全聚德烤鸭历史悠久、蜚声中外。烤鸭采用挂炉、明火烧果木的方法烤制而成。烤鸭成熟时间为 45 分钟左右。其成品特点是:皮质酥脆,肉质鲜嫩,飘逸着果木的清香。鸭体形态丰盈饱满,全身呈均匀的枣红色,油光润泽,赏心悦目。配以荷叶饼、葱、酱食之,腴美醇厚,回味不尽。全聚德烤鸭之所以成为北京烤鸭的精品代表,驰名中外,是因为它具有以下三个特点:

第一,具有优质的原料北京填鸭。北京填鸭品种好,体形丰满,肌肉细嫩,有脂肪层。

第二，具有先进的加工设备。有专门的鸭胚生产线，烹饪技术精湛。

第三，具有独特的风味。烤鸭外观饱满，颜色呈枣红色，光亮油润，皮层酥脆，外焦里嫩，滋味鲜美，香而不腻。

如今，全聚德烤鸭已是北京王牌旅游商品，驰名海内外。

北京全聚德烤鸭

2. 旅游日用品

旅游日用品是为实现特定的旅游目的所购买的在旅游过程中使用的商品，可在离家前准备好，但在异地购买，更富有旅游地的特色，因而也具有一定的纪念意义。旅游日用品包括旅游衣、登山靴、草帽、折伞、太阳镜、手杖、旅行包、药品、野营帐篷等日用品。

3. 旅游纪念品

旅游纪念品是旅游者在旅游过程中购买的具有区域文化特征、富有民族特色、具有长期纪念意义和收藏价值的一切物品。这类物品重在欣赏、纪念或兼实用，因而注重民族风格、地方特色、艺术技巧、文化内涵。它既包括字画刺绣以及各种玉、石、象牙雕刻等工艺美术品和各种古玩等历史文物及其复制品，又包括珠宝、金银制作的装饰品和具有旅游地特色的手工艺品、药材、酒类等土特产。这类旅游商品不但具有欣赏、纪念和使用价值，而且价格较高、经济收益较好，其销量的弹性也较大。

玉雕

任务 52
认识旅游商品在旅游业中的作用

1. 提高旅游业经济效益，增加外汇收入

旅游购物是旅游经济吃、住、行、游、购、娱六大要素中最活跃的因素。增加旅游商品的销售，有助于促进旅游经济的发展。旅游商品的销售在旅游活动中大多是以现金回笼，因此能够加快资金周转，拓宽货币回笼渠道，加快货币回笼速度，扩大货币回笼量，增加资金积累和提高国民收入，为旅游业发展创造坚实的物质基础。尤其是入境游的旅游者购买旅游目的地的旅游商品，节省了旅游商品外贸过程中的运输、仓储、保险等费用，降低了换汇成本，可以直接创汇，为国家整体经济发展做出了贡献。

2. 满足旅游者的购物需求

到了异地他乡，人们都喜欢购买旅游地物有所值的土特产，旅游纪念品不但便宜，还有一定收藏价值和纪念意义，旅游结束后还能勾起美好的回忆，能满足不同旅游者的购物需求。

3. 为社会提供大量就业机会

旅游商品的生产与销售是一个相当大的综合性经济，涉及旅游目的地的许多相关产业。制作旅游商品也是劳动密集型产业，能增加大量的就业机会。许多旅游产品还保持原生态手工制作，如云南大理的扎染，丽江纳西族手工制作羊毛围巾等。因此，发展旅游业能为社会提供大量的就业机会，带动相关产业的发展。

4. 促进传统手工艺品的开发，促使我国产业结构调整和优化

传统手工艺品，是我国人民在长期的生产生活中，形成的具有一定地方特色的手工制品的总称，是我国传统文化的一部分，在我国民间源远流长，有着悠久的历史。我国传统手工艺品无论是在文化内涵、艺术性、观赏性、收藏性上还是实用性上，都具有很高的价值。开发传统手工艺品具有很大的市场潜力。随着我国旅游业的迅速发展，给我国的传统手工艺品发展带来了难得的机遇。

我国传统手工艺品兼具艺术美感与实用功能，因其市场稀缺性而售价较高，为制作者带来了良好的经济效益。例如，制作成本仅几元的绣花鞋或布老虎，在市场上能售出十几元乃至几十元的高价。一个家庭妇女每日可完成一双绣花鞋的制作，由此获得的年收入相当可观。同样，成本仅几分钱的传统剪纸，在市场上也能卖到几元，而精湛的作品更是价值连城。这种高附加值不仅体现了传统手工艺的独特魅力，也给了手工艺人可观的收入来源。

中国传统手工制品的种类繁多，每一个地方都有所不同，每一个民族都有自己的特色。

布艺类：如布老虎、荷包、少数民族的服装、刺绣、少数民族的手工织布等。

纸艺类：如剪纸、窗花、贴画、年画等。

雕刻类：如木雕、玉雕、石雕、泥人等。

金属类：铜器、银器等。

要使中国传统手工制品保存下来，并且发扬光大，创造更多的经济效益，就要抓住我国旅游业发展的机遇，把这些传统手工制品开发成各式各样精美的旅游商品，通过旅游者销往国内外。

剪纸　　　　　　　　　　　泥人

5. 传播旅游目的地的形象，提高人们的物质文化生活水平

旅游目的地形象是旅游地吸引游客前来的关键因素，如何很好地通过传播渠道把旅游地形象传播给目标市场群体，令潜在旅游者对旅游地产生兴趣，从而使本旅游地在旅游者做旅游目的地选择时占据有利位置，也就成了旅游目的地管理者必须重视的问题。旅游商品的生产与销售就有很重要的作用。如，到重庆吃火锅，到成都吃小吃，到新疆吃瓜果，到海南泡海水……这些旅游商品的诱惑，可成为旅游者选择旅游目的的重要因素。

由于大量本地居民从事旅游商品的生产与销售，个人和家庭的收入大大增加，居民的生活质量不断提高，生活环境不断改善。旅游商品的发展带动旅游业的发展，同时也会带来旅游地居民素质和文化素养的提高。旅游作为一种实践活动，其发展能满足人民群众日益增长的文化需要，对弘扬民族文化、提高国民文明素质都将发挥积极的作用。

任务 53
了解旅游商品的开发原则

1. 特色原则

旅游商品的开发要突出地方特色和民族特性，这样才有吸引力和竞争力。特色是旅游商品能够对旅游者产生吸引力的根本所在。如东非的木雕、北美的面具、中国的书画作品和陶瓷漆器，都富有浓郁的地方特色。

2. 标准化原则

旅游商品的开发必须遵循标准化原则，符合相应的标准化规定，按照标准化要求进行设计生产。

3. 环境保护原则

开发和保护并重。旅游商品生产企业在开发设计新产品时应注重环保问题。对于那些对环境有破坏的传统旅游商品，要进行工艺改造，消除或减轻对环境的污染。

4. 实用性和艺术性相结合的原则

随着生活水平的提高，人们的生活品位也越来越高。现在人们在购买旅游商品时，更强调实用性与艺术性的结合。

开发旅游商品需深挖中华优秀传统文化基因（如非遗技艺、民族符号），杜绝低质同质化，以特色产品讲好中国故事；同时严守环保底线，践行"绿水青山就是金山银山"的理念，禁用珍稀动植物材料，推广生态工艺，使商品成为传播生态文明与文化自信的载体。

任务 54
了解旅游商品的销售渠道

1. 旅游超市

旅游超市采取旅游者自选销售方式，分设出入口，结算集中在收银处，信息自动化程度较高，以销售旅游食品、旅游日用品为主。一般布局在旅游景点内外、旅游饭店和餐厅内外。

2. 大型旅游购物中心

大型旅游购物中心由大型综合超市、各类专业店和餐饮娱乐构成，采取导购和自选结合的购物方式。

3. 专业店

专业店是专门经营某一大类旅游商品，体现专业性、深度性，品种丰富，选择余地大，并具有丰富专业知识的销售人员和提供适当售后服务的商店。如各地的专业旅游器材店、玉器店等。

4. 专卖店

专卖店是专门经营或授权经营制造商品品牌和中间商品牌的旅游商店。其目标市场以中高档旅游者和追求时尚的年轻人为主。如香港有许多世界名牌专卖店等。

5. 混合店

混合店是将旅游商品生产和销售融为一体的旅游商店，主要是一些传统民间手工艺品经营形式。

6. 旅游商品展销会或博览会

通过旅游商品展销会或博览会向销售商、旅游消费者宣传旅游商品的品牌形象，增加销售机会。如中国国际旅游商品交易博览会、中国国际旅游网上博览会、杭州国际旅游（休闲）商品博览会、海口旅游商品展销会等。

7. 旅游购物一条街

在自然和人文旅游资源丰富但同时又比较分散的旅游目的地，开辟旅游购物一条街，融游览和购物功能为一体，旅游者可以比较方便地购买到自己喜爱的旅游商品。如北京大栅栏旅游商品步行街、云南大理旅游购物一条街、杭州清河坊历史文化特色街区等。

旅游定点商店是经旅游行政主管部门批准，并颁发定点标志，推荐接待海外来华旅游者购物的商店。其目的是在旅游行政部门的管理引导下开发和销售旅游目的地的旅游商品，使旅游者能更好地了解、购买旅游商品，扩大旅游目的地的知名度。如云南旅游定点商店分别是七彩云南、丽江旅游特产商店、景兰珠宝、昆明花卉市场等。

王府井大街——北京著名"金街"

王府井大街是北京最著名的商业街。据考证，在700多年前的元代，此处便是元朝众多机构和王府的聚居之地。明代时已有商业活动，至清代光绪年间，因为这里有一口甜水井而定名王府井。

北京有三条驰名的传统商业街，即王府井大街、前门大街和西单北大街，其中，王府井大街最负盛誉。该大街从南到北为2千米左右，有大小商店数百家。由于历史悠久，店堂老化，街道狭窄，已不适应改革开放后市场经济发展的要求。根据1983年经国务院批准的《北京城市建设总体规划》，北京市政府与港商投下巨资，大规模，高标准地改造、重建了这条街。著名建筑有东方广场、工美大厦、好友世界、新东安市场、百货大楼和华侨大厦等。街头辟建有广场、绿地、花坛、喷泉、雕塑、花灯、座椅等。新改建的王府井大街，是商业与文化一体，商厦与绿荫相扶，步行街与街边小憩空间相间，地上街与800米长的地下街并存，成为一条立体式、多功能、环境高雅、明亮多彩、变幻丰富的世界一流的现代化商业大街。这里已与东京新宿、纽约曼哈顿第五大道、巴黎香榭丽舍大道和莫斯科阿尔巴特街结为姊妹街，并于2001年9月在北京发表了《王府井宣言》。这条商业街正朝着建设高度现代化水准的国际性商业大街目标而奋勇前进。王府井周围为众多高级旅游饭店的集聚之地，有著名的北京饭店、贵宾楼、东方广场、王府饭店、和平饭店、台湾饭店、国旅总社、天伦王朝饭店、皇冠假日饭店、王府井大饭店、华侨大厦等星级大酒店及写字楼群。

此外,王府井已打开东出口,即从金鱼胡同东口打通至东二环路,大大便利了王府井的东西行车进出。

王府井大街一隅

香港 10 条特色购物街

街道名称	特色商品
1. 赤柱大街(国际女人街)	民族服装、工艺品、珠宝、首饰、古玩和丝织品
2. 九龙城(美食天堂)	中外特色菜馆
3. 女人街(原街名通菜街)	女性用品、影音产品、纪念品
4. 西洋菜街	相机电器
5. 花园街(波鞋街)	体育用品
6. 海味街	咸鱼及其他海味的买卖中心
7. 赤柱及其市集	品牌成衣、纪念品和艺术品
8. 庙街	以卖平价货为主,女性用品、特色小食
9. 摩罗街	香港古董文物售卖集中地(世界十大购物街之一)
10. 龙城大药房	各种药品、品牌化妆品

项目 16

锦上添花——旅游娱乐

"小 Q,'泼水节'快到了,我们去见识一下怎么样?"

"好呀,上次匆匆忙忙地到了西双版纳,只吃了过桥米线,连《云南映象》都没看到。范范,我们干脆订个酒店住下来,把该吃的特产吃个够,该看的节目全看完,不留下任何遗憾。"小 Q 提议。

范范满口答应:"好主意。听说《云南映象》《印象刘三姐》和《西湖印象》都气势恢宏,我们可不能放过这个大饱眼福的机会!"

想一想 回想一下旅游的六大要素都包括哪些内容?

经济与科技的飞速进步,深刻改变了旅游的需求与供给格局。在此背景下,旅游娱乐业作为旅游业的核心组成部分,展现出了蓬勃的发展势头,不仅促进了旅游业结构的优化与效益的显著增长,还为游客提供了创新的文化体验,成为一种引人注目的文化现象。

追溯旅游娱乐业的发展历程,1955 年是一个标志性节点,这一年,美国动画巨匠沃尔特·迪士尼创立了首个以自身名字命名的主题公园——迪士尼乐园,这一创举不仅定义了现代主题乐园的概念,更为全球旅游娱乐业树立了典范。

不难预见,随着技术的不断创新与消费者需求的日益多元化,旅游娱乐业将继续保持其高速发展的态势,不断拓展新的增长点,形成更加丰富多彩的文化景观。

任务 55
了解旅游娱乐业的概念及作用

小 Q 和范范要去云南参加泼水节,这个泼水节就是极富民族特色的旅游娱乐产品。所谓旅游娱乐业,是指为旅游者提供各种游览娱乐设施,以满足其游乐需要的各类相关行业的总称。它是旅游者在旅游活动过程中起到画龙点睛作用的一种娱乐活动,具有娱乐性和参与性。简言之,旅游娱乐业也就是旅游者在异地他乡旅游过程中,寻求精神愉悦、放松身心的旅游体验,以及旅游目的地为融合这些需求而供给服务的产业。

旅游娱乐业是地区经济的标志,旅游娱乐业是国家和地区旅游业发展水平的标志。发展旅游娱乐业,可以实现劳动力再生产,创造新型工作方式;完善旅游产业结构,丰富旅游文化生活；发挥行业带头作用，推动地区经济发展；为生产或销售专门设备的企业带来巨大的商机；为旅游娱乐业带来经济利益，也会带动相关产业的发展；为国家带来税收，促进国家和地区的经济建设。

任务 56
了解旅游娱乐业的类型

问一问 你对以下哪些旅游娱乐项目感兴趣？

赛马场	高尔夫球	环球影城	歌剧院
滑雪场	健身中心	魔术	海洋公园
世博园	迪士尼乐园	博物馆	影视城

旅游娱乐设施具有个性化、多元化、等级化的特点，通常分为康体类、娱乐类、文化类、休闲类。

旅游娱乐产品的生产，有的是以饭店、旅游景点为依托，设计编排本土民俗风情演出，如桂林的大型实景演出《印象刘三姐》和云南的大型实景演出《云南映象》；有的是由旅游娱乐业投资建设的娱乐场，如高尔夫球场、香港跑马场和大型游乐场等。

1. 健身性娱乐业

健身性娱乐业集游玩、健身、个性挑战于一体，如滑雪、蹦极、冲浪、赛马等各种体育活动都深受游客的喜爱。

蹦极

滑雪

冲浪

2. 游戏性娱乐业

游戏性娱乐业，是指设计别致、立意新奇、游艺丰富的综合娱乐场所，以美国著名动画片作者迪士尼设计修建的洛杉矶"迪士尼乐园"和"环球嘉年华"为代表。

嘉年华

嘉年华在欧洲是一个传统的节日。嘉年华的前身是欧美狂欢节，最早起源于古埃及，后来成为古罗马农神节的庆祝活动。嘉年华是英文单词"Carnival"的中文译音，这个美丽的中文名字源于《圣经》中的一个故事：有一个魔鬼把耶稣困在旷野里，40

天没有给耶稣吃东西，耶稣虽然饥饿，却抵制住了魔鬼的诱惑。后来，为了纪念耶稣在这40天中的荒野禁食，信徒们就把每年复活节前的40天时间作为自己斋戒及忏悔的日子。这40天中，人们不能食肉、娱乐，生活肃穆沉闷，所以在斋期开始前的一周或半周内，人们会专门举行宴会、舞会、游行，纵情欢乐，而嘉年华最初的含义就是"告别肉食"。如今，已没有多少人坚守大斋期之类的清规戒律，但传统的狂欢活动却保留了下来。英语"Carnival"的最初译名是"狂欢节"，后来狂欢节传到香港，香港人将它改译为"嘉年华"。

"环球嘉年华"（World Carnival）是一项巡回游乐活动，是一家周游世界各地的大型综合娱乐场所。由于历史悠久，以及成功的广告营销策略，其早已成为一个世界知名品牌。

作为世界上最大型的巡回移动式游乐场。"环球嘉年华"的运营形式不同于迪士尼和环球影城。"环球嘉年华"的场地一般是向当地政府租借使用，使用期限即为活动时间，大致为一两个月，而不是在固定场地上长期进行。"环球嘉年华"经营模式的特点是：巡回性、多元性、自主性、互动性。

2003年，"环球嘉年华"成功进军中国香港，58天共吸引游客190万人次，总收入达到1.2亿港元。2004年6月27日，"环球嘉年华"投资9000万元在上海浦东陆家嘴登陆，并迅速引发了热潮，开园的11天内，营业款3600余万元，日均结算量接近330万元。2005年7月29日，"环球嘉年华"在北京闪亮登场。每天入园人数在2万以上，最高日的入园数达到了5万多人，营业额达到1.7亿多元。2009年5月16日，环球嘉年华（连云港）主题游乐园举行开工典礼和新闻发布会，标志着环球嘉年华这一世界顶级游乐园正式落地连云港。同时，这也是环球嘉年华首次在中国城市落地，而不是巡回移动式的。

环球嘉年华项目——高空飞翔

作为一家移动"游乐场"，嘉年华给中国旅游娱乐业带来了全新的经营理念。它在空间上是移动的。对于固定游乐场来说，旅游的淡旺季投资回报相差很大，淡季里设施空置，维护成本很高，投入大产出少，造成资源浪费。20世纪90年代，国内曾掀起建造主题游乐场的风潮，但多数经营不善，被动等待、设备老化和项目缺乏新鲜感是它们的致命伤。移动游乐场则不然，它的经营场所是在全球范围内选择，以巡回的方式，主动出击，制造了持续的旺季，避开了淡季主办方单方面出资维护设备、资金只出不进的命运，使得一年四季设备都能得到充分利用，并因此而获得投资回报。同时也带动了其他相关产业的发展。

3. 文化性娱乐业

文化性娱乐业，是指既能愉悦旅游者身心，又能领略异域文化气氛的旅游娱乐项目。如影视、歌舞、杂技、民俗表演以及各种文化性展览等。

大型实景演出《云南映象》

《云南映象》是一台将云南原创乡土歌舞与民族舞重新整合的充满古朴与新意的大型歌舞集锦。参与《云南映象》演出的演员70%来自云南各村寨的少数民族，演出服装全部是少数民族生活着装的原型。由"舞神"美誉的著名舞蹈家杨丽萍出任总编导及艺术总监，并领衔主演。原汁原味的真实服装道具，不加雕琢的唱腔和原始自在的舞技，将传统歌舞、新锐舞蹈和现代舞美完美融合，在现实的基础上再现了神话般浓郁的云南民族风情。舞蹈中充满了原汁原味的云南民族元素，3/4的舞蹈是那些山寨里土生土长的村民为了表达对万物的感情。因为他们相信万物是有灵性的，需要去沟通，因而跳舞是在与天、与地对话。这就是与生俱来的舞蹈。《云南映象》所体现的就是旅游与文化娱乐的完美结合。

《云南映象》剧照

4. 博彩性娱乐业

在一些国家和地区，赌博被视为非法活动，比如说中国政府明令禁止内地旅游业从事赌博性娱乐项目。而在一些国家和地区，赌博则是一项合法的产业，比如说世人皆知的赌城美国的拉斯维加斯，在这里开展博彩业不但不受法律的任何约束，而且还受到法律的保护，我国澳门也是如此。

澳门被称为世界四大赌城之一，博彩业又被特区政府定为澳门经济的龙头产业；美国除了有拉斯维加斯赌城外，还有赛马赌博、彩票赌博等；欧洲的袖珍国家摩洛哥也是靠赌博招徕游客的；法国蒙特卡罗赌城紧紧地吸引着世界各地热衷于纸醉金迷的赌徒，这里宾馆的房间号码、早餐用的盘子、盛牛奶的杯子以及集邮册等一切无不成为赌博工具；南非太阳城有南非最大的赌场，每年都定期举办各类博彩大奖赛；德国巴登是著名赌城，以其豪华和优美环境闻名，每年有众多富豪从世界各地飞来这里豪赌；韩国华克山庄内的博彩娱乐场是首尔唯一的博彩娱乐场，也是韩国最大的一个赌场，每年吸引不少外国游客前来。

任务 57
了解旅游娱乐业的发展趋势

众所周知，旅游娱乐业已成为现代旅游业的主要内容，各国都在积极研究自身的文化优势，挖掘民族特有的文化内涵，努力建设具有自身特色的主题公园，使其成为本国旅游业下一步发展的新增长点，并以此为利器带动全行业参与 21 世纪的国际竞争。

1. 主题独特化

深入挖掘主题，创造独特主题，是各国旅游娱乐业共同追求的目标。深入挖掘主题，主要是挖掘民族文化，在此基础上，努力形成新的旅游吸引物。例如，美国夏威夷的波利尼西亚文化中心，即是以当地土著民族文化为主体并通过进一步深入挖掘内涵，形成一种文化主题公园。主题化在主题公园中往往表现出多元特征。主要是侧重于民族文化和地域文化的结合，以更加突出优势，并注重同时满足旅游者对旅游设施国际化等同质文化和旅游吸引物这种异质文化的追求，这些文化的融合就形成了一个旅游目的地的独特文化。例如，墨西哥的主题公园，以神秘的玛雅文化这一独特的文化符号为特色，因而具有与世界上其他主题公园不同的特点和吸引力。

北京环球影城

北京环球影城位于通州区文化旅游区内，地处城市副中心南部区域。2021 年 9 月 20 日正式开园。这是全球第五座、亚洲第三座环球影城。总占地面积约为 4 平方千米（即 400 公顷）。

北京环球影城包含七大主题景区（功夫熊猫盖世之地、变形金刚基地、小黄人乐园、哈利·波特的魔法世界、侏罗纪世界努布拉岛、未来水世界以及好莱坞）、37 处骑乘娱乐设施及地标景点、24 场娱乐演出、80 家餐饮及 30 家零售门店。

如果说，迪士尼乐园是充满童话梦想的主题乐园，那么，环球影城主题公园就是将电影在现实生活中延伸！北京环球影城使用高科技还原和解析著名电影的场景和特技，如"哈利·波特"里的 3D 魔法世界，1∶1 的变形金刚等。其内部装饰运用了很多中国特色的元素，还特地打造了全室内景点，像是翡翠宫、智慧仙桃树、熊猫村等经典的电影场景都在园区内一一呈现。哈利·波特魔法世界在大阪环球影城就是超级大热门，现在我们不出国门就可以体验到 1∶1 还原的霍格沃茨、对角巷、黄油啤酒。北京园区还有高科技的 4D 乘骑设备——哈利·波特禁忌之旅和目前世界上最高的双轨过山车等游乐项目，为粉丝们带来一场难忘的魔法旅程！

北京环球影城是中国首家环球影城乐园，北京市的旅游资源丰富、类型多，对游客的吸引力强。在环球影城强大的 IP 驱动下，2023 年北京环球影城接待游客量达到 988 万人次，环球影城吸引环球商圈的人流达到了 1600 万人次。相关商业、酒店、餐饮等行业龙头或将持续受益。有机构预计，北京环球影城成熟后每年的营业额将达到

250亿至300亿元，预计拉动全市餐饮、酒店、商业中心客流提升约15%，带动相关产业产值年增量超过650亿元。

2. 手段多样化

文化的多元化需要实现手段的多样化，而且在实践中，手段创新本身也能成为一个吸引点。一是科技手段，现在普遍运用机械、建筑、声、光、电、计算机等现代高科技手段，特别是数字化手段。二是文化手段，通过丰富的文化手段来表现深厚的文化内涵。文化手段的运用是从硬件到软件的全方位应用，处处体现文化手段的多样化，由此形成总体的文化氛围和各个方面的文化细节。三是商业手段，商业手段作为主要的经济手段，在各国旅游娱乐业中得到广泛应用，在各国的主题公园中更是花样繁多。如多种组合的门票价格，就是商业手段的普遍运作方式。在经营过程中，从广告到具体销售的各种商业手段的运用，体现了现代成熟的商业技巧和按照市场导向发展的吸引力。

3. 市场大众化

市场的大众化始终是旅游娱乐业追求的目标。一是对应大众化的市场，无论游乐园、主题公园，还是景点文娱表演和节庆活动等旅游娱乐产品，从创意到实现手段和商业运作手段，一直到设计、建设、表演、经营各阶段，都注重以此为根本，力求雅俗共赏、老少皆宜，并努力形成回头客，吸引回头客，在不断创新中去适应发展和变化中的大众化市场的需求，进而刺激和强化这些要求。二是大众的广泛参与。旅游者对旅游娱乐产品的体验性和参与性越来越注重。

4. 规模大型化

主题公园规模大型化甚至超大型化，已逐渐成为主题公园的一个发展趋势，也成为其在市场上能否取胜的重要基础。大创意、大思路、大手笔、大投入、大市场是大型化的要求和反映，需要创新和超越，需要对市场的充分认识和研究，需要组织创新和制度创新，需要资本运作和雄厚的市场基础。

5. 中小型娱乐中心社区化

针对现代都市人越来越强烈的休闲娱乐要求，许多中小型休闲娱乐场所向社区娱乐中心发展。在研究分析都市休闲和旅游需求的基础上，通过增加和改善设施及服务，树立自身形象，满足人们的要求，寻找到自己的生存空间。

发展旅游娱乐业需坚守中华文化主体性，深度萃取非遗、红色基因打造特色主题公园（如北京环球影城功夫熊猫区），抵制盲目西化；科技应用须服务人民美好生活需求，强化内容审核抵制低俗娱乐，使娱乐产品成为传播正能量、增强文化自信的载体，助力文旅强国建设。

单元 3 练习题

拓展模块

单元 4

运筹帷幄话胜负
——旅游市场开拓创新

  俗话说,不想当将军的士兵不是好士兵,对于那些有想法、愿意付出的学生来说,仅仅了解旅游的发展历程及旅游业各要素的基本内容还远远不能满足将来就业的需要。如果有朝一日,同学们当中有人想成为旅游业中的高级管理者,或是立志于为家乡的旅游事业发展做点事,那么下面的知识则会帮助大家在职业生涯中更上一层楼。

项目 17 信息纵横
——旅游市场概况

"小李,你来完成这份市场报告吧。"刚到旅行社上班的小李就被师傅派了活儿。

"师傅,是什么内容的?"小李问道。

"我们搞旅游的,当然是与旅游有关了。你调查一下你们年轻人喜欢的、较新颖的、可以做起来的项目,看看这块市场的蛋糕有多大。"

小李前几天才在网上发帖,与十几个志同道合的网友到一座无名山探险,恰巧遇上了暴雨天气,又冷又饿,恍恍惚惚地,竟然迷路了。他们摸索着,最终找到一户农家,第二天才安然返回。后来一了解,有许多中青年都喜欢徒步探险游。小李问:"师傅,我可以定探险游这个主题吗?"

"可以呀,赶快做吧,尽量在春节前做完,争取春天来临能启动新的旅游市场。"

任务 58
了解旅游市场的概念

师傅让小李启动新的旅游市场,这个旅游市场到底指什么呢?

市场一词的英文为"market",从经济学的角度看,它最初是指人们交换商品的场所。随着商品经济的发展,市场的概念也出现了狭义和广义之分。狭义市场是指商品交换场所,是有形的市场,如农贸市场、百货超市等。而广义的市场则体现为影响、促进商品交换的一切机构、部门与商品买卖双方的关系。从市场学的角度来看,在买卖双方进行的交换中,卖方构成行业或企业,而买方则构成市场。

旅游市场是市场的一个分支。在旅游业和旅游研究中,人们通常将市场一词用来指旅游产品的经常购买者和潜在购买者。在这个意义上,旅游市场指的就是旅游需求市场或旅游客源市场。因此,旅游市场(tourist source market)是指旅游区内某一特定旅游产品的现实购买者与潜在购买者。

从上面的定义来看,旅游市场是由三个要素构成的。

1. 旅游消费者

旅游市场的主体就是旅游消费者,即旅游者,旅游者的多少直接影响着整个市场的大小。一般来说,一个国家或地区旅游者数量的多少是由该国或该地区的总人口、性别构成、年龄构成、地理分布、职业与教育水平等因素决定的。

2. 旅游购买力

旅游购买力指人们在其可自由支配收入中用于购买旅游产品的能力。一般而言，旅游购买力是由人们的收入水平所决定的。随着人们收入水平的提高，用于生存需要的开支部分所占比重就会降低，而用在享受和发展需要上的开支就会逐渐上升。可以说，如果没有较高的收入水平和足够的支付能力，一个国家的人口再多，旅游市场也只是一个潜在的市场。

3. 旅游购买欲望

旅游购买欲望是旅游者购买旅游产品的动机或要求，它是由消费者的生理需要和心理需要而引起的。旅游购买欲望，是把旅游者的潜在购买力变成现实购买力的重要条件，因而也是构成市场的基本要素。只有当旅游者既有购买力又有购买欲望时，才能形成现实的旅游市场。

中国旅游业已形成"最大市场"

2024年8月30日，中华人民共和国商务部相关负责人介绍，当前，中国旅游业已经形成全球最大的国内旅游市场，中国已成为国际旅游最大客源国和主要目的地。

2023年，中国旅行服务进出口规模居全球第二位。进入2024年，中国旅游业的强劲发展态势依旧持续，仅上半年，中国旅行服务进出口总额达到9617亿元。其中，出口额实现了131.9%的同比大幅增长；进口额也呈现出显著的上升趋势，同比增长41.5%。旅行服务贸易在我国服务贸易整体格局中的占比达26.7%，相较于上一年同期，这一比重提升了6.1个百分点。这一系列数据清晰地表明，旅行服务已重新成为中国服务贸易的第一大领域，充分彰显了中国旅游业在国内国际双循环相互促进新发展格局中的重要地位与巨大发展潜力。

任务 59
把握旅游市场的特征

从旅游需求的角度来看，旅游市场具有下述特点：

1. 整体性

旅游市场的整体性，指的是旅游市场上供求关系的整体性。从旅游消费者角度来看，这是由旅游活动的综合性所决定的。人们的旅游活动是集食、住、行、游、购、娱为一体的综合性活动。从旅游供给角度来看，旅游者的旅游需求是由不同的旅游供给部门共同满足的，需要根据旅游者的需求将各种产品和服务组合起来，因而是一种整体性的供给。如果某一环节甚至细节出了问题，就会影响整体形象。

2. 脆弱性

许多社会因素都可能对旅游需求以及旅游地产生影响，而且这种影响常常是全球性的。战争、政治风波、治安、民族歧视、经济水平、自然灾害甚至是传染病等，都可能导致旅游市场关联性的波动甚至变局。这种变动，既可能引起旅游流向的变化，也可能引起市场结构的变化，还可能引起消费结构的变化。此外，旅游消费是非生活必需品的柔性消费，旅游支出在家庭或单位的经济支出中常处于弹性位置，随时面临被取消的可能。

3. 多样性

随着社会经济的发展，旅游者的旅游兴趣日趋多样或多变，从而引发旅游市场细分化趋势越来越明显，旅游市场中的旅游产品也越来越多样化。其次，旅游产品的购买形式和交换关系的多样性也非常显著。

4. 季节性

以自然旅游资源为主的旅游地，受自然气候的影响，产生季节性特征。它会增强或削弱旅游区（点）的吸引力。客源国和客源地的风俗、节假日制度也影响到旅游市场出现"季节性"（广义的）变化。我国的传统节日与西方国家传统节日有很大差异，季节性的特征就不一样。旅游经营者要充分注意到旅游市场的这一特点。

任务 60
熟悉旅游产品的概念及特征

旅游市场中的旅游产品的概念，可以从供给和需求两个角度来理解。

从供给角度看，旅游产品是指旅游目的地为满足来访旅游者的需要而提供的各种旅游活动接待条件和相关服务的总和。这些条件中既包括有形的物质条件，也包括无形的非物质条件。而相关服务中既包括商业性服务，也包括非商业性服务。

从需求角度看，旅游产品就是旅游者从离家外出开始直至完成全程旅游活动并返回家中这一期间的全部旅游经历的总和。由于旅游业通常以旅游目的地为单位，因而出于实用目的，旅游产品是指以在旅游目的地的活动为基础所构成的一次完整的旅游经历。

无论从哪个角度来理解，我们都可以这样认为，旅游产品是指旅游者以货币形式向旅游经营者购买的、一次旅游活动或经历所消费的全部产品和服务。它包含了旅游资源、旅游设施、旅游服务等多种要素。

旅游产品有如下特征：

1. 旅游产品的综合性

旅游产品是一种组合产品。首先，它由多种要素构成，不仅包括有形的劳动产品、自然创造物，如各种历史文物古迹等，而且包括非劳动的自然创造物，如各种自然风景名胜等；既有物质成分，又有社会精神成分。其次，旅游活动的社会性与旅游需求的复杂性也决定了旅游产品的综合性。旅游活动本身具有综合性特征，它包括食、住、行、游、购、娱等各项内容；而旅游者的需求更是包罗万象，变化万千。这些决定了旅游产品只有具备综合性的特征才能适应市场需求，才能满足旅游消费者对旅游活动的各种需要。

2. 旅游产品的生产、交换与消费的同步性

一般产品从生产到消费大多要经过一系列的中间环节，而旅游产品的生产与消费过程几乎在同一时间和空间的背景下进行，旅游产品"生产"的结果不表现为一个个具体的物品，而是通过服务或劳务直接满足旅游者的需要，旅游产品的生产者与旅游消费者直接发生关系。旅游者只有且必须加入到生产过程中才能最终消费到旅游产品。旅游产品在生产的同时也是消费启动的时刻，消费结束时生产也不再进行。另外，对于一般产品，消费者可以采取"试用"或"货比多家"等简单的方法检验其质量，这些做法在旅游产品那里却是行不通的。旅游者无法试住酒店、试乘飞机，也无法对比九寨沟、黄山与长江三峡哪里的景色更优美、更壮丽。这一特点使得旅游产品与一般产品有了显著的区别，并深刻影响着旅游产品开发与旅游企业经营。这就要求开发者与经营者必须有效地引导旅游者参与旅游产品的生产过程，并确保他们获得足够的旅游知识，以达成生产与消费过程的和谐。

3. 旅游产品的不可转移性

旅游产品的重要组成部分，如旅游目的地，它的地理位置是固定不变的，这就意味着旅游企业不能像其他企业对待一般产品那样，通过运输的方式，易地交易从而获得利润。同样，旅游者也不能像其他消费者购买一般商品那样，付出一定的货币资金就能得到旅游体验。他们必须付出一定的时间和精力，甚至具备一定的体能才能获得某些旅游体验，如登泰山，就需要旅游者具备一定的体力。

旅游产品在交换之后，旅游者得到的不是具体的物品，而只是一种感受和体验。产品的所有权并不发生转移。例如，一位旅游者在一家饭店的客房入住三天，他所购买的只是这家饭店的这间客房三天的使用权和饭店内各种设备设施以及服务的使用权。对于房间内的陈设，旅游者是不能擅自改变位置的，更不能更换或随意带走。因为房间的所有权不随旅游消费者购买行为的发生而转移，同时，旅游消费者还要承诺在使用期间保证旅游产品的完好无损。这样无形中增加了旅游消费者在购买旅游产品时的预期风险，给旅游产品的销售和促销带来了很多压力。为了消除旅游消费者的这一心理压力，许多旅游经营者采取了"会员制"的做法，借以增进与消费者的关系。

4. 旅游产品的不可储存性

由于旅游产品具有生产、交换与消费的同步性，它不能与一般产品一样，暂时没有人购买时可以储存起来，以备将来出售。旅游产品一旦被生产出来又没有实现即时的交换价值，那么为之而付出的人力、物力、财力、时间成本就永远无法得到补偿。无论是航空公司的舱位还是饭店的客房，只要有一天闲置，所造成的损失将永远无法追补回来。这一特点决定了很多旅游企业对其产品实行差别定价以及运用各种营销手段刺激市场需求的必要性和重要性。

5. 旅游产品的脆弱性

旅游产品的脆弱性是指旅游产品的价值和使用价值的实现会受到多方面因素的影响。这些因素有的是旅游产品本身所造成的，有的是由外部不可抗力所造成的。在这些因素中，如果有一个因素不具备或发生变化，就会导致旅游产品无法实现其交换的全过程，从而最终无法实现其全部的价值。

任务 61
了解旅游市场细分

1. 旅游市场细分的概念

旅游市场细分，就是指旅游企业根据旅游者之间不同的旅游需求，把旅游市场划分为若干个分市场，每个分市场在一个或几个方面具有相似的消费特征，以便旅游企业从中选择自己的目标市场。市场细分的概念是由 20 世纪 50 年代美国市场学家温德尔·史密斯（Wendell R. Smith）为满足消费者群体之间的差异性需求而提出的。它是把一个整体市场划分为两个或更多的消费者群体，从而确定企业目标市场的活动过程。每一个需求特点相类似的消费者群体叫作一个细分市场。旅游市场细分是旅游地或旅游企业对旅游市场定位、规划、推广、经营的依据。

2. 旅游市场细分的作用

（1）有利于旅游企业寻找新的市场机会。市场机会是指市场上客观存在着未被满足或未被全部满足的消费需求，这些需求的存在便成为旅游企业的机会市场。通过市场细分，旅游企业可以了解不同消费者群的需求状况及满足程度，迅速占领未被满足的市场，形成新的目标市场，进一步扩大市场占有率。

（2）有利于旅游企业制定或调整营销策略。任何一个旅游供给者（企业），都不可能面向整个市场，满足所有消费者的需要。俗话说，生意是做不完的，"你只能做适合你的那一部分市场"。通过市场细分，旅游企业可比较直观、准确地了解目标市场的需求，从众多的细分市场中确定服务方向、产品战略，更合理地制定或调整营销策略。

（3）有利于旅游企业制定灵活的竞争策略。在市场细分的基础上，旅游企业了解到市场的消费特征后，可集中力量对一个或多个细分市场进行市场营销，突出产品和服务特色，提高旅游企业的竞争力。通过市场细分，也可使旅游企业由粗放经营转变为集约经营，集中使用人、财、物、时间、空间及信息资源，应对市场竞争，提高经济效益。

（4）有利于小型旅游企业在某一细分市场上确立自己的地位。小型旅游企业受限于资金、设备、人力之不足，无法与资金雄厚的大型旅游企业展开竞争，但如果小型旅游企业能够将全部经营努力集中于吸引某一细分市场的消费者，那么小型旅游企业也就能在市场中占有一定的份额，从而获得一定的经济效益。

3.旅游市场细分的原则

（1）可衡量性原则。可衡量性是指市场细分的标准和细分后的市场是可以具体衡量的。要保证市场细分标准的可衡量性，必须明确以下两点：一是旅游市场细分所选择的标准要能被定量地测定，以能明确划分各细分市场的界限。如旅游者的个性、气质对旅游项目的选择虽有较大影响，但这样的因素却难以衡量。二是所选择的细分标准必须与旅游者的某种或某些购买行为有必然的联系，这样才能使各细分市场的购买行为特征被明显地区分开来，为旅游企业能有效地针对不同细分市场制定营销组合提供实际可能。如旅游者出生地变量虽然可以被确定，但与旅游者选择旅游项目的行为无必然联系。

（2）可进入性原则。即要求细分后的市场使旅游产品能够进入，从而占有一定的市场份额。它包括客观上要有接近的可能（可接近原则），主观上要有能开发的实力（可行动原则）。可接近原则是指营销者要有与客源市场进行有效信息沟通的可能，同时还要有畅达的销售渠道，这对于具有异地性特征的旅游市场尤为重要。如果旅游宣传根本无法让细分市场的旅游者看到或理解，或者细分市场的规模、范围太小，这样的细分市场就没有开发的价值。可行动原则是指营销者要有吸引和服务于相关细分市场的实际操作能力，即细分后的市场是企业的人力、财力、物力等因素所能达到的，否则就不能贸然去开拓。

（3）可盈利性原则。即要求细分出的市场在顾客人数和购买力上足以达到有利可图的程度，也就是要求细分市场要有可开发的经济价值。

（4）稳定性原则。严格地讲，旅游市场细分是一项复杂而又细致的工作，因此要求细分后的市场应具有相对的稳定性。如果细分市场变化太快或太大，会使制定的营销组合很快失效，使企业市场营销活动前后脱节，给企业带来很大的风险。

任务 62
把握旅游市场细分的标准

细分市场不存在统一的标准变量，在实际营销过程中，每个旅游企业要选择适合自身资源的细分标准及细分因素。在市场细分中，常用以下四个方面作为旅游市场的细分标准或依据。

旅游市场细分标准及细分因素

细分标准	细分因素	
地理环境变量	地理区域	空间位置
	气候	城市规模
	环境	

续表

细分标准	细分因素		
人口统计变量	年龄	教育程度	种族
	性别	家庭结构	社会阶层
	职业	宗教	文化与血缘
	收入	民族	国籍
心理变量	生活方式	习惯	
	价值观		
购买行为变量	购买动机	购买时间	
	购买数量	购买方式	
	购买频率		
	偏好程度	价格、服务广告敏感程度	

此四种旅游市场细分标准包含的具体因素很多，下面对一些主要细分因素加以简介：

1. 地理环境变量

旅游企业依据消费者所在地理区域、空间位置、气候等因素细分市场，是一种传统的、至今仍然得到普遍重视的细分方法。

（1）地理区域变量

它是细分旅游市场最基本的变量，具体又可分为洲际、国别和地区等。从国际市场看，联合国旅游组织（UN Tourism）根据地区间在自然、经济、文化、交通及旅游者流向流量等方面的联系，将世界旅游市场分为六大旅游区，即欧洲市场、美洲市场、东亚与太平洋地区市场、南亚市场、中东市场和非洲市场。这些市场所处的地理位置、自然环境、经济环境、人文环境等存在很大差异，它深刻影响到旅游消费者旅游需求的差异性。以此细分旅游市场有利于旅游企业针对不同客源市场设计特色产品与营销策略。

按国别细分旅游市场是旅游目的地国家或地区细分国际旅游市场最常用的形式。由于国界因素的强化，一国内部的消费需求往往有更多的相似性，而国与国之间则往往出现较多的差异性。

国际上还通常按不同客源国或地区旅游者流向某一目的地所占该目的地总接待人数的比例来细分市场。在一个旅游目的地国家或地区的总接待人数中，来访者占最大比例的两三个客源国或地区（一般可共占40%~60%）可划分为一级市场；来访者占相当比例的一些客源国或地区，可划分为二级市场；来本目的地很少，而出游人数日见增长的国家或地区，可划为机会市场（也叫边缘市场）。

（2）空间位置变量

各地旅游者的旅游需求的特征不仅与自己所在地理环境与目的地地理环境的差异大小有关，而且还与所在地相对目的地之间的空间位置有关。旅游者所在地与目的地之间空间位置的差异，从旅行时间和费用上都会构成旅游的障碍性因素，但两地间的交通条件又起着跨越这种障碍的作用。以此可将旅游市场分为远程、中程和近程等细分市场。中远程旅游者虽然在数量上相对较小但多属中上层生活条件的游客，一般在目的地停留时间较长，消费水平较高。近程旅游市场，尤其是相邻地区旅游市场，不仅因为距离近、消耗小，而且生活方式接近，在出入境手续上还可能提供方便，因而其客源潜力很大，应是市场开拓的重点。

（3）气候变量

在构成自然旅游资源的主要因素中，地形、地貌与气候起着主导作用，其中以气候为主导因素的自然旅游资源往往更具吸引力。如以"3S"（Sand，Sea，Sun）著称的地中海风光每年吸引欧洲80%以上的度假者前往，尤以北欧各国旅游者为盛。

2. 人口统计变量

人口统计细分是指按年龄、性别、职业、收入、教育、信仰等为依据，将消费者划分为不同的群体。由于这些变量较其他变量容易衡量、区分，而且与消费者的需求、偏好、文化习惯及产品使用等都有密切联系，因此成为旅游市场细分的常用依据。

建立在人口最基本自然属性基础上的年龄、性别与家庭生命周期三个变量因素，不仅能从生命活动过程与生理上直接影响旅游需求，而且还能通过旅游者的收入和社会角色等因素间接影响旅游需求。

（1）年龄变量

年龄变量是细分旅游市场最主要的变量之一。按照人口年龄段，旅游市场可细分为老年人、中年人、青年人、少儿四个细分市场。

● 老年旅游市场（银发市场）。老年旅游市场正成为世界旅游市场广泛关注的一个特定的细分市场。以我国为例，国家统计局2024年发布的数据表明：第一，我国老年人口规模巨大：截至2024年末，60岁及以上老年人口达到31 031万人（约3.1亿），占全国人口的22.0%；其中65岁及以上老年人口为22 023万人（约2.2亿），占全国人口的15.6%。第二，我国老龄化进程加速：2023年到2024年，60岁以上人口增加1334万人，年均增量连续超千万。"十五五"期间（2025—2030年），60岁以上老年人口将从3.2亿增至3.9亿，年均增加1309万人，老龄化率从22.8%增至27.7%。到2050年，65岁以上老年人口可能达到3.8亿（占总人口27.9%）。我国已进入中度老龄化社会（联合国标准为14%）。

在国际市场上，老年游客被统称作银发族，通常认为他们具有成熟、有活力、自由、好奇、富有五个特点。充分说明老年市场具有很大的发展空间和市场潜力。当然，适合老年市场的产品要求较高，一般来说，所去目的地不宜太远，不能太偏僻，而且节奏要慢，品质要高，服务更加周到细致等。

- 中年人旅游市场。中年人旅游市场是当今旅游市场的主力。中年人年富力强，收入较高，一般以观光、会议、商务旅游居多，携家度假旅游的也不少，比较看重与自己年龄、身份相称的旅游项目，是旅游业较理想的目标市场。
- 青年人旅游市场。青年人旅游市场是一个人数众多，不容忽视的市场。青年人精力旺盛，体力充沛，喜欢选择刺激性、探险性的旅游项目，但其总体消费水平不高。
- 少儿旅游市场。少儿旅游一般由学校组织或成人带领，通常选择知识性、趣味性的旅游项目，注重安全、卫生、近便等条件。

（2）性别变量

旅游需求的性别差异也比较显著。一般而言，男性游客独立性较强，倾向知识性、运动性、刺激性较强的旅游活动，公务、体育旅游者较多，喜欢康乐消费等。而女性游客则比较注重旅游目的地的选择，喜欢结伴出游，注重自尊和人身与财产安全，喜欢购物，对价格较敏感。

（3）家庭变量

家庭是消费的基本单位，家庭结构、规模和收入等都会直接影响旅游需求。这些状况又随着家庭生命周期阶段不同而变化。其中，子女对家庭旅游消费需求制约较大。

（4）收入、职业与受教育程度

这三者往往相互关联。由于旅游是具有审美性质的高层次消费活动，因此，消费者受教育程度与职业特征直接影响到旅游需求的程度、层次、类型与内容。一般受教育程度越高，收入也越高，旅游需求层次、品位等相应越高。综合收入、职业与受教育程度三方面因素，往往形成社会地位的差异，产生社会阶层的概念。每一社会阶层的成员一般具有相似的价值观和行为方式，因此，社会阶层变量有时可代替人口属性变量作为市场细分的标准。

主题式夏令营的名字越来越"炫"，形式与内容也渐趋多样。每年夏季，以强化英语学习为卖点的研学游依然会适时出现在旅行社的菜单上，如目标锁定澳大利亚和新西兰两国，时长半个月，花费在15 000～20 000元人民币。此外，一系列形式新颖的夏令营也不断投放暑期高端市场，如在北京某国旅推出的"酷夏德国行"足球夏令营中，小队员可在贝肯鲍尔的故乡接受国际专业教练的培训，并将造访慕尼黑1860俱乐部，观摩球队训练。此外，暑期市场上还有德国音乐、韩流明星等主题鲜明的夏令营供孩子们选择。业内人士指出，随着我国旅游市场的不断细分，长达两个月的暑期旅游市场越来越为旅行社所重视。

说一说 了解你所在地区青少年赴国内外游学的情况，看看有哪些主题的夏令营？说一说旅行社是按什么需求特征进行市场细分的？

3. 心理变量

心理行为属消费者主观心态所导致的行为，比较复杂难测。

4. 购买行为变量

由于消费者的购买行为直接影响消费最终实现与否，因而成为市场细分的重要依据。购买行为主要包括购买动机、购买状态、购买时间和方式等。

购买行为变量构成

细分标准	细分因素
购买动机	观光、会议、商务、度假、体育探险、探亲访友、其他
购买形式	团体、散客（如驾车旅游、徒步旅游、独自旅游、家庭旅游等）
购买时间	淡季、平季、旺季（如节假日、寒暑假、双休日等）
购买频率	一次购买、重复购买
偏好程度	极度偏好、中等程度偏好、摆动偏好、无偏好
购买行为特征	理智型、冲动型、积极型、享受型、猎奇型

做一做 假如将你所在学校的全体师生看作一个整体市场，请你依据旅游市场细分标准写出市场细分计划，并简要说说每个细分市场的消费特征或需求特点。

项目 18 知己知彼——旅游客源解析

春节前夕,小华和小萍到了山水甲桂林的旅游名县——阳朔游玩。她们租了一辆双人自行车,一前一后,惬意地行驶在山水间,欢声笑语洒满了一路。

"嗨,你们好!"这一天,一个黄头发、白皮肤的外国小伙子,用有些生硬的中文冲她们打招呼,"我能跟你们一起走吗?"

或许是小华和小萍的开朗吸引了美国小伙子大卫,她们点点头,三人一起快乐地玩了一天。

晚上,他们来到著名的"洋人街"——西街。只见街上灯火通明,布置得像梦幻世界,人头攒动,热闹非凡。小华和小萍找了家咖啡厅,要杯咖啡,细细地品尝。这里有很多外国朋友在聊天,于是她们也用英语和大家一起海阔天空地聊起来。

回家的路上,小华说:"阳朔太神奇了,就这么一条街,一晚上我竟然遇上了美国、英国、澳大利亚、新西兰等七八个国家的游客。我看你跟个黑人在聊,他是哪个国家的?"

"南非的,我不是喜欢足球嘛,我们一直在聊世界杯呢。阳朔就像个地球村,全世界的人都拥来了,我的语言交流没问题,下次再来。"

"一言为定,我们下次再来阳朔这个小地方,旅游大市场。"

任务 63 了解全球旅游市场

(一)全球旅游市场稳中有增

1. 国际旅游客流及收入越来越可观

"二战"以后,随着社会发展和科学技术的进步,大规模的跨国境、跨洲旅游已成为生活中的常态。联合国旅游组织根据世界各地的旅游发展情况和客源集中程度,把世界旅游市场分为六大区域,即欧洲市场、美洲市场、东亚及太平洋市场、南亚市场、中东市场和非洲市场。

就全球国际旅游人次和旅游收入来看,从 1950 年到 2008 年,旅游客流总量从 2528.2 万人次增长到 9.22 亿人次,增长 36.46 倍,年均增长率 6.40%;旅游收入总量从

21 亿美元增长到 9440 亿美元，增长 449.52 倍，年均增长率 11.11%。2010 年至 2019 年这十年间，全球旅游经济增长稳定，全球旅游总人次年均增长率保持在 7.3%，全球旅游总收入年均增长率为 4.6%。2019 年全球国际游客人数达到历史最高水平，接近 15 亿人次。

2020 年，受新冠肺炎疫情影响，国际游客人数开始出现下滑。根据联合国旅游组织的统计，2020 年，国际游客人数比上年下降 74%，估计损失 1.3 万亿美元，是 2009 年全球经济危机期间损失的 11 倍多。其中，亚太地区的国际入境人数减少 84%，比上年减少约 3 亿游客；中东和非洲的入境人数下降 75%；欧洲的入境人数下降 70%，减少了 5 亿多国际游客；美洲则下降了 69%。

直到 2023 年，全球旅游业才迎来复苏的加速期，彰显出强大的韧性。

2024 年国际旅游业整体收入达到 1.6 万亿美元，同比增长了 3%，达到 2019 年的 104%。人均旅游消费水平已恢复至疫情前水平。全球主要旅游目的地国家中，英国、西班牙、法国、意大利等旅游业收益均出现大幅提升。与此同时，科威特、塞尔维亚等新兴旅游市场也保持了令人瞩目的高速增长。

2. 世界旅游业在遭受"新冠"疫情重创后实现快速复苏

2020 年，受新冠疫情影响，世界旅游业遭受了有记录以来的最大危机。2023 年，全球旅游业才开始快速复苏，展现出了强大的韧性。2024 年 12 月，联合国世界旅游组织发布的《世界旅游业晴雨表》显示，2024 年全球国际旅客总数达到 14 亿人次，同比增长了 11%，已基本达到疫情前水平。疫情之后民众出行需求的急剧增长，以及亚太市场的强势回暖等，成为推动 2024 年全球旅游业快速增长的关键因素。

研究显示，从全球范围来看，2024 年中东、欧洲和非洲的旅游市场增长劲头十足，已超过 2019 年疫情前水平。其中中东地区国际旅游市场表现最为亮眼，旅客人数达到 9500 万，比 2019 年增长了 32%，非洲和欧洲的旅客人数也均超过 7400 万，同比 2019 年分别增长了 7% 和 1%。与此同时，美洲地区旅客总人数达到 2.13 亿人次，已达到疫情前 97% 的水平。2024 年亚太地区国际旅游市场继续保持快速复苏态势，旅客总量达到 3.16 亿人次，同比增长 33%，已接近疫情前市场水平的 87%。此外，受行业复苏拉动，与旅游业相关的上下游产业 2024 年也均保持了快速增长的态势。其中国际航空业已于 2024 年 10 月完全恢复到疫情前水平，全球酒店入住率也基本达到 2019 年的同期水平。

联合国旅游组织秘书长祖拉布·波洛利卡什维利表示："2024 年全球旅游业已基本完成行业复苏。在全球很多地区旅客人数及行业收入已超过疫情前水平。受市场需求的进一步增长，2025 年全球旅游业有望继续保持快速发展的态势。"

（二）国际旅游的流量与流向

旅游活动已成为大规模的社会性活动，每年都有大量旅游者在世界各国或各地间流动。根据前述内容，大规模的国际旅游的流量与流向主要呈现以下规律：

1. 国际远程旅游呈现增长趋势，但以近距离旅游为主

在全世界国际旅游客流中，近距离的出国旅游特别是前往邻国的国际旅游，一直

占绝大比重。比如亚太地区的主要客源国是日本、中国、韩国及澳大利亚等近邻国家及中国香港地区。再如中国公民出境旅游的目的地也多为港澳地区、泰国、日本、俄罗斯、韩国、新加坡、澳大利亚等近距离国家。出现这种规律的原因主要有：

第一，前往邻国或近距离目的地国家旅游的费用相对较少，拥有这种支付能力的人较多；

第二，在时间花费上也较少，可以在较短的闲暇时间内进行；

第三，距离较近的国家或地区在生活习惯和语言以及文化传统等方面比较接近，因而旅游过程中的障碍较少；

第四，距离较近的国家或地区往往入境手续简便且交通较为方便，很多国家对邻国公民旅游来访实行免签证，很多旅游者都是自己驾车前往邻国旅游。如欧盟国家的旅游者在各成员国之间只需凭护照即可自由出入境。

远程旅游也有了迅速的发展，其主要客流发生于欧洲（特别是西欧）、美洲（特别是北美）、东亚和太平洋地区这三者之间。

2.旅游客流主要来自经济文化发达的国家和地区

世界各国经济发展不平衡，各国出境游客数量差异显著。一般情况下，发达国家或地区产生旅游者的数量远远高于经济落后的国家或地区。其主要原因一是发达国家和地区的人均收入较高，可自由支配的收入较多，个人经济支付能力较强；二是可自由支配的时间较为充足，而且普遍受教育程度较高，追求精神享受的需求更加强烈；三是发达国家和地区的商务及公务出行较为频繁；四是发达国家和地区城市化程度较高，交通、通信等比较发达。此外也与长期以来形成的购买习惯、生活方式等相关。

3.国际旅游重心仍以西方国家为主，但逐渐向东亚和太平洋地区转移

根据联合国旅游组织发布的统计数据，1990年至2019年间，在国际游客到访量和旅游收入方面，欧洲、北美等西方国家领跑世界，法国、西班牙、美国、意大利、英国、德国、墨西哥、澳大利亚等居全球前列。其中，表现最稳定的当数法国，自1990年起，法国稳居国际游客到访量排行榜榜首，从未被超越。而在国际旅游收入方面，美国是唯一一个长期处于百亿美元俱乐部的成员。

近年来，全球旅游市场格局发生了显著变化，东亚和太平洋地区异军突起，成为推动国际旅游市场发展的重要力量。从世界银行发布的《东亚与太平洋地区经济半年报》来看，该地区发展中国家的经济增长在2024年继续领跑世界其他地区，尽管增速低于疫情之前，但经济的发展为旅游业繁荣奠定了基础。在旅游市场表现上，亚太地区成为联合国旅游组织观测的各大旅游市场板块中发展最强劲的区域，增速达5%左右。

以中国为例，国内消费增加、商品出口复苏和旅游业反弹等因素，推动着旅游市场不断发展。2024年前三季度，中国入境游客约0.95亿人次，恢复至2019年的九成以上，入境旅游发展预期乐观。中国旅游研究院发布的《中国入境旅游发展趋势与展望》报告显示，在来华免签、支付等入境便利化政策的推动下，加之社交媒体上有关来华旅游的信息更加丰富，入境游客的需求特征呈现出新特点，旅行方式散客化、目

的地小众化、体验内容生活化，进一步促进了旅游市场的多元化发展。再看东南亚地区，今年以来旅游业加快复苏。据东盟旅游协会最新报告，2024年第一季度，前往该地区的国际游客人数大幅增长，泰国、马来西亚和新加坡等热门旅游目的地的酒店入住率和航班客流量显著增加。泰国总理府发言人介绍，2024年前5个月泰国共接待外国游客1476万人次，比去年同期增长38%，带来超过7000亿泰铢（1元人民币约合5.11泰铢）的收入。越南、马来西亚、印度尼西亚等国的旅游业也都取得了显著增长，成为全球旅游市场中不可忽视的新兴力量。

展望未来，全球旅游业呈现出以下特征：

（1）根据联合国旅游组织长期预测报告《旅游走向2030年》（*Tourism Towards 2030*），全球范围内国际游客到访量从2010年到2030年，将以年均3.3%的速度持续增长，到2030年将达到18亿人次。

（2）2010年至2030年，新兴目的地的游客到访量预计将以年均4.4%的速度增长，是发达国家/经济体年均2.2%增速的两倍。

（3）预计到2030年，新兴经济体的市场份额将超过全球一半，达到57%，相当于10亿国际游客到访量。

想一想 2008年出境旅游花费前十位的国家分别是德国、美国、英国、法国、中国、意大利、日本、加拿大、俄罗斯、荷兰。2018年，出境旅游花费前十位的国家变成了中国、美国、德国、英国、法国、澳大利亚、俄罗斯、加拿大、韩国和意大利。

从旅游花费排名来看，旅游客流为什么多源于这些国家？10年间，旅游客源国的变化说明了什么？

任务64
了解中国旅游市场

自2004年起，我国已连续几年成为世界第四入境接待国，亚洲第一客源输出国，世界第一国内旅游大国，实现了从旅游资源大国到世界旅游大国的跨越。

我国旅游市场主要分为三部分，即入境旅游市场、国内旅游市场、出境旅游市场。

（一）入境旅游市场

1. 发展概况

根据联合国旅游组织的解释，入境旅游是指非该国居民在该国的疆域内进行的旅游。我国对入境旅游市场（outbound tourist arrivals）的界定是，入境旅游市场，又称海外旅游市场（overseas tourist），它由三部分构成：外国人（包括外籍华人）、海外华侨（指持有中国护照但长期侨居外国的中国同胞）、港澳台同胞。

改革开放以来,我国入境旅游市场有了长足发展。

2017年,原国家旅游局发布了《中国旅游发展报告(2016)》。报告指出,中国旅游业虽然起步较晚,但接待的外国过夜旅游者人数以每年翻番的速度增长。报告提供的数据显示,1978年,全国共接待的入境过夜游客仅为71万人次,旅游外汇收入不到3亿美元,两项指标在世界的排名均居40位以后,分别位居第41位和第48位。但是到1994年,中国接待的入境过夜游客数和旅游外汇收入在全球的排名双双进入世界前10位,分别位居第6位和第10位;2006年的排名跃居前五位,其中,接待的入境游客数量位居世界第四位。2008年,中国接待入境游客1.3亿人次,旅游创汇408.4亿美元,分别是1978年的72倍和155倍,年均增长率分别为15.31%和18.31%。

随着接待入境过夜旅游人数翻倍增长,旅游外汇收入也以几何级数的方式增长。报告提供的数据显示,1987年我国接待入境过夜旅游人数首次突破了1000万大关,2007年接待规模已超过5000万人次,实现从4000万到5000万的跨越仅用了3年时间。同时,旅游外汇收入每增加50亿美元所花的时间更短,2014年旅游收入已达到1000亿美元,用时2年。

随着中国经济的崛起,中国已经成为世界各国游客最喜爱的旅游目的地国家之一。1978年到2014年间,中国入境过夜旅游人数年均增长率为12.85%,高出同期世界国际旅游人次增长率(约4%)8个百分点;旅游外汇收入年增长率为18.95%,也高出同期世界国际旅游收入增长率(近7.6%)约11个百分点。据该报告称,目前,中国已成为全球国际游客到访量最大的国家之一。

2019年中国接待入境游客1.45亿人次,同比增长2.9%。中国入境游进入平稳发展、效益提升的阶段。2020年新冠疫情对中国出入境旅游的冲击很大。2023年,受出入境旅游政策的优化、居民出境游意愿的增强、入境旅游供应链的重建与修复以及入境便利度的持续优化等多重积极因素的叠加推动,我国出入境旅游步入有序恢复新通道。2023年,入境游客8203万人次,其中,外国人1378万人次,香港、澳门和台湾同胞6824万人次。2024年,入境游客13 190万人次,增长60.8%,其中外国人2694万人次,香港、澳门和台湾同胞10 496万人次。入境游客总花费942亿美元,增长77.8%。通过免签入境外国人2012万人次,增长112.3%。

入境游客人次对比

年份	入境游客人次/万人次	外国人人次/万人次	港澳台同胞人次/万人次	国际旅游收入/亿美元
2019	14 531	3188	11 342	1313
2023	8203	1378	6824	530
2024	13 190	2694	10 496	942

(数据来源:国家统计局《国民经济和社会发展统计公报》)

2. 免签政策引爆入境旅游

2024年，在免签政策的助推下，中国入境旅游市场呈现强劲增长态势，尤其是亚洲与欧洲市场均实现突破性增长。据携程平台数据监测，全年入境旅游人次实现显著跃升，其中通过免签渠道入境的外国游客数量增长尤为亮眼。

携程平台数据显示，2024年，韩国跃升为入境中国旅游人次最多的国家，同比增长1.3倍。日本游客入境旅游人次也有显著提升，同比增长近两倍。同时，"新、马、泰"三国游客作为入境旅游的主力军，占外国入境旅游人次的25%。其中，马来西亚游客增长势头迅猛，入境旅游人次较2023年增长超5倍。

在客源国排名方面，2024年入境旅游主要客源国前十名分别为：韩国、美国、新加坡、泰国、马来西亚、日本、俄罗斯、英国、澳大利亚和印度尼西亚，充分体现出免签政策对东亚、东南亚市场的强力拉动效应，同时也带动了欧美市场稳步回暖。

从入境游客的目的地选择来看，中国一线及新一线城市深受外国游客青睐。2024年最受外国游客青睐的十大城市依次为：上海、广州、深圳、北京、成都、杭州、重庆、哈尔滨、昆明和珠海。作为国际化大都市的上海，凭借完善的旅游配套设施、便捷的交通网络及极具吸引力的免签政策，荣登榜首。特别是240小时过境免签政策的实施，使其成为国际游客重要的中转枢纽，全年过境订单量占总订单量近半，进一步强化了其在国际旅游版图中的枢纽地位。

为吸引更多国际游客，中国可从以下几方面推广旅游服务：

（1）塑造品牌形象，扩大国际传播。通过深度挖掘历史文化、自然风光与民俗风情，打造如"魅力华夏，千年文明之旅"等具有中国特色的旅游品牌。运用国际主流媒体、旅游杂志投放广告，与海外旅游博主合作推广，借助Facebook、X等社交媒体发布视觉内容，全方位传播品牌。积极参与世界旅游交易会等国际展会，展示旅游资源，提升国际知名度。

（2）丰富产品供给，强化文化体验。除传统旅游产品外，针对商务人士、亲子家庭等不同群体开发多元化旅游产品，满足个性化需求。重点设计文化体验项目，如传统手工艺工作坊、节日庆典参与等，推出"丝绸之路文化之旅"等主题线路。加强与美国运通等国际旅游企业合作，联合开发产品，拓宽国际销售渠道。

（3）提升服务质量，优化旅游环境。对旅游从业人员开展外语与服务规范培训，提升专业素养。完善交通枢纽、景区、酒店等基础设施建设，增强国际服务功能。加强旅游市场监管，打击宰客等违规行为，保障游客权益，营造文明友好的旅游氛围。

（4）简化入境流程，便利国际游客。放宽签证政策，延长有效期、增加多次往返类型，推行落地签、电子签等便利措施。升级边境口岸设施，运用信息技术开设旅游绿色通道，加强国际部门合作，提高通关效率，减少游客入境阻碍。

（5）深化国际合作，举办特色活动。与各国旅游部门签订合作协议，联合开发跨境旅游产品，推动区域旅游一体化。举办国际旅游节、马拉松赛事等活动，吸引国际游客参与，提升国际影响力。积极参与国际旅游组织活动，参与规则制定，增强中国在国际旅游领域的话语权。

（二）国内旅游市场

中国国内旅游业是刺激消费、促进就业的有力手段。假日经济的兴起，更是极大地推动了国内旅游的蓬勃发展，无论在旅游人次上，还是旅游消费总额上都远远超过入境旅游市场。大体而言，国内旅游市场有以下几个基本特点：

1. 市场规模大，发展潜力大

20世纪90年代以来，我国的国内旅游迅猛发展。1990年，国内旅游人次2.8亿，国内旅游总收入170亿元人民币；2008年，国内旅游人次增长了6倍多，达到17.1亿，国内旅游总收入增长超过50倍，达到8749.3亿元人民币。2019年，国内旅游人次达到60.06亿，相当于每个人国内游4次以上，国内旅游总收入增长到5.73万亿元。2020年，受新冠疫情冲击影响，国内旅游市场人次和收入有所下降。但从2021年开始，国内旅游市场逐步回暖。2023年国内出游人次48.9亿，同比增长93.3%；国内游客出游总花费4.9万亿元，同比增长140.3%。

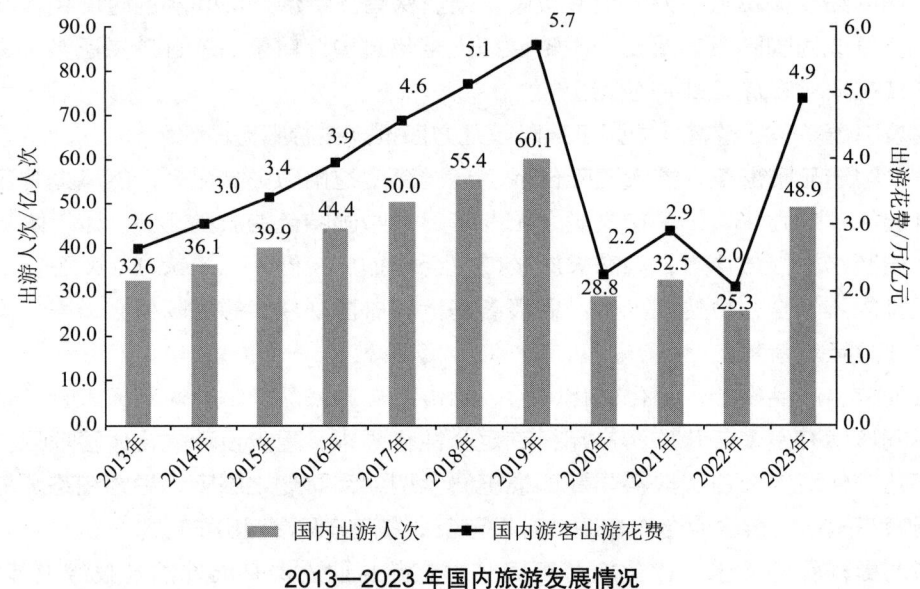

2013—2023年国内旅游发展情况

（资料来源：中华人民共和国文化和旅游部《2023年文化和旅游发展统计公报》）

2024年，国内出游56.2亿人次，比上年增长14.8%；其中，城镇居民国内出游43.7亿人次，增长16.3% 农村居民国内出游12.5亿人次，增长9.9%；国内游客出游总花费57 543亿元，增长17.1%。

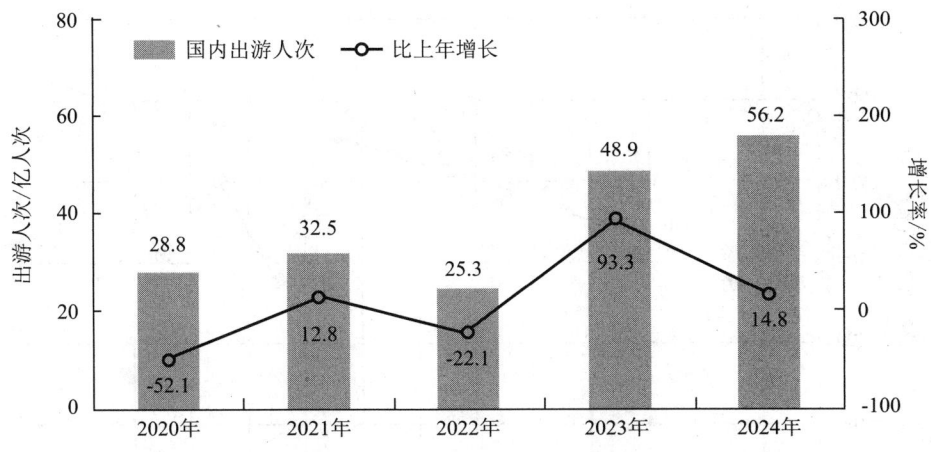

2020—2024年国内出游人次及其增长速度

（资料来源：《中华人民共和国2024年国民经济和社会发展统计公报》）

随着受教育程度普遍提高，人们收入增加，带薪休假增多，交通设施日益完善，以及国家相应的扶持政策，国民对旅游的需求将更加普遍，国内旅游市场的发展潜力将不可限量。

2. 消费增长快速，人均消费水平仍很低

从20世纪90年代到现在，国内旅游市场人均消费水平虽然在持续增长，但总体水平仍然很低，而且城乡差别较大，城镇居民消费水平远高于农村居民。

2000年，国内居民国内旅游人均消费426.6元，其中，城镇居民678.6元，农村居民226.6元，相比较，海外过夜游客人均天消费达136.85美元。2008年，国内居民国内旅游人均消费511元，其中，城镇居民849.4元，农村居民172.6元，相比较，海外过夜游客人均天消费达200.43美元。2019年，国内旅游人均每次旅游消费953元。2023年，国内旅游人均每次旅游消费1003.88元，其中，城镇居民人均每次旅游消费1112.29元，农村居民人均每次旅游消费653.13元。2024年，国内旅游人均每次旅游消费1024.04元，同比增加20.16元，增长2.0%，其中，城镇居民人均每次旅游消费1128.15元，同比增长1.4%；农村居民人均每次旅游消费666.67元，同比增长2.1%。

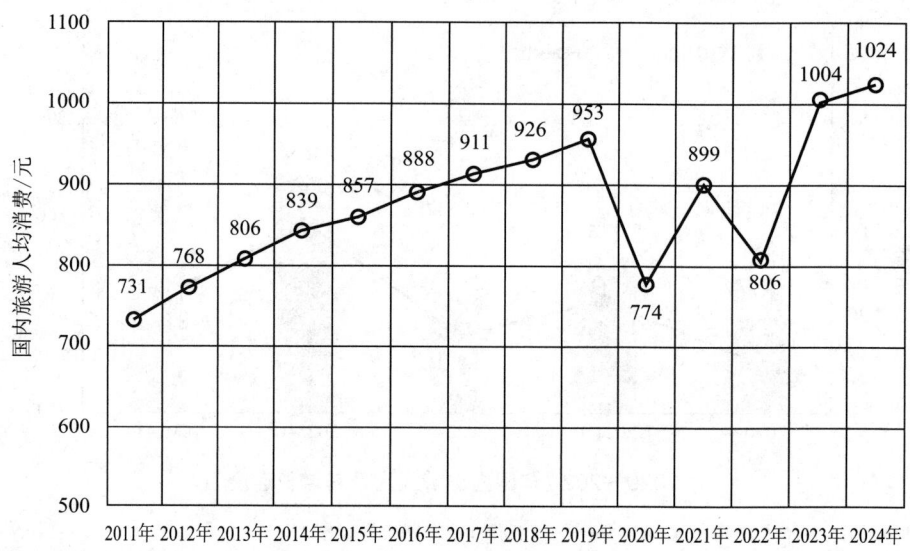

2011—2024 年国内旅游人均消费

（资料来源：中国旅游研究院）

3. 国内旅游呈现本地化和高频化趋势

根据《中国国内旅游发展年度报告 2024》，近年来国内旅游市场呈现出鲜明的本地化、近程化趋势，省内游已成为国内旅游的核心组成部分。中国旅游研究院的调研显示，2024 年国内旅游客流结构中，省内近程旅游客流占比高达 74.9%，而省际远程旅游客流仅占 25.1%。在省际旅游方面，相邻省份间相互输送客源的特征尤为突出，旅游客流随着空间距离的增加而明显减少。以上海、北京、广州为例，83.5% 的上海都市游游客来自长三角地区，60% 的北京游客源自京津冀区域，而广州游客中更是有 90% 来自珠三角地区。

从旅游产品类型来看，都市游、乡村游、周边游以及周末游成为市场增长的主要驱动力，有效提升了国民旅游出行的频次。尽管 2023 年周末时间仅占全年的 28.6%，但周末游人次却占全年国内旅游总人数的 41.1%，呈现出时间短、距离近、出行频繁的特点。以 2024 年清明节、劳动节和端午节三个小长假为例，80.1% 的周边游游客选择了两次及以上出游；其中 53.5% 偏好城市郊区或市内游玩，64.7% 的游客累计出游时间控制在 2 天以内。乡村游市场同样发展迅猛，2024 年 1 至 9 月，我国乡村游市场渗透率达到 35.88%，无论是工作日还是周末，乡村旅游活动都保持着高频次开展的态势。

4. 需求升级驱动旅游高质量发展

"一老一小"成为国内旅游市场瞩目的焦点，老年旅游、旅居康养、研学旅行、亲子旅游等特色旅游，前景广阔。依据最新旅游抽样调查数据，2024 年，45 岁以上的中老年旅游者出行人次总计达 11.94 亿，在国内旅游客源市场中占比 36.81%，已然成为国内旅游市场不可或缺的重要客源力量。

与此同时，14岁及以下青少年旅游者数量迅速攀升，青少年研学旅行的需求也呈现出持续增长的良好态势。

特种兵旅游、疗愈旅游、夜间旅游、候鸟旅居、避暑避寒等新兴旅游方式如雨后春笋般不断涌现，极大地丰富了游客的选择。

中国旅游研究院的调查结果显示，在旅游体验方面，45.5%的游客十分看重行程中的美食体验，而59.2%的游客则乐于在旅行过程中深入探究目的地的美食文化。再看老年旅游群体，新一代老年人平均每年会进行8次国内旅游，且每次旅行的花费多在数千元以上。其中，84%的老年游客期望能够享受到更优质的旅游产品与服务，71%的老年游客更青睐专为老年人设计打造的旅游产品。

5. 自驾游成为中短程旅游主要出行方式

据交通运输部统计，2023年我国平均每天超过1.6亿人次跨区域出行，其中1.5亿人次通过公路出行。在2023年我国565.6亿人次的公路人员流动量中，非营业性小客车出行量为455.5亿人次，占比80.5%。

《中国国内旅游发展年度报告2024》指出，自驾游已成为国内中短程旅游的主流出行方式。随着旅游消费需求升级，国内游客对行程规划自主性的要求日益增强，更倾向于自由掌控线路选择与时间安排。中国旅游研究院的调研数据印证了这一趋势：2024年春节至国庆期间的6个重要节假日，选择自驾出游的国内游客占比近半，达到49.3%。自驾旅游呈现出鲜明的"短途高频"特征，70.6%的自驾游客选择周边游；在出行时间上，49.9%的游客单次出游时长控制在12小时以内；从距离分布来看，半数自驾游客的出游半径在80公里以内，充分体现出自驾游在中短程旅游场景中的主导地位。

（三）出境旅游市场

中国公民出境旅游活动是在改革开放政策实施以后才逐渐出现的，沿着"港澳游""边境游"和"出国旅游"的顺序逐渐发展，从探亲访友、商贸活动到休闲观光逐渐展开。国家政策和管理办法也经历了试验、放松到逐渐放开的过程。

20世纪90年代以后，出境旅游开始有了长足的发展，出境旅游的人数不断增加，出境旅游的目的地不断扩大。2000年，中国公民出境旅游人次首破1000万大关，至2008年，出境旅游人次达到4584.4万，占全球出境游总人次9.22亿的4.97%；旅游花费362亿美元，占世界国际旅游总花费额9430亿美元的3.83%，居全球第5位。

根据原世界旅游组织发布的《2015全球旅游报告》（*UNWTO: Tourism Highlights 2015 Edition*），中国作为全球第一大旅游客源市场，持续其超常规增长态势。2014年，中国游客海外花费同比增加27%，达1650亿美元。受可支配收入提高、人民币汇率坚挺、旅行设施改善和出境旅游限制减缓等利好因素的影响，中国出境游市场在过去20年增速喜人。中国贡献了全球旅游收入的13%，让全球一批目的地特别是亚太地区的目的地获益匪浅。

2018 年，我国出境旅游市场规模增长到 1.49 亿人次，同比增长 14.7%。出境游客境外消费超过 1300 亿美元，增速超 13%。

2019 年，我国出境旅游市场规模再创新高，增长到 1.55 亿人次，同比增长 3.3%。出境游客境外消费超过 1338 亿美元，增速超 2%。

2023 年，出境旅游开始摆脱疫情阴霾，呈现快速增长态势，我国内地居民出境旅游 8763 万人次，海外旅行消费达到 1965 亿美元，再次位居全球首位。2024 年，内地居民出境 14 589 万人次，其中因私出境 14 015 万人次，赴港澳台出境 9712 万人次。

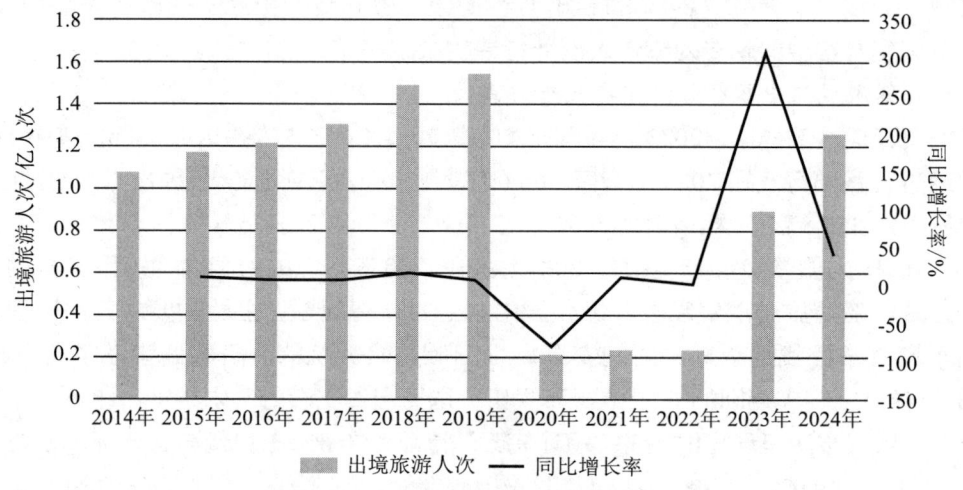

2014—2024 年我国出境旅游人次和增长率

（资料来源：中国旅游研究院《中国出境旅游发展年度报告 2024》）

总体而言，我国出境旅游市场呈现以下几个特点：

1. 我国出境市场稳步进入常态化发展新阶段，已表现出中等消费特征

随着我国经济社会发展步入常态化发展新阶段，出境旅游得以快速复苏。尽管再次进入"亿人次"时代，中国出境旅游市场的客源产出、空间流向、市场规模、消费结构等仍处于与国情相适应的初级阶段。

从客源产出来看，中国出境旅游的发展并不是一个整齐划一的整体渐进过程，由于区域社会经济发展差异，使出境客源呈现出显著的空间非均衡特征。长期以来，东部地区占据着中国出境旅游客源产出的主要位置，广东、北京、上海、江苏、浙江、山东等省（区、市）出境旅游人次相对较高，是内地（大陆）出境旅游的主要客源市场，具有高消费和高频次的特征。月度平均值和总客源变化差距较小。

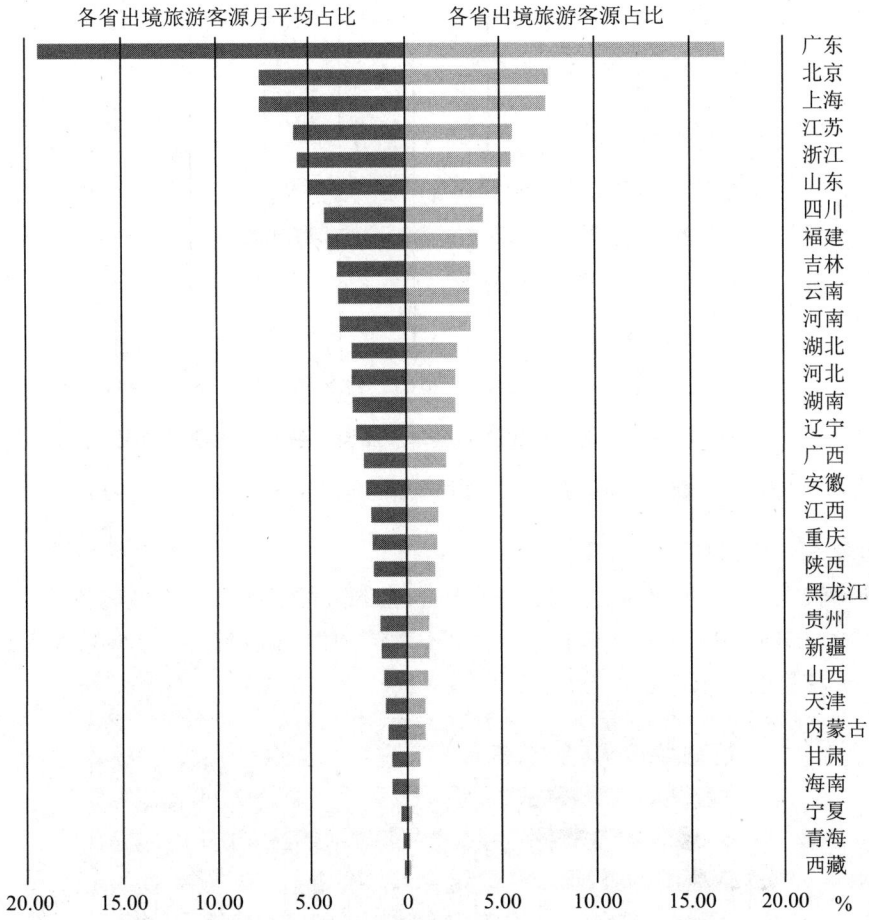

2024年1—11月我国各省（区、市）出境旅游客源占比和客源月平均占比分布

（资料来源：中国旅游研究院《中国出境旅游发展年度报告2024》）

从空间流向来看，约70%的出境游客流向港澳台地区，表明中国内地的出境旅游行为仍呈现出以短途旅游为主的特点，并在出行距离、旅游目的、停留时间以及人均消费上显示出介于国内旅游与出国旅游之间的过渡性特征。

从市场规模来看，基于人口总量的相对规模，特别是严格意义上的出国旅游率，我国与发达国家、金砖国家相比均相对滞后。

就消费结构而言，2018年以前，购物一直是我国出境旅游消费的主体项目，表明中国游客的消费行为还处在从尝试型向成熟型逐渐发展的阶段。但从2019年开始，消费结构表现出中等消费特征。2024年，人均消费金额相较2019年又提升一个层级，出境游客人均花费在2001~5000元的占比56.76%。出境游客外花费最高的项目为餐饮，占比33.76%；其次为购物和交通，占比分别为28.45%和18.23%。

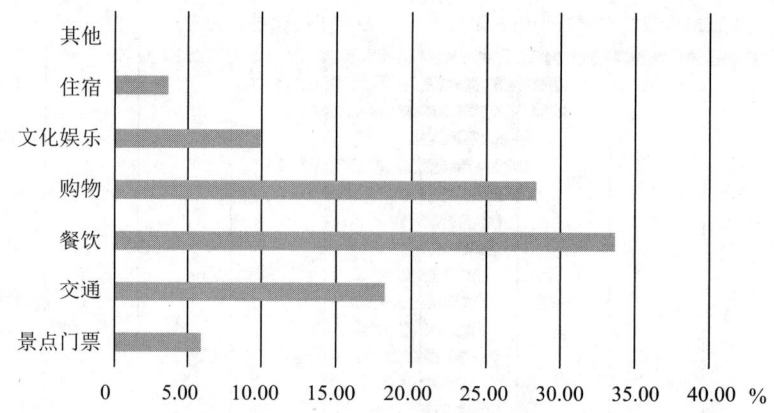

2024 年中国内地受访出境游客单次旅游花费最多的项目情况

（资料来源：中国旅游研究院《中国出境旅游发展年度报告 2024》）

2. 出境游以近程目的地为主

目前，我国出境旅游空间格局仍呈现出明显的近程目的地为主的特性。

从 2010 年到 2018 年的 9 年间，中国出境旅游中，赴港澳台旅游的人次始终占六成以上，大部分时间占比超过七成。

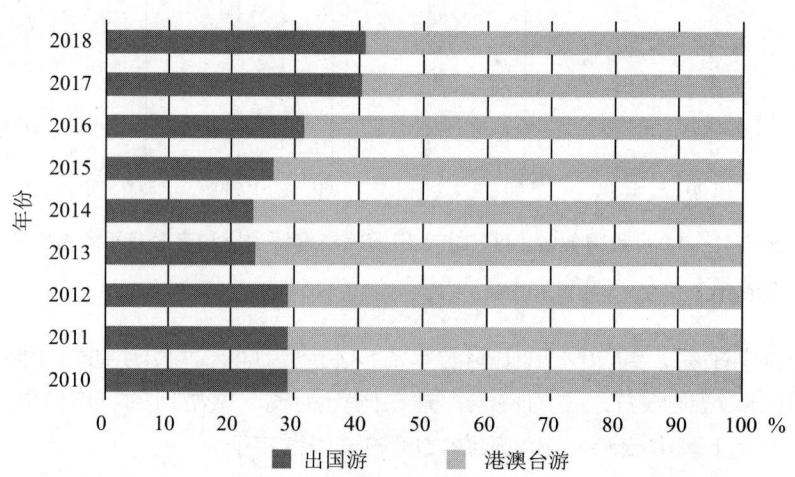

2010—2018 年中国出国旅游人次与赴港澳台旅游人次比较

（资料来源：中国旅游研究院《2019 中国出境旅游发展年度报告》）

2019 年，中国内地（大陆）赴港澳台旅游人数仍比上年同期增长 3.2%，港澳台仍是出境旅游最主要的目的地，旅游人次超过 1 亿，但赴澳门旅游人数首次超过赴香港旅游人数。

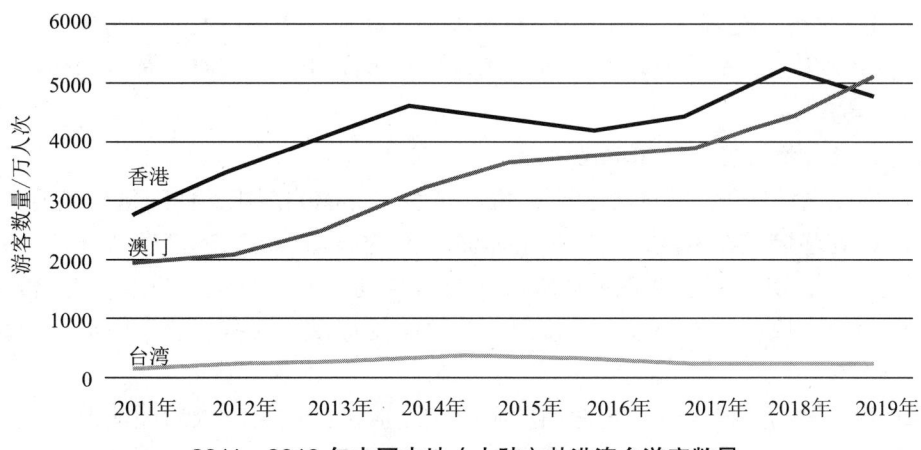

2011—2019 年中国内地（大陆）赴港澳台游客数量

（资料来源：中国旅游研究院《2020 中国出境旅游发展年度报告》）

即使不把港澳台市场纳入统计范围，在中国出境游中，亚洲市场仍然在洲际市场上占据首位。尤其是以东南亚和东北亚等周边区域为代表的"大热带"稳定，且周边目的地保持较高热度。

根据中国旅游研究院报告，在 2024 年排名前二十的出境旅游目的地中，中国港澳台地区的比例最高，占比超过 30%；东南亚区域的泰国、缅甸、越南共吸引了超过 10% 的中国出境游客；东北亚地区的日本、韩国也同样吸引了超过 10% 的中国出境游客。在北美和大洋洲区域的目的地中，美国和澳大利亚分别占据最大、最主要的份额。

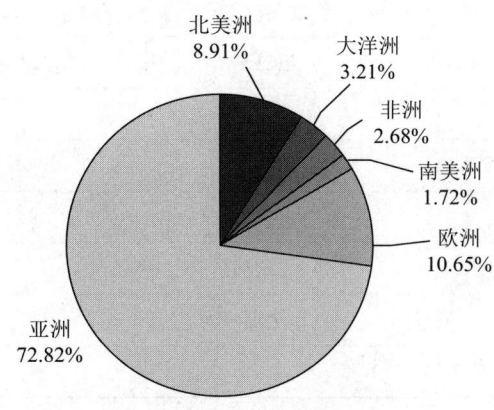

2024 年出境旅游目的地大洲分布

（资料来源：中国旅游研究院《中国出境旅游发展年度报告 2024》）

与此同时，中国出境旅游目的地呈现出更为多元化的态势。2024 年，中国出境游客的足迹遍布全球 210 多个国家或地区，其中，百万人次以上的出境国家或地区接近 20 个，十万人次以上的超过 60 个，万人次以上的超过 150 个。"中法文化旅游年""中国—赞比亚文化和旅游年""中国—哈萨克斯坦旅游年"等一批文化旅游年的举办，使跨越国际的文化和旅游交流合作不断走深走实，也促进了出入境旅游目的地更加明显的多元化趋势。

3. 消费能力推动签证等环境优化

出境规模与消费能力的不断扩大，推动了发展环境的优化，特别是与"出境大国"相匹配的签证环境正在形成。中国出境旅游庞大的市场与巨大的消费能力，使得境外目的地越来越重视保障中国公民在旅行和旅游活动中得到公正、公平、优惠的待遇，包括提供更宽松优惠的签证权利、设立更多的中文标识与服务、提供更符合中国游客喜好的产品等。

中国外交部的数据显示，持普通护照中国公民前往有关国家和地区入境便利待遇越来越好。截至 2025 年 4 月，中国已经与 157 个国家缔结了涵盖不同护照种类的互免签证协定，与 40 多个国家达成简化签证手续协定或安排，与 27 个国家全面互免签证，60 多个国家和地区给予中国公民免签或落地签便利。中国护照的"含金量"越来越足。

与中国全面互免签证的国家（截至 2025 年 4 月）

亚洲 9 国				
阿联酋	马尔代夫	泰国	卡塔尔	哈萨克斯坦
格鲁吉亚	亚美尼亚	新加坡	马来西亚	
欧洲 5 国				
圣马力诺	塞尔维亚	白俄罗斯	波黑	阿尔巴尼亚
北美洲 5 国				
巴哈马	格林纳达	巴巴多斯	多米尼克	安提瓜和巴布达
非洲两国				
塞舌尔			毛里求斯	
大洋洲 4 国				
斐济	萨摩亚	汤加	所罗门群岛	
南美洲两国				
厄瓜多尔			苏里南	

2014 年 APEC 会议后，各国对华签证政策持续改善，在签证程序简化、签证政策放宽、延长免签计划等方面都有所表现，并且取得了显著成效。如英国推出 24 小时超级优先签证服务，美国、加拿大、日本等国推出或延长多次往返的签证期限。这些国家不仅将客源锁定在富裕阶层和商务人士身上，而且也逐渐向年轻人倾斜。据了解，美国多个国家公园提供中文信息指南；澳大利亚出版首份中文地图；马来西亚旅

游官方网站推出全新中文版；日本提供中文等电话翻译服务，设置中文标识的出租车站；韩国大力培养中文导游，制作中文购物指南；西班牙马德里将中文纳入公务员培训内容；俄罗斯圣彼得堡等城市与芬兰、瑞典共同开发面向中国游客的"红色旅游线路"等。

以签证环境为代表的旅游便利化持续改善，正在消解曾经的政策和心理障碍；新的航班、航线和境内铁路业的发展，使得跨境交通网络不断优化；出境旅游的市场辐射范围持续增长，提升了客源地游客产出能力；顺应中国游客习惯而提供的中文标识、中式服务和越发便利的目的地支付等一系列便利因素，在一定程度上提升了中国游客的出游期待，助力了出境旅游的恢复进程。

4. 出境游客需求的个性化、复合化、碎片化

当前的出境旅游越来越呈现出散客出游的特征，自由行正在出境旅游中占据更大的比重。与之相伴随的，正是游客的需求呈现出明显的个性化、复合化和碎片化的特性。即便通过旅行社出游，也出现了更多家庭包团、定制线路等个性化的旅游需求，"小团"越来越多，占比越来越大，开始成为市场的主流。

根据中国旅游研究院提供的数据，2024年，出境旅游群体年轻化趋势显著，主要集中在18~29岁；呈现出高学历出行特征，主要以专科和本科为主；以观光旅游和休闲度假为主要出境旅游目的，景区参观游览是境外旅游最重要的项目；偏好与朋友、家人结伴出游，安全和吸引力是选择旅游地的重要影响因素；更关注性价比、饮食和住宿条件，更期待新奇体验，希望到访有特色美食和文物古迹的目的地；网络社交媒体、旅游相关网站等已经成为出境游客最主要的信息来源渠道。

做一做 请你开动脑筋，尝试将我国境外游、出境游、国内游的市场情况（地域、人次、收入）设计成一个图表。

项目 19
深谋远虑
——市场营销指导

2006年7月,欢乐谷在北京高调开业,在试营业第一天,开门仅两个半小时,就有1万名游客进入欢乐谷,引发了北京主题公园的大地震。

欢乐谷作为国内较成功的主题公园之一,凭借其多年的品牌化运营思路,成功打造了"欢乐谷"这一娱乐品牌,跟中国诸多主题公园比,已经从"做产品"的有形阶段上升到"做品牌"的无形阶段。通过娱乐品牌的打造,提升了"欢乐谷"品牌的核心竞争力和认知度,从而有效地跟中国上千家主题公园进行了定位区隔,并形成了强大的品牌影响力和识别体系。

多年来,欢乐谷一直坚持自己的"繁华都市开心地"的品牌核心价值定位,并通过种种活动与公关策划,不断强化着自己的这一品牌定位。它想告诉顾客:欢乐谷能让你从繁忙的都市工作生活中解脱出来,释放自己;想释放自己,就到欢乐谷。

以上案例,体现了营销的真正内涵。那么,怎样定义营销?旅游市场营销又有什么特征呢?

任务 65
了解营销的概念

"营销"一词最早起源于美国,其英文为 marketing。20世纪最具影响力的世界级管理大师彼得·德鲁克认为:营销的目的是要使销售成为多余。营销的目的是要充分认识和了解顾客并使产品或服务能适合顾客,并自行销售自己。这段话的意思就是说,如果企业能够真的了解顾客的需求,设计适当的产品或服务,就不需要广告和销售活动了。广告和销售只是营销的一小部分活动,营销的真正含义是指通过交换过程以满足人们需要的人类活动。

美国著名的营销学者科勒认为:"营销是一种通过交换过程满足人们的需要和欲望的活动。"

我们可以看到,营销不是一种手段,而是一种理念,是贯穿企业各个环节的综合管理过程。美国营销协会是这样给营销下定义的:"营销是对商品和服务的观念、定价、推销及分配进行筹划、从而满足个人和组织需要的过程。"从这个定义中,我们可以看出营销的各个构成要素。它包括产品的定位（观念）、定价、推销、分销（分配），最后达到满足顾客的需要，同时，企业实践经营目标的需要也得到了满足。

任务 66
了解市场营销及其过程

市场营销，就是尽一切努力去了解谁是你的顾客，以及他们想要什么，需要什么，并通过以下方式让顾客满意并使企业赢利：

第一，提供客人需要的产品及相关服务。

第二，制定客人愿意接受的产品价格。

第三，让客人了解并吸引他们购买自己的产品或服务。

要经营好旅游企业，必须尽可能多地去了解旅游者，了解他们想要什么，这样才能更好地为他们服务。这是市场营销工作的起点。

1. 明确市场定位

我们的营销对象是：

第一类，现有的客人。

第二类，希望在今后争取到的客人。

第三类，已经失去但希望再争取回来的客人。

为明确市场定位，我们要罗列下列问题：

（1）我们打算向哪类客人销售产品。

（2）客人们想要哪些产品或服务，以及他们需要这些产品和服务的原因。

（3）他们愿意接受多高的价格。

（4）客人们的居住区域及活动半径有多大。

（5）竞争对手是谁，这些对手销售同类产品或提供同类服务吗，竞争对手的实力如何。

2. 进行市场调研

给上述问题寻找答案的过程就是"市场调研"，在调研过程中，掌握的信息越多，做出的经营决策就越正确。上述信息来自以下几方面：

（1）客人。调研的常用方法是发放调查表；与客人面对面交谈；倾听客人如何议论本企业的产品及服务。

（2）竞争对手。研究竞争对手的产品及服务特色、产品及服务价格。最直接有效的方法是到竞争对手那里转转，看看他们的硬件特色，体验他们的软件服务，听听客人们如何议论竞争对手的产品和服务。

（3）更新知识。通过互联网、电视、报纸等媒介，收集其他企业的营销信息，关注旅游业的发展态势，及时更新服务。

3. 运用市场营销 4P 理论

经过市场调研后，我们要学会运用市场营销 4P 理论，确定能够满足客人需求的产品（Product），选择销售渠道（Place），制定产品价格（Price），明确促销手段（Promotion）。

4P 理论是一种营销理论，它取了 Product、Place、Price、Promotion 四个单词的首字母，中文意思分别对应产品、渠道/地点、价格、促销。这一理论是杰瑞·麦卡锡教授在其 1960 年出版的《营销学》一书中最早提出的。之前，杰瑞的导师理查德·克鲁维曾使用过以产品（Product）、定价（Price）、分销（Distribution）、促销（Promotion）为核心的理论框架，后来杰瑞把"分销"换成了"地点"（Place），使这个理论成为后来尽人皆知的 4P 理论。

Product

旅游产品是指旅游者以货币形式向旅游经营者购买的，一次旅游活动或经历所消费的全部产品和服务。它包含了旅游资源、旅游设施、旅游服务等多种要素。企业在定位旅游产品时应注意：

（1）提供的产品或服务必须满足客人的不同需求。

（2）当客人的需求发生变化时，要及时调整产品和服务。

（3）要提供给客人他们想要的产品，而不是只销售与其他竞争对手相似的产品和服务。

（4）任何产品都不会永远畅销，所以要与时俱进，通过各种途径收集产品和服务新信息，先于竞争对手开发出新的产品。

Place

销售渠道是指旅游企业的产品从生产企业流转到消费者手中的整个过程中所经历的各个环节和推动力量之和。如饭店客房的销售渠道主要有以下几类：

（1）客人直接向酒店预订客房。

（2）客人通过饭店所加入的预订网络预订客房。

（3）客人向饭店签订商务合同的单位预订客房。

（4）由旅行社预订客房。

（5）由航空公司预订客房。

（6）由会议组织机构预订客房。

（7）由政府机关或企事业单位预订客房。

Price

（1）价格必须是客人愿意接受的价格。

（2）价格既要对客人有吸引力，又要保证旅游企业能够获得尽可能高的利润。

要做到上述两点，在给旅游产品及服务定价前，我们需要掌握下列信息：

（1）知道旅游企业的分类定级，如五星级饭店的客房价格自然要比青年旅馆的价格要高。5A 旅游景区的门票价格通常要比一般景点的门票价格要高。

（2）知道旅游企业的经营成本。
（3）知道客人愿意接受的价格。
（4）知道同类产品竞争对手的价格。
（5）知道使自己的产品和服务更有吸引力的方法，如酒店推行淡旺季价格，旅游景区对特殊群体实行免票或半票。

Promotion

在现实生活中，我们经常会看到，旅游企业有高品质的产品和服务，并制定了客人愿意接受的价格，但其营销业绩仍不理想……这时，就要通过"促销"来让客人知道自己的产品和服务。促销是企业常用的一种营销手段，旨在通过各种方式，如打折、赠品、抽奖等，来刺激消费者的购买欲望，从而在短期内提升销量、扩大市场份额。促销活动的设计需考虑多个因素，如目标客户群体、产品特性、市场竞争态势等，以达到最佳的营销效果。

以上只是对市场营销基本常识的简单介绍。要学以致用，还需要结合实践，多观察多积累多思考，才能一步步学会如何给市场定位、如何进行市场调研、如何运用市场营销组合要素为家乡旅游发展献计献策。

任务 67
学习给自己的旅游企业定位

1. 进行市场细分

第一，要进行大量的市场信息收集工作；哪里有市场，市场规模如何，有哪些细分市场，游客的消费偏好、旅游过程中的购买习惯如何等。

第二，市场细分的目的是要发现旅游企业最佳、最广的客户群体。

第三，从不同角度对游客进行细分。需考虑的因素：地理位置（游客来源地的文化、历史等对游客外出选择有重大的影响）；人口细分（包括游客年龄、职业、收入、教育水平、生活爱好、家庭成员、宗教信仰等）；心理细分（游客出游的目的是猎奇，是普通观光休闲，是放松娱乐，还是学习充电等）。

2. 选择目标市场

在细分市场后，就要考虑如何确定目标市场了。在选择过程中，以下三种情况比较常见：

第一，无差异市场营销。不考虑各市场的特性，只注重市场的共性，推出单一产品，运用单一的市场营销组合，力求尽可能满足最多游客的需求。这样的目标市场属于传统型，创新不大，稳中求进，没有特色是其最大的特色。

第二，差异市场营销。设计不同的产品，在渠道、促销、定价等方面都有所改变。甚至运用"反向"思维，求新、求异、求变。这种选择有一定的风险，但符合市场多元化的需求，个性鲜明，针对性强，竞争力较强。

第三，集中性市场营销。又称为密集性市场营销，它是在细分市场的基础上，选择一个或少数几个细分市场作为自己的目标市场，然后集中全部营销力量，实行专业化经营，满足某些特定市场的消费需求。

3. 市场定位

当选定目标市场后，就可以进行市场"定位"了。在定位的同时，与之配套的宣传口号、活动内容、营销渠道等也要相应成形。常用的定位方法有以下三种：

第一，攀附定位。如把三亚誉为"东方夏威夷"，把澳门誉为"东方的蒙特卡洛"等，借助已有的竞争对手的定位，与之接近，归为同类，让游客能迅速明白该旅游产品的主要特征。当然，这样的方法虽然较为简单，但自身的风格特点往往也不能突出。依附"他人"宣扬自己实非上乘之选。

第二，逆向定位。如普通动物园，动物在笼子里，人在外观看；而开发野生动物园，则是人被"囚禁"在车中，让动物在笼外宽阔的空间自由活动。这样的逆向定位比较常见也容易奏效。再如，借助特殊的地理、气候条件或者人为的设计，开发夏天看冰、冬天赏花等类似活动。这种逆向定位会大大刺激人们的好奇心理，激发他们的体验欲望。

第三，狭缝市场定位。这是一种当旅游企业不具有明显的特色优势时，可以利用被其他旅游企业遗忘的旅游市场角落来塑造自己的旅游产品的市场定位方法。比如河南辉县有名的电影村，本来是一个普普通通的太行山村，自从著名导演谢晋在此拍过一部电影后，山村开始走上旅游发展道路。他们以洁净的山泉水、清新的空气、干净卫生的住房条件，用比市场低得多的价格（包食宿每天 10~20 元）占领了附近城市的休闲旅游市场和美术院校的校外写生市场。

任务 68
学习策划企业品牌

说到品牌，也许有人会马上回答"出名的东西就是品牌"，也许有人回答"质量好的东西就是品牌"。这些回答都有道理，但都不全面。

1. 什么是品牌

"品牌"指的是企业或其产品的名称、标志、符号等，用于区分不同企业的产品或服务，并传达企业的独特价值或形象。可以称为"品牌"的旅游企业有很多，它们或者是国家评定，或者是国外认可，或者是国人心中的优秀，但其共同点往往都是因其优质的服务、良好的口碑、独特的产品设计等因素而在市场中脱颖而出，成为消费者信赖和喜爱的选择。

2. 品牌塑造

品牌的塑造就是旅游企业根据自身特色收集个性信息并将其系统化的过程。按照品牌的特色，可将旅游企业品牌分为企业品牌、项目品牌、资源品牌以及运作品牌或经营品牌。

（1）企业品牌。是指将旅游企业作为一个具有个性的企业，其在市场中的知名度。通常情况下，该类企业是以独特的企业文化或突出的经营理念和绩效为人们所认同，如国际著名的迪士尼公司、深圳华侨城等都是景区企业品牌的典型代表。在企业品牌的支撑下，旅游企业可以通过管理输出、特许经营等方式迅速扩大自身的市场规模。

（2）项目品牌。是指旅游企业的品牌以其特色项目为基础，旅游者是通过该项目而认知旅游企业的，如哈尔滨一年一度的冰雪节。

（3）资源品牌。是旅游企业在占有垄断性资源的情况下，通过对旅游资源的包装和开发而形成市场知名度。目前大部分知名旅游企业依靠的都是资源品牌，如景区资源品牌北京故宫，饭店资源品牌迪拜七星级酒店，旅游商品品牌全聚德烤鸭，旅行社品牌中国旅行社。

（4）运作品牌。是一类比较特殊的品牌塑造方式，即通过具有个性的管理运作方式，引起人们关注，从而产生知名效应。如开民营经济开发旅游景区先河的碧峰峡景区就是典型的例子。

旅游企业品牌塑造有多种渠道可供选择，具体运作时，应把握自身特点，并借助社会放大效应将个性特征传递给旅游者。

任务 69
学习给自己的旅游产品定价

1. 认识旅游产品的价格

如前所述，给旅游产品制定价格必须满足下列两个条件：

第一，价格必须是客人愿意接受的。

第二，价格既要对客人有吸引力，又要保证企业能够获得尽可能高的利润。

某年春季，周庄景区将门票价格从60元提高到100元，遭到旅行社的抵制。结果，新建不久的乌镇景区乘虚而入，迅速占领了周庄原有的市场份额，乌镇景区的年客流量一举突破150万人次。

周庄之所以被乌镇乘虚而入，就是因为涨价后的门票价格是客人不愿意接受的，不构成对客人的吸引力，造成客人流失。

2. 如何实施高定价策略

价格一经制定出来，就不会一成不变，涨价是趋势所在。但是，要涨价，必须明确三点：第一，企业品牌的知名度是否够高；第二，涨价不一定带来高利润；第三，涨价是以产品的升级换代和服务的及时更新为基础的。

以景区门票价格为例。大部分景区一旦涨价，往往会直接影响其旅游人次。但对于九寨沟、迪士尼这样的品牌景区来说，涨价对其影响并不太大，票价即使很高，也是游人如织。

价格是单体的数额，高利润不仅和单体价格有关，更和游览人次有关。如果因为高价格而让游客望而却步，这样的价格肯定不能创造高利润。其实，追求高利润有多种途径，不一定非要选择门票涨价不可。比如，选择优质中价的"高价值战略"，就不失为一种明智之举。

旅游企业若选择高价策略，必须随时关注消费者对于企业产品及其相关服务的满意度情况，妥善处理好企业和经销商之间的利益平衡关系。突出性价比，通过更新产品，提高服务接待质量，作为涨价理由的坚实后盾。

3. 如何实施低定价策略

应该说，当产品处于一个成长性的市场中时，低价策略有利于迅速扩大市场占有率，产生规模效应。不过，低价策略并不总是会取得市场成功，它需要具备三个条件：一是市场对价格高度敏感，并且低价能促进市场成长；二是企业成本会随着规模扩大而下降；三是低价能够阻止现实的和潜在的竞争者。

跟其他快速消费品行业相比，旅游消费者对于旅游产品的价格敏感度相对较低。一个普通游客对旅游费用的关注，首先是旅游出行的总体费用，然后才是具体的吃、住、行、游、购、娱等环节的价格。因此，如果给自己的产品定价过低，未必能够促进市场成长。相反，过于低廉的价格，有可能对市场形成误导，使消费者以为企业的产品或服务质量欠佳，不利于企业品牌形象的塑造。但是，旅游经销商对于价格的任何变动通常十分敏感。以景区为例，资源不占优势的中小型景区，常会采用大幅度让利于旅行社的低价策略，主动对大型景区发起攻击。由于大型景区运营成本较大，价格难以大幅度下降，中小型景区的这种低价策略，有时也会十分奏效。比如，无锡太湖边的一个小景区蠡园，为了争取让旅行社将其纳入线路，就曾采用这种低价策略跟周边的大型景区展开竞争，取得了一定的市场效果。

4. 善于运用对等定价策略给产品定价

当某个旅游区域内各大企业所占有的市场份额相对稳定，企业之间常会出现某种默契，采取对等定价的方式，应对竞争或者回避竞争。对等定价的"价格标杆"，通常是一个旅游区域或旅游品类中的龙头企业。以景区产品定价为例，同处珠江三角洲，深圳欢乐谷票价为140元，其后新建的广州长隆欢乐世界就以之为基准，将自己景区的票价定在145元。

对等定价的好处，是可以将企业的市场竞争注意力，有效转移到价格以外的其他竞争要素，比如提高产品质量、加强市场宣传、改进客户服务等方面。

对等定价的弊端，是可能形成准同盟性质的不正当竞争。当旅游企业拥有垄断性资源、处于市场绝对强势地位时，这种定价策略常会造成对渠道商和终端消费者的利益损害。不过，只要市场中出现新的可替代产品，或者其中某个企业出现产品升级，这种价格平衡就会迅速被打破。

5. 案例：凯宾斯基饭店——五星饭店五星价

凯宾斯基饭店在高星级饭店群体中属于典型的"后来居上者"。即使是后来者，面对白热化的竞争，凯宾斯基人也从来没有放弃过对五星级饭店高尚形象的执着追求。在众多知名饭店纷纷通过"降价"手段来寻求生存空间的大环境下，他们始终保持稳定的价格政策，而没有一头扎进"先降价、后降服务"的恶性循环中去。

1992年，由德、中、韩三国合资兴建的北京凯宾斯基饭店正式开业了。开业伊始，正值北京的高星级服务饭店群体形成之际。京广中心、港澳中心、中国大饭店等现代饭店相继落成，而王府饭店、北京饭店也完成了硬件改造，重新加入大竞争圈中，高档次饭店供给迅速扩大。

有限的客源面临着陡然间猛增的接待规模，残酷的客源战在所难免。各大饭店纷纷施展出自己的看家本领，对准自己的优势客源猛下功夫。有的饭店降价，有的将营销重点放在"回头客"身上，有的靠国际连锁，有的靠百年老号的资本……

凯宾斯基饭店则避实就虚，绕过大家都咬住不松口的国内旅游市场，先行一步进军商务客源市场，率先确定以接待商务客人和国际会议为主，辅以境外旅游客源的营销模式。同时大量优价出租公寓写字楼，以此带动客户出租市场，并明确以高支付、高消费型客源为主攻方向，及时退出中低档客源的争夺市场。

他们在商务客源市场上的不懈努力终于得到了丰厚的回报。开业第一年，凯宾斯基饭店的客房出租率已达58.319%，营销收入高达1.9亿元，经营利润7970万元。

1996年底，第二次"价格大战"又开始，少数饭店为了眼前的利益不惜牺牲同行的利益，又一次拉起了"降价竞争"的大旗，而且来势汹汹。凯宾斯基饭店自然受到"降价风波"的波及。但成熟的经营者处乱不惊，在反复分析形势、仔细斟酌研究后，他们提出"五星饭店五星价"的口号，体现出对自己的软硬件优势充满信心。

在这种理念的指导下，凯宾斯基人不但没有在淡季陷入无休止的价格战，反而保持了平均房价水平，并进一步在顾客心中树立了自己的形象。

这就是凯宾斯基人的经营之道，既充分满足顾客的愿望，又在不牺牲自己利益的同时兼顾整个饭店市场的稳定和发展。正所谓利人、利己、利社会。

想一想 为什么凯宾斯基这种"逆市营销"获得了成功？

任务 70
了解一点新型营销模式

1. 旅游专营营销模式

旅游产品没有门槛，不能申请专利保护。任何新线路，不管多么有特色，多么有创意，只要一投向市场，马上就会有人以更便宜的价格跟进、模仿甚至照搬。因此，针对特定的消费人群，设计出差异化的旅游产品，抢先制定游戏规则，才能始终走在别人前面。例如，深圳策划的"寻源香格里拉"线路就由于同其他线路具有较大差异而广受市场的欢迎，同时由于事先和专业机构合作，并签约成广东地区总代理，使其他企业无法模仿，企业利益因此受到保障。

2002 年 4 月全国第一条旅游线路专营权由广东"国旅假期"以策划投入和组团承诺方式独立"买断"两年，打响了广东旅行社从单一的组团竞争向旅游资源独占转变的第一枪。"国旅假期"两年投入 200 万元，对神农架进行包装、宣传推广，用 1000 多万元买下广州往湖北宜昌双程航空线路的机位。湖北神农架林区政府为保障"国旅假期"巨额投入的商业利益，通过酒店和景区有力协调，控制广东其他旅行社带团直接进入神农架，广东其他旅行如果组团游览神农架，必须由"国旅假期"批发。这种专营模式需要专业的旅游策划公司进行科学调研，精确预算，完善设计。

神农架神农坛雕塑

2. 横向联合体（区域联盟）营销模式

横向联合体模式，其实质是旅行社之间组成区域联盟，利用联盟后的优势降低运营成本，提高产品竞争力。

几大旅行社已经分别在广东、上海、湖北发起互为代理联盟，各具优势。广之旅率先推出了由签约旅行社共享的中性品牌"名家之旅"，依靠品牌优势扩大影响；上海春秋凭借着在全国各地现有的网络优势及大量的包机占有市场；中旅国际推出"精彩世界"品牌，主打特色产品；中国国旅也推出了"环球行"品牌，按照国际大型旅游批发商的运作流程，统一采购，统一销售，统一运作，提供标准化的服务和系列化的产品。

此外，湖北武汉等地区26家旅行社成立"汉之旅"横向联合体，在一定区域内形成组团批发和零售网络，实现资源共享和集团采购，大幅降低运作成本，同时利用网络优势，细分市场，致力于特色旅游产品开发，全面提升竞争力。

3. 数字文旅时代的新型营销模式

近年来，随着数字化转型的加快，旅游业涌现出多种新型营销模式，这些模式通过技术创新、跨行业整合和用户互动重构了传统推广逻辑，推动行业从"流量争夺"向"价值创造"升级。

（1）技术赋能体验升级。元宇宙、AR/VR、大数据精准推荐等技术，使游客从"看景"转向"参与"，增强沉浸感和个性化。

（2）流量裂变机制创新。短视频、直播、POI功能等工具，通过"内容种草—社交传播—即时消费"链路，实现流量高效转化。

（3）跨行业资源整合。票根联动、跨界合作等模式，打破行业壁垒，为旅游者构建"吃住行游购娱"全链条消费生态。

"票根经济"推动文旅商体展深度融合

票根联动是指消费者凭借交通出行、文旅活动等场景的票务凭证，在后续的消费场景中转化为优惠凭证，获得折扣、积分兑换等权益，形成"消费链"延伸，从而刺激更多消费行为产生的一种经济模式。在河南洛阳，全国游客凭借终点站为洛阳的火车票、高铁票或电子订单，就可以半价游玩洛阳11家知名景区。在山东，当地利用演唱会对歌迷的吸引力，各地景区开启联动门票优惠，送出免票、折扣、赠票等福利。济南灵岩寺景区还推出凭《哪吒2》票根可免费畅游景区的活动，吸引5000人次到访，同期游客量增长20%。

（资料来源：中国之声，"票根经济"热度上升 凭票享受折扣权益 如何推动文旅商体展深度融合？2025-03-23，有删减）

（4）用户共创与信任构建。UGC、透明化服务、个人IP等策略，通过真实内容和互动建立情感连接，提升游客的品牌忠诚度。

想一想 以上这些新型营销模式的核心是什么？通过技术、内容、资源的多维创新，满足了现代游客什么样的旅游需求？旅游从业人员应具备哪些基础的数字素养？

微课 数字文旅时代的新型营销模式

项目20 身临其境
——经典案例分析

小张大学毕业,应聘到了青年旅行社,老总分配他做营销工作,还派了热情开朗、经验丰富的老李做他的师傅。上一年进入旅行社的小孙羡慕地说:"小张,你实在是太幸运了。"

"那是,我也觉得自己够走运的。有人曾说过,人生有五大幸事:一是出生时遇到好父母,二是读书时遇到好老师,三是工作时遇到好师傅,四是成家时遇到好伴侣,五是晚年时遇到好子女。前三项我都遇到了。在我走上社会刚起步时,老李做了我的师傅。当然,还需要兄长您的指点。"

"老弟,不错。"小孙应答着。

"我想在师傅的带领下,好好学习如何做营销,把在学校学到的理论知识转化为实践经验,把我们青年旅行社的旅游项目做大做强。"

为了完成师傅布置的任务,小张分析了几个在旅游业内相当成功的营销案例。

案例1
借名人效应——长城饭店将营销进行到底

做营销要因时、因地、因人制宜。

1. 案例

1983年,中国第一家五星级宾馆,也是第一家中美合资的宾馆——北京长城饭店正式开张营业。开业伊始,面临的首要问题就是如何招徕顾客。按照通常的做法,应该在中外报刊、电台、电视台做广告。不过,这笔费用是十分昂贵的,国内电视广告每30秒需数千元,每天需插播几次,一个月最少需要几十万元。但由于北京长城饭店的基本客户来自中国香港、澳门及海外各国,这就需要进行海外宣传,而香港电视台每30秒的广告费最少是3.8万港元,若按内地方式插播,每个月需几百万元人民币。至于外国的广告费,一个月下来更是个天文数字了。一开始,长城饭店也曾在美国的几家报纸上登过几次广告,后来因为经费不足,收效又不佳,只得停止广告攻势。

广告攻势虽然停止了,长城饭店宣传自己的公关活动却没有停止,他们只不过是改变了策略。

为了缓解八达岭长城过于拥挤之苦,北京市整修了慕田峪长城。当慕田峪长城刚刚修复、准备开放之际，长城饭店不失时机地向慕田峪长城管理处提出由他们来举办一次招待外国记者的活动，一切费用都由北京长城饭店负担。双方很快便达成了协议。在招待外国记者的活动中，有一项内容是请他们浏览整修一新的慕田峪长城，目的当然是想借他们之口向国外宣传新修复的慕田峪长城。

这一天，长城饭店特意在慕田峪长城脚下准备了一批小毛驴。毛驴是中国古代传统的代步工具，既能骑，也能驮东西。如果长城、毛驴的图片被这些外国记者传到国外，更能增加中国这一东方文明古国的神秘感。长城饭店准备的毛驴，除了一批供有意愿的记者骑之外，大部分是用来驮饮料和食品的。当外国记者们陆续来到山顶，饭店工作人员就从毛驴背上取下法国香槟酒，在长城上打开，供记者们饮用。长城、毛驴、香槟、洋人，记者们觉得这个镜头对比太鲜明了，连连叫好，纷纷举起了照相机。照片发回各国之后，编辑们也甚为动心。于是，第二天，世界各地的报纸几乎都刊登了慕田峪长城的照片。北京这家以长城命名的饭店也随之声名大振。

通过这次活动，北京长城饭店的公关经理，一位当过记者的美国女士尝到了通过编辑、记者的笔头、镜头，把饭店介绍给世界各国的甜头，不仅效果远远超过广告，而且花费并不多。精明的公关经理又盘算着举办一次更大规模的公关活动。

机会终于来了。1984年4月26日—5月1日，美国总统里根将访问中国。长城饭店立即着手了解里根访华的日程安排和随行人员。当得知随行来访的有一个500多人的新闻代表团，其中包括美国的三大电视广播公司和各通讯社及著名的报刊之后，长城饭店的这位公关经理真是喜出望外，她决定把早已酝酿好的计划有步骤地付诸实施。

首先，争取把500多人的新闻代表团请进饭店。他们三番五次免费邀请美国驻华使馆的工作人员来长城饭店参观品尝，在宴会上，由饭店总经理征求使馆对服务质量的意见，并多次上门求教。在这之后，他们以美国投资的一流饭店应该接待美国一流新闻代表团为由，向美国驻华使馆提出接待随同里根访问的新闻代表团的要求，经双方磋商，长城饭店如愿以偿地获得了接待美国新闻代表团的任务。

其次，在优惠的服务中实现潜在动机。为了使代表团各新闻机构能够及时把稿件发回国内，长城饭店主动在楼顶上架起了扇形天线，并把客房的高级套房布置成便利发稿的工作间。对美国的三大电视广播公司更是给予特殊的照顾。将富有中国园林特色的"艺亭苑"茶园的六角亭介绍给CBS公司、将中西合璧的顶楼酒吧"凌霄阁"介绍给NBC公司、将古朴典雅的露天花园介绍给ABC公司，分别作为他们播放电视新闻的背景。这样一来，长城饭店的精华部分尽在西方各国公众的眼底。为了使收看、收听电视、广播的公众能记住长城饭店这一名字，饭店总经理提出，如果各电视广播公司只要在播映时说上一句"我是在北京长城饭店向观众讲话的"，一切费用都可以优惠。富有经济头脑的美国各电视广播公司自然愿意接受这个条件，暂当代言人做免费广告，把长城饭店的名字传向世界。

有了这两步成功的经验，长城饭店又把目标对准了高规格的里根总统的答谢宴会上。要争取到这样高规格的答谢宴会是有相当难度的，因为以往，像这样的宴会都要在人民大会堂或美国大使馆举行，移到其他地方尚无先例。他们决定用事实来说话。于是，长城饭店在向中美两国礼宾司的首脑及有关执行部门的工作人员详细介绍情况、赠送资料的同时，把重点放在了邀请各方首脑及各级负责人到饭店参观考察上，让他们亲眼看一看长城饭店的设施、店容店貌、酒菜质量和服务水平。到场的中美官员被事实说服了，当即拍板，还争取到了里根总统的同意。

获得承办权之后，饭店经理立即与中外各大新闻机构联系，邀请他们到饭店租用场地，实况转播美国总统的答谢宴会，收费可以优惠，但条件当然是在转播时要提到长城饭店。

答谢宴会举行的那一天，中美首脑、外国驻华使节、中外记者云集长城饭店。电视上在出现长城饭店宴会厅豪华的场面时，各国电视台记者和美国三大电视广播公司的节目主持人异口同声地说："现在我们是在中国北京的长城饭店转播里根总统访华的最后一项活动——答谢宴会……"在频频的举杯中，长城饭店的名字一次又一次地通过电波飞向了世界各地，长城饭店的风姿一次又一次地跃入各国公众的眼帘。里根总统的夫人南希后来给长城饭店写信说："感谢你们周到的服务，使我和我的丈夫在这里度过了一个愉快的夜晚。"

通过这一系列成功的公关活动，北京长城饭店的声名大振。各国访问者、旅游者、经商者慕名而来——美国的珠宝号游艇来签合同了；美国的林德布来德旅游公司来签订合同了；几家外国航空公司也来签合同了。后来，有38个国家的首脑率代表团访问中国时，都在长城饭店举行了答谢宴会，以显示自己像里根总统一样对这次访华的重视程度。

2. 分析

第一，天文数字的广告费使长城人改变了营销策略。

第二，巧抓时机，免费代言。长城饭店寻找各种事物间的相互关系：慕田峪长城竣工与北京长城饭店承办记者招待会，将古老的长城、毛驴、现代的香槟和洋人进行营销组合，让世界知道了长城饭店。

第三，名人效应加代言优惠使长城饭店声名大振。长城饭店借里根总统营销，吸引各国访问者、旅游者、经商者及38个国家首脑下榻。从此，长城饭店走向了世界。

案例 2
网络营销——Win Win Win 三赢商机经营策略

网络销售是目前企业开展市场营销的重要途径之一，它以开发成本低、操作灵活、涉及范围广、速度快、障碍少而深受企业欢迎。

1. 案例

科威资讯是中国台湾地区一家著名的旅游资讯公司，提供三赢（WWW）商机经营策略。秉持开发成本低、操作灵活、涉及范围广、速度快、障碍少的经营理念，科威推出了"旅游网络 e 计划"，协助业者以最少成本和人力，将旅游产品刊登在各大门户网站，以发挥最大的广告效益，同时，消费者能在最方便的环境下收集到所需要的旅游资讯。此外，科威资讯还提供套装的网络软硬件设备，包括免费网页、B2B（Business To Business）网站、E-mail 及最适合旅游企业用或商务用的 ADSL、主机空间等，以完全符合该计划中的设计精神 WWW（Win Win Win），即让参与计划的旅游业者赢得先机、门户网站赢得浏览人数、消费者赢得资讯的三赢局面。

为了做好服务，避免与旅行业者有利益冲突，科威资讯将自身定位为"Enabler"——电子商务沟通的桥梁，提供的是完整而周全的 B2B 服务，以及进行电子商务交易所需要的环境和工具，同时，它坚持不直接面对消费者成立旅行社或 B2B 网站的计划。这种坚持中立的做法让科威与旅行业者间绝不会产生利益上的冲突。

优势行销、分工合作、迅速直接与积极经营是"旅游网络 e 计划"的三大特色。旅行社负责提供商品资讯、门户网站提供网友交流，而科威提供行销机制和企业资源整合规划（ERP）的后台作业。这样，科威资讯以为业界建构出丰富的资料库为基准，再串联门户网站将旅游产品直接呈现在消费者眼前，不用通过层层超链接，也不需等待开启网页的时间；另一方面，门户网站为了提供网友丰富多样的内容和维持自身品牌形象，必定会用尽一切网络优势，积极经营"旅游频道"。"旅游网络 e 计划"是从全新角度与全新视野，为旅游业提供了一套电子商务的整合解决方案，以求创造多赢商机的优势行销模式。

2. 分析

优势行销——Win Win Win 三赢商机经营策略

第一，科威资讯是著名的旅游资讯公司，其专业优势和网络软硬件设备，成为旅游企业和消费者沟通的桥梁。

第二，旅游企业提供的商品资讯在第一时间经门户网站与旅游者实时交流。

第三，旅游消费者点击网站可直接获得自己需要的产品和服务。

第四，优势行销，实现低成本、快节奏、高效率的三赢局面，科威资讯、旅游企业、旅游消费者分工合作，各得其所。

单元 4 练习题

单元 4 材料分析题

参考资料

［1］谷慧敏．旅游市场营销［M］．北京：旅游教育出版社，2003．
［2］黎泉．导游促销技巧［M］．北京：中国旅游出版社，2004．
［3］刘德先．旅游市场营销学［M］．北京：旅游教育出版社，2000．
［4］吴友富，张梅芳．现代市场营销策略与技能［M］．上海：上海外语教育出版社，1998．
［5］林楠．经典营销［M］．北京：地震出版社，2005．
［6］章蓓蓓．旅游与酒店业市场营销［M］．沈阳：辽宁科学技术出版社，2001．
［7］中国旅游研究院．2019中国出境旅游发展年度报告．
［8］中国旅游研究院．2019中国入境旅游发展报告．
［9］中国旅游研究院．2019中国国内旅游发展年度报告．
［10］中国旅游研究院．2020中国出境旅游发展年度报告．
［11］中国旅游研究院．中国出境旅游发展年度报告2024．

后 记

旅游概论是中等职业学校旅游服务与管理专业、高星级饭店运营与管理专业的一门主干专业课程。其主要任务是：通过介绍旅行和旅游现象的产生、发展，了解旅游业的发展历程，掌握旅游业的性质、构成、特点、意义和作用，了解世界和中国旅游业的调控政策和最新旅游发展动态，能在工作中运用相关知识进行服务、管理和决策，使学生初步了解旅游业在我国政治、经济、社会中的作用和地位，激发学生对旅游事业的热爱之情，培养学生良好的旅游从业意识和服务意识。

学时分配建议

序号	课程内容	课时分配
1	基础模块	10
2	专业模块	16
3	拓展模块	8
	机动	2
	合计	36

本版教材由桂林市旅游职业中等专业学校和旅游教育出版社创作团队共同完成，来自职业院校及行业企业的专业人士参与编写了该教材。

桂林市旅游职业中等专业学校是教育部认定的首批国家中等职业教育改革发展示范学校、首批国家级重点职业学校、全国职业教育先进单位、旅游服务国家级实训基地。

旅游教育出版社是全国旅游类教材的出版高地，旅游及相关专业教材的出版在全国独树一帜。作为教育部的教材出版基地之一，旅游教育出版社潜心打造符合职业教育教学实际的精品教材和创新教材，多品类教材入选教育部"十一五""十二五"和"十三五"国家级规划教材，以及教育部"中等职业教育改革创新示范教材"。

本版教材由桂林技师学院陈莹任第一主编，旅游教育出版社景晓莉任第二主编，浙江旅游职业学院范平任第三主编；四川省旅游学校邹陆彬任第一副主编，浙江旅游职业学院陈萍萍任第二副主编，浙江旅游职业学院黄中黎任第三副主编。

陈莹是高级讲师，旅游服务与管理专业带头人，桂林技师学院副院长，曾获全国模范教师、全国巾帼建功标兵、广西优秀教师（记个人二等功）、桂林市劳动模范等多项荣誉称号。先后出版专著 1 本、主编教材 3 本、参编教材 6 本，承担市级以上重点课题研究 2 项、参与课题研究 6 项，任桂林市名师工作坊坊主 1 个，在旅游服务与管理专业领域具有一定影响力。其主要负责本版教材编写框架的设计工作。

景晓莉是副编审，长期从事旅游职业教育教材的选题组稿和出版工作，由其策划的《西式面点制作教与学》《西餐制作教与学》《饭店服务情境英语》《导游讲解》《景区（点）服务》《前厅服务》入选教育部"中等职业教育改革创新示范教材"，《沟通技巧》《旅游概论》《酒水服务》等 12 本教材入选教育部"十四五"国家级规划教材，具备专业编辑能力和较强的选题组稿能力。在本版教材中，其主要负责下列工作：第一，项目 4、项目 7、项目 8、项目 9、项目 18 以及任务 22、任务 37、任务 39、任务 42、任务 45、任务 54、任务 58 的数据更新及修订工作；第二，新增二维码教学资源中政策法规部分的编写和制作工作；第三，教材插图的标注及新增插图的选图和修图工作；第四，练习题的编写及答案的整理工作。

范平，浙江旅游职业学院副教授，国家职业教育在线精品课程及教育部课程思政示范课程负责人、教学名师及教学团队负责人，国家级教师教学创新团队成员，国家职业教育虚拟仿真示范实训基地项目专家组成员，国家"双高"导游专业群带头人，国家高级导游，获 2022 年教育部教学成果奖二等奖，带队获全国职业院校教学能力比赛一等奖，主持、参与省部级课题 10 余项，主编、参编教材 10 余部。在本版教材中，其主要负责拓展模块的数据更新及修订工作。

邹陆彬承担基础模块的数据更新及修订工作。陈萍萍和黄中黎负责专业模块的数据更新及修订工作。

桂林市旅游职业中等专业学校的曾萍、文珺参加了部分二维码教学资源的整理工作。

教材插图来源于四部分：单元 1 里的示意图为手绘；第 81 页"泉州开元寺仁寿塔"、第 82 页"故宫太和殿立面图"、第 120 页"山西应县木塔剖面图"以及第 122 页"浙江普陀宗乘之庙大红台"四幅图引自刘敦桢的《中国古代建筑史》；部分景点或实物图片由景晓莉拍摄；其余第 1 版、第 2 版、第 3 版图片由全景网提供。

本版教材在编写中参阅了文化和旅游部、中国旅游研究院、国家统计局、世界旅游组织以及中国互联网信息中心发布的旅游信息。受编者学识和能力局限，书中不足之处在所难免，敬请批评指正。

编　者